高职高专"十二五"规划教材
21世纪高职高专能力本位型系列规划教材·物流管理系列

国际货运代理实务

主　编　硕晓峰
副主编　贾丽颖　周渝霞
参　编　硕春江　杨双林
　　　　陶　莉　韦　慧

北京大学出版社
PEKING UNIVERSITY PRESS

内 容 简 介

本书以国际货运代理业务流程为主线,在学习目标的指引下,先通过案例导出任务,再介绍必要的基础知识和技能要点,最后通过实训检验、巩固所学知识。本书主要内容包括国际货运代理公司的建立、国际贸易基础知识、海运进出口业务代理、集装箱进出口业务代理、空运进出口业务代理和国际多式联运等。

本书采取项目教学的模式编排,内容层次清晰,教学环节丰富,便于引导学生自主学习、独立思考,逐渐提高学习兴趣。

本书可作为高职高专物流管理专业及其他相关专业的教材,也可作为国际货运代理行业从业人员的学习参考用书。

图书在版编目(CIP)数据

国际货运代理实务/顾晓峰主编. —北京:北京大学出版社,2015.1
(21 世纪高职高专能力本位型系列规划教材·物流管理系列)
ISBN 978-7-301-25183-6

Ⅰ. ①国⋯ Ⅱ. ①顾⋯ Ⅲ. ①国际货运—货运代理—高等职业教育—教材 Ⅳ. ①F511.41

中国版本图书馆 CIP 数据核字(2014)第 282036 号

书　　　　名:	国际货运代理实务
著作责任者:	顾晓峰　主编
策　划　编　辑:	蔡华兵
责　任　编　辑:	陈颖颖
标　准　书　号:	ISBN 978-7-301-25183-6/F·4101
出　版　发　行:	北京大学出版社
地　　　　址:	北京市海淀区成府路 205 号　100871
网　　　　址:	http://www.pup.cn　新浪官方微博:@北京大学出版社
电　子　信　箱:	pup_6@163.com
电　　　　话:	邮购部 62752015　发行部 62750672　编辑部 62750667　出版部 62754962
印　　刷　　者:	三河市北燕印装有限公司
经　销　者:	新华书店
	787 毫米×1092 毫米　16 开本　15.75 印张　365 千字
	2015 年 1 月第 1 版　2017 年 2 月第 2 次印刷(总第 2 次印刷)
定　　　　价:	32.00 元

未经许可,不得以任何方式复制或抄袭本书之部分或全部内容。
版权所有,侵权必究
举报电话:010-62752024　电子信箱:fd@pup.pku.edu.cn

前　言

"国际货运代理实务"是高等职业院校国际贸易、国际商务、国际物流、报关与国际货运等专业的一门核心主干课程。它是在国际贸易理论与实务、商务英语等先行课基础上开设的，专门研究国际货物运输与货运代理的基本理论和实务操作的一门实践性很强的综合性应用学科。

本课程涉及国际贸易、国际商务、国际运输、货运保险、国际商法等诸多方面的理论和实务知识，并有针对性地介绍与货运代理业密切相关的海上货运、航空货运、国际多式联运等业务。

本课程以基于工作过程的项目任务为主线，以提高学生职业能力为核心，并辅助国际货运代理从业人员资格考试，要求学生全面学习和掌握国际货运代理的综合知识，掌握从事国际货运代理工作和进出口业务工作所必备的专业知识、业务技能和职业能力。

本课程主要培养具有较强职业能力、专业知识和良好职业素质的国际货运代理从业人员。通过本课程的教学，使学生系统地学习国际货运代理的理论和实务知识，掌握国际货代流程中的接单、订舱、配载、转运、集拼等各种实际操作技能和科学的国际货运经营管理方法，以更好地提供国际货运服务，确保货物运输的安全合理进行，提高货运质量和经济效益，应对日趋激烈的国际货运市场竞争。同时通过与职业岗位要求相同的实训实践教学，培养学生的职业意识与素养，使其形成初步的工作能力，并具备自主学习、团结协作的能力，良好的沟通与表达能力，创新思维和分析解决问题的能力，切实提高其职业技能和综合素质，同时有助于学生顺利地考取国际货运代理从业人员资格证书，为其将来从事国际货运代理及进出口业务工作打下坚实的基础，成为理论与实践相结合的高素质技能型专业人才。

本书遵循教育部职业教育改革的原则，内容设置以任务驱动为导向，紧扣专业课程教学大纲的要求，从职业岗位对技能要求的实际出发，注重学生技术应用能力的培养。

本书在编写过程中力求突出以下几个特点。

（1）采用项目任务导向的教学模式。每个项目以实际业务作为背景，通过理论知识的掌握和实训技能的操练来实现学生对货运代理基础知识、基本理论和操作方法的了解和把握。

（2）突出对学生综合能力的培养。以学生为主体，通过角色扮演、项目实训及小组讨论等教学模式，充分发挥学生自主学习的能动性。

（3）强调实践性和操作性。本书在编写时重点突出对实际操作能力的培养，详细阐述了货运代理业务的操作流程及所涉及的业务单据的作用、内容和填制方法等，并附有相应的实训内容。

本书由无锡城市职业技术学院顾晓峰担任主编，由黑龙江生态工程职业学院贾丽颖和沙洲职业工学院周渝霞担任副主编，无锡城市职业技术学院顾春江和韦慧、无锡商业职业技术学院杨双林和陶莉参编。具体编写分工如下：顾晓峰编写项目一、项目六、项目八；顾春江编写项目二；杨双林、顾晓峰编写项目三；陶莉编写项目四；顾晓峰、顾春江编写项目五；韦慧编写项目七。此外，贾丽颖参与编写项目一、项目二并审稿；周渝霞参与编写项目五、项目六并审稿。顾晓峰负责全书的策划、统稿和总纂工作。

在本书的编写过程中，汪源、周峰对资料的查找和整理也付出了辛苦的劳动，在此表示衷心感谢！本书写作过程中参考了大量的纸质文献和互联网资源，在此也向其作者表示感谢！

由于编者能力和时间所限，书中疏漏之处在所难免，恳请各位专家和广大读者批评指正，我们将不断修改和完善。

编　者

2014 年 5 月

目　　录

项目一　国际货运代理公司的建立 ……… 1
知识一　什么是国际货运代理 ………… 2
　一、国际货运代理的概念 ………… 2
　二、国际货运代理的性质 ………… 3
　三、国际货运代理的作用 ………… 3
知识二　国际货运代理主要业务及服务内容 ………… 4
　一、国际货运代理的主要业务 ………… 4
　二、国际货运代理的服务内容 ………… 4
知识三　国际货运代理行业组织 ………… 5
　一、国际货运代理协会联合会 ………… 5
　二、中国国际货运代理协会 ………… 6
知识四　国际货运代理的法律地位和责任 ………… 6
　一、国际货运代理企业的法律地位 … 6
　二、国际货运代理的责任及分类 …… 7
　三、国际货运代理责任保险 ………… 10
知识五　国际货运代理企业 ………… 13
　一、国际货运代理企业的基本概念 … 13
　二、国际货运代理企业的设立 …… 14
任务一　申请成立国际货运代理企业 …… 17
任务二　货代人员如何更好地为客户服务 ………… 22
思考与练习 ………… 22

项目二　国际贸易基础知识 ………… 24
知识一　什么是国际贸易 ………… 25
　一、国际贸易相关概念 ………… 25
　二、国际贸易分类 ………… 26
知识二　国际贸易合同订立及履行 ………… 28
　一、报价 ………… 28
　二、订货(签约) ………… 28
　三、付款方式 ………… 29
　四、备货 ………… 29
　五、包装 ………… 29
　六、通关手续 ………… 29
　七、装船 ………… 29
　八、运输保险 ………… 30
　九、提单 ………… 30
　十、结汇 ………… 30
知识三　国际贸易术语 ………… 32
　一、贸易术语的国际惯例 ………… 32
　二、2010贸易术语分类 ………… 33
　三、2010贸易术语详解 ………… 34
知识四　合同和报关单的缮制 ………… 37
　一、合同的订立 ………… 37
　二、缮制报关单 ………… 41
任务一　进出口合同缮制 ………… 46
任务二　出口报关单缮制 ………… 47
思考与练习 ………… 48

项目三　国际海运杂货班轮货运代理 …… 50
知识一　海洋货物运输基础知识 ………… 51
　一、海洋货物运输概况 ………… 51
　二、海上货运船舶 ………… 54
　三、海运货物 ………… 55
　四、海运国际组织 ………… 59
知识二　海上货物运输营运方式 ………… 59
　一、班轮运输 ………… 60
　二、租船运输 ………… 65
知识三　杂货班轮进出口货运流程与单证 ………… 66
　一、杂货班轮出口货运代理业务流程 ………… 66
　二、杂货班轮出口货运单证 ………… 68
　三、杂货班轮进口货运代理程序 …… 74
　四、杂货班轮进口货运单证 ………… 77
　五、杂货班轮进口货运流程 ………… 77
知识四　海上货物运输保险 ………… 79
　一、海上货物运输风险的种类及损失 ………… 79
　二、海洋货物运输保险险别 ………… 81
　三、承保责任的起讫期限 ………… 84
　四、保险单据 ………… 85
任务一　杂货班轮出口货运代理业务流程模拟 ………… 90

任务二　缮制杂货班轮出口货运托运单 …… 91
　　任务三　缮制保险单 …………………… 92
　　思考与练习 …………………………… 94

项目四　集装箱班轮货运代理　96

　知识一　集装箱运输基础知识 …………… 97
　　一、集装箱 ……………………………… 97
　　二、集装箱运输 ………………………… 103
　　三、集装箱货物装箱和交接方式、
　　　　交接地点 …………………………… 105
　知识二　集装箱整箱货出口货运代理
　　　　　业务流程及其相关单证 ………… 107
　　一、集装箱整箱货出口货运代理业务
　　　　流程 ………………………………… 107
　　二、集装箱整箱货出口货运代理业务
　　　　主要环节 …………………………… 108
　　三、集装箱整箱货出口货运代理业务
　　　　相关单证 …………………………… 110
　知识三　集装箱整箱货进口货运代理
　　　　　业务流程及其相关单证 ………… 116
　　一、集装箱整箱货进口货运代理业务
　　　　流程 ………………………………… 116
　　二、集装箱整箱货进口货运代理业务
　　　　主要环节 …………………………… 117
　　三、集装箱整箱货进口货运代理业务
　　　　相关单证 …………………………… 119
　知识四　拼箱货货运代理流程及单证 … 121
　　一、拼箱货货运代理流程 ……………… 121
　　二、拼箱海运单证 ……………………… 122
　　任务一　船公司所属集装箱 LOGO 及
　　　　　　类型辨识 ……………………… 122
　　任务二　根据所附信用证内容，填制
　　　　　　集装箱托运单 ………………… 123
　　任务三　模拟货代出口业务流程 ……… 125
　　思考与练习 …………………………… 125

项目五　海运提单　128

　知识一　什么是海运提单 ……………… 129
　　一、海运提单的概念 …………………… 129
　　二、提单的性质和作用 ………………… 130
　　三、提单的种类 ………………………… 130
　知识二　提单的内容 …………………… 134
　　一、提单正面记载的内容 ……………… 134
　　二、提单正面和背面的印刷条款 …… 136

　　三、提单的使用 ………………………… 138
　知识三　有关提单的国际公约与
　　　　　中国《海商法》 …………………… 141
　　一、《海牙规则》(Hague Rules) …… 141
　　二、《海牙-维斯比规则》
　　　　(Visby Rules) …………………… 144
　　三、《汉堡规则》(Hamburg Rules) … 146
　　四、中国《海商法》 …………………… 147
　任务　缮制海运提单 …………………… 148
　思考与练习 ……………………………… 149

项目六　租船货运业务　151

　知识一　租船运输的特点和方式 ……… 152
　　一、租船运输的特点 …………………… 152
　　二、租船运输的方式 …………………… 153
　知识二　租船业务流程 ………………… 154
　　一、世界主要租船市场 ………………… 154
　　二、租船程序 …………………………… 155
　知识三　租船合同 ……………………… 157
　　一、租船合同条款的性质和分类 …… 157
　　二、航次租船合同 ……………………… 158
　　三、定期租船合同 ……………………… 169
　　四、光船租船合同 ……………………… 172
　任务　航次租船合同中装卸费的计算 … 174
　思考与练习 ……………………………… 175

项目七　国际航空货运代理　176

　知识一　国际航空货物运输基础知识 … 177
　　一、航空运输概述 ……………………… 177
　　二、航空运输方式 ……………………… 180
　　三、航空货物运输当事人 ……………… 183
　知识二　国际航空货运进出口业务流程 … 184
　　一、国际航空货运出口业务流程 …… 184
　　二、国际航空货运进口业务流程 …… 189
　知识三　航空货运单 …………………… 192
　　一、航空货运单概述 …………………… 192
　　二、航空货运单的内容及填制 ……… 194
　知识四　航空运价与运费 ……………… 199
　　一、货物运费计算中的基本知识 …… 199
　　二、国际航空货物运价的计算 ……… 201
　　三、航空货运中的其他费用 …………… 208
　任务一　模拟航空货代出口业务流程 … 210
　任务二　缮制国际航空货运单 ………… 211

思考与练习 ················· 211

项目八　国际多式联运 ········· 214

　知识一　什么是国际多式联运 ····· 215
　　一、国际多式联运的概念及特征 ··· 215
　　二、国际多式联运的优越性 ····· 216
　　三、国际多式联运的组织形式 ···· 217
　知识二　国际多式联运业务流程及单证 ··· 220
　　一、国际多式联运业务流程 ····· 220
　　二、国际多式联运合同 ········ 221
　　三、国际多式联运单据 ········ 222
　知识三　国际多式联运方案设计 ···· 225
　　一、国际多式联运方案设计的概念与影响因素 ················ 225
　　二、国际多式联运方案设计的内容与程序 ···················· 225
　知识四　国际多式联运法律责任划分 ··· 228
　　一、国际多式联运责任制概述 ···· 228
　　二、国际多式联运经营人的赔偿责任 ···················· 231
　　三、非合同赔偿责任与赔偿责任限制权利的丧失 ············· 233
　任务一　设计多式联运方案 ······· 234
　任务二　熟悉国际多式联运业务的流转过程 ···················· 235
　思考与练习 ················· 235

附录　缩略词中英对照 ········· 237

参考文献 ················ 242

项目一

国际货运代理公司的建立
GUOJI HUOYUN DAILI GONGSI DE JIANLI

【学习目标】

知识目标	技能目标
(1) 掌握国际货运代理的概念和分类	(1) 能够根据企业的实际情况,协助企业设立、组建国际货运代理公司的能力
(2) 了解国际货运代理行业的历史发展与行业现状	
(3) 掌握国际货运代理企业的主要业务及内容	(2) 具有填制国际货运代理企业申请表的能力
(4) 熟悉国际货运代理企业设立的条件和手续	(3) 具有填制国际货运代理企业备案表的能力
(5) 掌握国际货运代理的责任	(4) 具有能描述国际货运代理企业主要岗位和工作内容的能力
(6) 了解国际货运代理行业组织	

【案例导入】

某货运代理作为进口商的代理人，负责从 A 港接受一批货物，在 120 海里外的 B 港交货。要求货运代理在规定日期之前于 B 港交付全部货物。货运代理在 A 港接受货物后，通过定期货运卡车将大部分货物运到 B 港。由于货运卡车出现季节性短缺，一小部分货物无法及时运抵。于是，货运代理在卡车市场雇佣了一辆货运车，要求于指定日期前抵达 B 港。而后，该承载货物的货车连同货物一起下落不明。

分析：货运车造成的损失，货运代理是否要负责？根据国际货运代理联合会关于货运代理谨慎责任的规定，货运代理应尽合理而谨慎职责，采取合理措施，否则需承担相应责任。本案中造成货物灭失的原因与货运代理所选择的承运人有直接关系。由于其未尽合理而谨慎职责（既未检验承运人的证书，也未考察承运人的背景），致使货物灭失。因而货运代理应对选择承运人的过失负责，承担由此给货主造成的货物灭失的损失责任。

 任务

模拟组建国际货运代理公司。

 【必备知识】

知识一　什么是国际货运代理

一、国际货运代理的概念

国际货运代理（简称"货运代理"）是指国际货运代理公司接受进出口货物收货人、发货人或其代理人的委托，在授权范围内代表委托人办理有关货物订舱、报关、报检、保险、仓储、包装、交接、转运等业务。货运代理企业与货主是代理的关系，在办理代理业务的过程中，货运代理企业（受托人）以货主代理人的身份对货主负责，并按委托人的要求和所代理业务项目提供服务，同时收取相关费用。

通常，国际货运代理人可分为两种：公共货运代理人和无船承运人。公共货运代理人没有自己的提单，只能接受货主的委托，代为处理仓储、运输、报关、报检、代缴运费、寄单等业务；无船承运人除了接受上述业务外，还能以承运人的名义接受货主订舱、收取运费并签发自己的提单。目前，我国内地的中资货运代理公司大都属于前者，中外合资或外商独资几乎全部属于后者。

二、国际货运代理的性质

"国际货运代理"一词有两种含义：一是指国际货运代理人；二是指国际货运代理行业。与此相对应，国际货运代理的性质，也可以从国际货运代理人和国际货运代理行业两个角度来理解。

从国际货运代理人的角度看，本质上属于货物运输关系人的代理人，是联系发货人、收货人和承运人的货物运输中介人。

从国际货运代理业的角度看，在社会产业结构中属于第三产业，性质上属于服务行业。从政治经济学角度看，它隶属于交通运输业，属于运输辅助行业。

三、国际货运代理的作用

国际货运代理在促进世界经济和国际贸易的发展过程中起着重要的作用。这些作用大致可以归纳为以下几个方面。

（1）组织协调作用。国际货运代理人凭借其拥有的运输知识和其他相关知识，组织运输活动，设计运输路线，选择运输方式和承运人，协调货主、承运人及其他相关人员和部门的关系，可以节省委托人时间和精力，节省费用，降低成本。

（2）专业服务作用。国际货运代理人利用自身专业知识和经验，为委托人提供货物的承揽、交运、拼装、集运、接卸等服务，为委托人办理报关报验、保险等手续，国际货运代理人通过向委托人提供各种专业服务，可以使委托人不必在自己不熟悉的业务领域花费更多的精力和心思，有助于提高委托人的工作效率。

（3）沟通控制作用。国际货运代理人拥有广泛的业务关系，发达的服务网络，先进的信息技术手段，可以随时保持货物运输关系人之间，货物运输关系人与其他有关企业、部门的有效沟通，对货物运输的全过程进行准确跟踪和控制，保证货物安全、及时运抵目的地，顺利办理相关手续，并应委托人的要求提供全过程的信息服务及其他相关服务。

（4）咨询顾问作用。国际货运代理人可以就货物的包装、储存、装卸和保管，货物的运输方式、运输路线和运输费用，货物的保险、进出口单证和价款的结算，领事、海关、商检、卫检、动植检、进出口管制等有关当局的要求等向委托人提出明确、具体的咨询意见，协助委托人设计、选择适当处理方案，避免、减少不必要的风险、周折和浪费。

（5）降低成本作用。国际货运代理人凭借自身优势，为委托人选择货物的最佳运输路线、运输方式，最佳仓储保管人、装卸作业人和保险人，争取公平、合理的费率，甚至可以通过集运效应使所有相关各方受益，从而降低货物运输关系人的业务成本，提高业务效益。

（6）资金融通作用。国际货运代理人可以代替收、发货人支付有关费用、税金，提前与承运人、仓储保管人、装卸作业人结算有关费用，凭借自己的实力和信誉向承运人、仓储保管人、装卸作业人及银行、海关当局提供费用、税金担保或风险担保，可以帮助委托人融通资金，减少资金占压，提高资金利用效率。

【知识链接】

国际货运代理既为发货人服务,也为承运人服务,同时还为港口、海关服务。正因为此,目前,世界上80%左右的空运货物,70%以上的集装箱运输货物,75%的杂货运输业务,都控制在国际货运代理人手中。我国80%的进出口贸易货物运输和中转业务(其中,散杂货占70%,集装箱货占90%),90%的国际航空货物运输业务都是通过国际货运代理企业完成的。

知识二　国际货运代理主要业务及服务内容

一、国际货运代理的主要业务

国际货运代理企业主要从事国际货物运输的代理业务,它本身既不是货主,也不是实际承运人,而是联系货主和实际承运人的桥梁和纽带。由于国际货物运输业务比较专业,货主的要求各不相同,因此,国际货运代理企业提供的代理服务也不尽相同。

按照商务部的有关规定,国际货运代理企业可以接受委托,作为代理人或独立经营人从事全部或部分以下经营活动。

(1) 揽货、订舱、托运、仓储、包装。

(2) 货物监装监卸、集装箱装箱拆箱、中转及相关的短途运输服务。

(3) 代为填写、缮制、签发有关单证、交付运费、结算及交付杂费。

(4) 办理货物的报关、报验、报检、保险等手续。

(5) 国际展品、私人物品及过境货物运输代理。

(6) 国际多式联运、集运。

(7) 国际快递(不含私人信函)。

(8) 咨询及其他国际货运代理业务。

国际货运代理企业作为代理人接受委托办理上述业务,应当与进出口收货人、发货人签订书面委托协议。双方发生业务纠纷,应当以所签书面协议作为解决争议的依据。

二、国际货运代理的服务内容

1. 出口代理业务

出口代理业务主要是站在发货人的立场上,为发货人办理货物出口的运输安排和相关手续。包括:选择运输路线、运输方式和适当的承运人;向选定的承运人提供揽货、订舱;提取货物并签发有关单证;研究信用证条款和所有政府的规定;包装、储存、称重和量尺码;安排保险;货物抵达港口后办理报关及单证手续,并将货物交给承运人;支付运费及其他费用;收取已签发的正本提单,并转交发货人;安排货物转运;通知收货人货物动态;记录货物灭失情况;协助收货人向有关责任方进行索赔。

【案例应用】

某货运公司的A、B两名业务人员分别有一票FOB条款的货物,均配载在D轮从青岛经釜山转船前往纽约的航船上。开船后第二天,D轮在釜山港与另一艘船相撞,造成部分货物损失。接到船东的通知后,两位业务人员分别采取如下解决方法。

A业务员:马上向客户催收运杂费,收到费用后才告诉客户有关船损一事。

B业务员:马上通知客户事故情况并询问该票货物是否已投保,积极向承运人查询货物是否受损并及时向客户反馈,待问题解决后才向客户收费。

结果:A的客户的货物最终没有损失,但在知道事实真相后,客户对A及其公司表示不满并终止合作。B的客户事后给该公司写来了感谢信,并扩大了双方的合作范围。

2. 进口代理业务

进口代理业务主要是站在收货人的立场上,为收货人办理货物接运事宜、发货地订舱的运输安排和清关的相关手续。包括:报告货物动态;接收和审核所有与运输有关的单据;提货和付运费;安排报关和付税及其他费用;安排运输过程中的仓储;向收货人交付已结关的货物;协助收货人储存或分拨货物。

3. 国际多式联运业务

国际多式联运业务主要包括:为货主设计最佳的联运路线,节省运输费用与时间;为货主提供"门到门""场、站到门"等多种联运服务,签发提单或多式联运提单;为客户提供迅速、准确的运输市场动态和运价行情等咨询服务。

4. 其他服务业务

根据客户的特殊需要进行监装、监卸、货物混装、集装箱拼装箱、运输咨询服务,特种货物运输服务及海外展览运输服务等。

知识三 国际货运代理行业组织

一、国际货运代理协会联合会

国际货运代理协会联合会(International Federation of Freight Forwarders Associations),其法文缩写FIATA译为"菲亚塔"。FIATA是由16个国家的货运代理协会于1926年5月31日在奥地利维也纳成立,总部设在瑞士的苏黎世,是一个非营利性的国际货运代理行业组织,其目的是保障和提高国际货运代理在全球的利益。它是由大约40 000家货运代理企业、800万~1 000万从业人员组成的国际货运代理行业组织,具有广泛的国际影响。

FIATA推荐的国际货运代理标准交易条款范本、FIATA国际货运代理业示范法及制定的各种单证使FIATA取得令人瞩目的成就。标准交易条款通常是为了事先明确委托人与货运代理人双方的权利义务关系制定的,作为委托人与货运代理人仿契约附件,并具有约束双方当事人的法律效力。FIATA 国际货运代理标准交易条款范本，是由 FIATA 制定的关于国际货运代理人与客户之间订立的合同的标准条款，并向至今尚无标准交易条款的各国国际货运代理人推荐，供其在制定本国的该标准交易条款时作为准则参考。

根据 1999 年 10 月 26 日会员代表大会修改的章程，FIATA 的宗旨如下所述。

（1）保障和提高国际货运代理在全球的利益，工作目标是团结全世界的货运代理行业。

（2）以顾问或专家身份参加国际性组织，处理运输业务，代表、促进和保护运输业的利益。

（3）通过发布信息、分发出版物等方式，使贸易界、工业界和公众熟悉货运代理人提供的服务。

（4）通过制定和推广统一货运代理单据、标准交易条款，改进和提高货运代理的服务质量。

（5）协助货运代理人进行职业培训，处理责任保险问题，提供电子商务工具。

（国际货运代理协会联合会官方网站网址：http：//fiata.com/home.html）

二、中国国际货运代理协会

中国国际货运代理协会(China International Freight Forwarders Association，CIFA)是在民政部登记注册，由中国境内的国际货运代理企业自愿组成的、非营利性的、以民间形式代表中国货运代理业参与国际经贸运输事务并开展国际商务往来的全国性行业组织。

CIFA 的业务指导部门是商务部。作为联系政府与会员之间的纽带和桥梁，CIFA 的宗旨是：协助政府部门加强对我国国际货代行业的管理；维护国际货代业的经营秩序；推动会员企业间的横向交流与合作；依法维护本行业利益；保护会员企业界的合法权益；促进对外贸易和国际货代业的发展。

（中国国际货运代理协会官方网站网址：http：//www.cifa.org.cn）

 知识四　国际货运代理的法律地位和责任

一、国际货运代理企业的法律地位

从法律行为角度讲，代理(Agency)是指代理人(Agent)在代理权限内，为了被代理人

(Principal)的利益，以被代理人或代理人自己的名义与第三方发生的民事法律行为。法律后果由被代理人承担。

根据《中华人民共和国国际货物运输代理业管理实施细则（试行）》第二条的规定，货运代理企业从事货运业务时，既可以作为进出口货物的收、发货人的代理人，也可以作为独立经营人。所处的法律地位不同，其所享受的权利、承担的义务和责任也就有所不同。下面就从这两方面分别阐述货运代理企业的不同法律地位。

国际货代企业作为代理人从事货代业务，是指货代企业接受进出口货物收发货人、承运人或其代理人的委托，以委托人的名义或以自己的名义办理有关业务，收取代理费或佣金的行为。

国际货代企业作为独立经营人从事货代业务，是指货代企业接受进出口货物收货人、发货人或其代理人的委托，以承运人、仓储保管人、加工承揽人等当事人身份签发运输、仓储单据，履行运输、仓储、包装等合同，收取运费、仓储费、包装费及其他服务费用的行为。

二、国际货运代理的责任及分类

1. 责任

国际货运代理的责任，是指国际货运代理作为代理人和当事人两种情况时的责任。从国际货运代理的传统地位来看，代理人负责代为发货人或货主订舱、保管和安排货物运输、包装、保险等，并代他们支付运费、保险费、包装费、海关税等，然后收取一定的代理手续费（通常是按整个费用的一定比例收取）。上述所有的成本均由（或将由）客户承担，其中包括：国际货运代理因货物的运送、保管、保险、报关、签证、办理汇票的承兑和为其服务所引起的一切费用；同时，还应支付由于国际货运代理不能控制的原因，致使合同无法履行而产生的其他费用。客户只有在提货之前全部付清上述费用，才能取得提货的权利。否则，国际货运代理对货物享有留置权，有权以某种适当的方式将货物出售，以此来补偿其所应收取的费用。

国际货运代理作为当事人，是指在为客户提供所需的服务中，是以其本人的名义承担责任的独立合同人，应对其履行国际货运代理合同而雇佣的承运人、分货运代理的行为或不行为负责。一般而言，国际货运代理与客户接洽的是服务的价格，而不是收取代理手续费。

2. 责任分类

参照国际惯例及各国法律的不同规定，国际货运代理的责任分类如下。

1）纯粹代理人身份的责任

国际货运代理经被代理人授权，在该授权范围内，以被代理人的名义从事代理行为时，所产生的法律后果由被代理人承担。从内部关系看，被代理人和国际货运代理之间是代理合同关系，国际货运代理享有代理人的权利，承担代理人的义务。在外部关系上，国际货运代理不是货主与他人所签合同的主体，不享有该合同的权利，也不承担该合同的义务。

国际货运代理人作为纯粹的代理人，通常应对其本人及其雇员的过错承担责任。其错误和疏忽可能包括：未按指示交付货物；办理保险出现疏忽；报关有误；运往错误的目的地；未按必要的程序取得再出口（进口）货物退税；未取得货款而交付货物等。国际货运代理还应对其经营过程中造成的第三人财产灭失或损坏以及人身伤亡承担责任。如果国际货运代理能够证明他对第三人的选择做到合理谨慎，则一般不承担因第三人的行为或不行为而引起的责任。

【案例应用】

某国际货运代理作为海运提单的"通知人"，提单指明的船舶抵达目的港锚地后，及时将该轮的动态通知了收货人。但由于收货人申请火车车皮困难，致使该轮无法及时靠泊卸货，产生大量滞期费。于是船东既起诉了收货人，又起诉了国际货运代理，要求他们承担滞期费损失。法院经审理判决：国际货运代理不是提单当事人，而作为"通知人"已尽到职责且无过失，故对船东的滞期损失不承担任何法律责任。

结论：国际货运代理从事代理业务，本身无过失，不承担任何责任。

2）当事人身份的责任

国际货运代理以自己的名义与第三人签订合同，或者在安排储运时使用自己的仓库或运输工具，或者在安排运输、拼箱、集运时收取差价，往往被认定为当事人并承担相应的责任。国际货运代理作为合同当事人并以自己的名义安排托运人的货物运输时，被视为运输合同的一方，处于承运人地位，无论是实际承运人，还是契约承运人，都承担承运人的责任和义务。同时，他与客户接洽的是服务的价格，而不是收取代理手续费。此外，国际货运代理常常是将一些货主的货物集中在一个集装箱内，以此来节省费用，这对国际货运代理和托运人都有利。在此情况下，对托运人来说，国际货运代理被视为承运人，应承担承运人的责任。

【案例应用】

某进出口公司委托某外运公司办理一批服装出口运输，从上海运至日本。外运公司租用某远洋运输公司的船舶承运，但以其自己的名义签发提单。货物运抵目的港后，发现部分服装已湿损。于是，收货人向保险人索赔。保险人依据保险合同赔偿了收货人，取得代位求偿权，进而向外运公司提起诉讼。很明显，本案并非货运代理合同纠纷，而是运输合同纠纷。由于外运公司以自己的名义签发提单，这一行为使其成为契约承运人，从而应承担承运人的责任和义务，对因承运人责任范围内的原因造成的货物损失负赔偿责任。当然，外运公司仍有权依据其与远洋运输公司（实际承运人）签订的运输合同，向远洋运输公司进行追偿。

结论：国际货运代理以自己的名义签发提单，对海运途中发生的损失负赔偿责任。

3）无船承运人身份的责任

当货运代理从事无船承运业务并签发自己的无船承运人提单时，便成了无船承运经营人，被看作是法律上的承运人，他一身兼有承运人和托运人的性质。

4）多式联运经营人身份的责任

当国际货运代理负责多式联运并签发提单时，便成了多式联运经营人（Multi-modal Transport Operator，MTO），被看作是法律上的承运人。同时，作为收取全部运费的合同当事人，将承担履行多式联运合同，保证货物抵达目的地的全部责任；承担对发货人、收货人之货损货差的责任(延期交货的责任视提单条款而定),除非能证明他为避免货损货差或延期交货已采取了所有适当的措施。

(1)《联合国国际货物多式联运公约》规定 MTO 对货物灭失或延迟交付的赔偿责任。对于货物灭失或损坏的赔偿限额最多不超过每件或每运输单位 920SDR(Special Drawing Rights,特别提款权),或每千克(公斤)不得超过 2.75SDR,以较高者为准。但是国际多式联运如果根据合同不包括海上或内河运输,则 MTO 的赔偿责任按灭失或损坏货物毛重每千克不得超过 8.33SDR 计算单位。对于货物的迟延交付,规定了 90 天的交货期限,MTO 对迟延交货的赔偿限额为迟延交付货物的运费 2.5 倍,并不能超过合同的全程运费。

(2)《中华人民共和国海商法》规定 MTO 对货物灭失或延迟交付的赔偿责任。对于货物灭失或损坏,每件或者每个其他运输单位 666.67SDR,或按照灭失或损坏的货物毛重,每千克 2SDR,以两者中较高的为准;对于迟延交付,《中华人民共和国海商法》规定货物交付期限为 60 天,MTO 迟延交付的赔偿限额为迟延交付货物的运费数额,但承运人的故意或者不作为而造成的迟延交付则不享受此限制。

【案例应用】

2013 年 5 月 15 日,浙江某进出口公司的 265 件五金工具由"东安"轮自上海承运至香港,再由"星月"轮转运至马来西亚。2013 年 6 月 30 日,"星月"轮抵达目的港古普,卸货时发现部分箱子已破损,内物外漏,短少五件。浙江省人保公司赔付收货人 2 285.55 美元,取得权益转让证书后,曾多次索赔未果。于是,2013 年 8 月 16 日向上海海事法院起诉某货运代理公司(多式联运经营人)和某远洋运输公司(实际承运人)。作为对全程运输负责的多式联运经营人——某货运代理公司负有不可推卸的责任。

结论:货物短少,多式联运经营人和船公司同时被起诉。

5) 以"混合"身份出现时的责任

国际货运代理企业以混合经营人身份从事业务活动,是指国际货运代理企业在同一项业务的不同阶段、不同环节,具有不同的身份,有时作为代理人,有时作为承运人,有时还作为仓储保管人或其他独立经营人,根据客户要求提供综合性的服务。如国际货运代理企业作为货运代理人代理客户办理报关、报检、报验手续,安排运输;作为承运人,雇佣自己的人员,以自己的车辆、船舶、飞机、仓库及装卸工具等来提供服务。或陆运阶段为承运人,海运阶段为代理人。因此,国际货运代理以混合经营人身份从事业务活动时,应结合其行为的性质、不同阶段活动的身份等因素和业务实际情况,综合确定应当享受的权利,承担的责任,确认其法律地位。

6) 以合同条款为准的责任

在不同国家的标准交易条件中,往往详细订明了货运代理的责任。通常,这些标准交易条件被结合在收货证明或由货运代理签发给托运人的类似单证里。

【案例应用】

某公司委托某货运代理公司从 A 港运至 B 城一批货物,双方签订了一份运输合同,合同中订有明确条款规定,货运代理保证货物卸离船舶后办妥一切手续,并于×天之内将该批货物运抵 B 城交给收货人。船舶抵港后,由于火车车皮未能及时办妥,致使该批货物不能及时运抵 B 城交给收货人,同时货物在卸港存储期间发生了水湿。于是某公司诉至法院,要求该货运代理赔偿储运过程中货物水湿部分,同时要求赔偿迟延交付所引起的市价变化的损失。虽然该货运代理从事的是纯粹的代理业务，组织安排货物运输，根据货物的数量收取一定比例的手续费，但由于他们缺乏经验，以当事人的名义与委托人签订了运输合同（而非以代理人的名义与委托人签订代理合同），且合同中明确订有货物抵达目的地时间的保证条款，因此必须承担货物迟延交付的责任。法院最后认定，货运代理虽然只收取了代理费，但由于是运输协议的当事人，且违反了协议中订明的货物抵达时间的保证条款，故对货物迟延所产生的损失要承担责任，同时对其货损货差也要承担责任。

结论：货运代理依据协议要承担责任。

三、国际货运代理责任保险

1. 国际货运代理责任保险及产生

国际货运代理责任保险，通常是为了弥补国际货物运输方面所带来的风险。这种风险不仅来源于运输本身，而且来源于完成运输的许多环节，如运输合同、仓储合同、保险合同的签订、操作、保管、管货，向承运人索赔和保留索赔权的合理程序，签发单证、付款手续等。上述这些经营项目一般都是由国际货运代理来履行的。一个错误的指示、一个错误的地址，都会给国际货运代理带来非常严重的后果和巨大的经济损失，因此，国际货运代理有必要投保自己的责任险。另外，当国际货运代理以承运人身份出现时，不仅有权要求合理的责任限制，而且其经营风险还可通过投保责任险而获得赔偿。

国际货运代理所承担的责任风险主要产生于以下 3 种情况。

（1）国际货运代理本身的过失。国际货运代理未能履行代理义务，或者在使用自有运输工具进行运输出现事故的情况下，无权向任何人追索。

（2）分包人的过失。在"背对背"签约的情况下，责任的产生往往是由于分包人的行为或遗漏，而国际货运代理没有任何过错。此时，从理论上讲，国际货运代理有充分的追索权，但复杂的实际情况却使其无法全部甚至部分地从责任人处得到补偿，如海运（或陆运）承运人破产。

（3）保险责任不合理。在"不同情况的保险"责任下，单证不是"背对背"的，而是规定了不同的责任限制，从而使分包人责任小于国际货运代理或免责。

上述三种情况所涉及的风险，国际货运代理都可以通过投保责任险，从不同的渠道得到保险的补偿。

2. 国际货运代理责任险的内容

国际货运代理投保责任险的内容，取决于其过失或疏忽所导致的风险损失。

（1）错误与遗漏。例如，虽有指示但未能投保或投保类别有误；延迟报关或保管单内容缮制有误；发运到错误的目的地；选择运输工具有误；选择承运人有误；再次出口未办理退还关税和其他税务的必要手续保留向船方、港方、国内储运部门、承运单位及有关部门追偿权的遗漏；不顾保单有关说明而产生的遗漏；所交货物违反保单说明。

（2）仓库保管中的疏忽。在港口或外地中转库（包括货运代理自己拥有的仓库或租用、委托暂存其他单位的仓库、场地）监卸、监装和储存保管工作中代运的疏忽过失。

(3) 货损货差责任不清。在与港口储运部门或收货单位各方交接货物时,数量短少、残损责任不清,最后由国际货运代理承担的责任。

(4) 迟延或未授权发货。例如,部分货物未发运;港口提货不及时;未及时通知收货人提货;违反指示交货或未经授权发货;交货但未收取货贷款(以交货付款条件成交时)。

3. 国际货运代理责任保险的方式、渠道及除外责任

国际货运代理投保责任险时,主要有以下几种方式供选择,即有限责任保险、完全法律责任保险、最高责任保险、集体保险制度。国际货运代理根据自己的情况,选择适合自己的方式进行投保。

1) 国际货运代理责任保险的方式

(1) 国际货运代理的有限责任保险。国际货运代理仅按其本身规定的责任范围对其有限责任投保,国际货运代理的有限责任保险主要分3种类型。

第一类,根据国际货运代理协会标准交易条件确定的国际货运代理责任范围,国际货运代理可选择只对其有限责任投保。

第二类,国际货运代理也可接受保险公司的免赔额,这意味着免赔额部分的损失须由国际货运代理承担。保单中订立免赔额条款的目的是:一方面,使投保人在增强责任心、减少事故发生的同时,从中享受到缴纳较低保险费的好处;另一方面,保险人可避免处理大量的小额赔款案件,节省双方的保险理赔费用,这对双方均有益。免赔部分越大,保险费越低,但对投保人来说却存在下述风险,即对低于免赔额的索赔,均由国际货运代理支付,这样当它面对多起小额索赔时,就会承担总额非常大的损失,而且有可能根本无法从保险人处得到赔偿。

第三类,国际货运代理还可通过缩小保险范围来降低其保险费,只要过去的理赔处理经验证明这是合理的。但意料之外的超出范围的大额索赔可能会使其蒙受巨大损失。

(2) 国际货运代理的完全法律责任保险。国际货运代理按其所从事的业务范围、应承担的法律责任进行投保。根据国际货运代理协会标准交易条件确定的国际货运代理责任范围,国际货运代理可以选择有限责任投保,也可以选择完全责任投保。但有的国家法院对国际货运代理协会标准交易条件中有关责任的规定不予认定,所以,国际货运代理进行完全法律责任保险是十分必要的。

(3) 国际货运代理的最高责任保险。在某些欧洲国家,一种被称为"SVS"和"AREX"的特种国际货运代理责任保险体制被广泛采用。在这种体制下,对于超过确定范围以外的责任,国际货运代理必须为客户提供"最高"保险,即向货物保险人支付一笔额外的保险费用。这种体制尽管对国际货运代理及客户都有利,但目前仅在欧洲流行。

(4) 国际货运代理的集体保险制度。在某些国家,国际货运代理协会设立了集体保险制度,向其会员组织提供责任保险。这种集体保险制度既有利也有弊。其优点是使该协会能够代表其成员协商从而得到一个有利的保险费率;并使该协会避免要求成员进行一个标准的、最小限度的保险,并依此标准进行规范的文档记录。这种制度的缺点是,一旦推行一个标准的保险费率,就等于高效率的国际货运代理对其低效率的同时进行补贴,从而影响其改进风险管理、索赔控制的积极性;同时使其成员失去协会的内部信息,而该信息可能为竞争者所利用。

2) 国际货运代理投保责任险主要渠道

(1) 所有西方国家和某些东方国家的商业保险公司，可以办理国际货运代理责任险。

(2) 伦敦的劳埃德保险公司，通过辛迪加体制，每个公司均承担一个分保险，虽然该公司相当专业，但市场仍分为海事与非海事，并且只能通过其保险经纪人获得保险。

(3) 互保协会也可以投保责任险。这是一个具有共同利益的运输经纪人为满足其特殊需要而组成的集体性机构。

(4) 通过保险经纪人(其自身并不能提供保险)，可为国际货运代理选择可承保责任险的保险公司，并能代表国际货运代理与保险人进行谈判，还可提供损失预防、风险管理、索赔程度等方面的咨询，并根据国际货运代理协会标准交易条件来解决国际货运代理的经济、货运、保险及法律等问题。

3) 国际货运代理责任保险的除外责任

虽然国际货运代理的责任可以通过投保责任险将风险事先转移，但作为国际货运代理必须清楚地懂得，投保了责任险并不意味着保险公司将承担所有的风险，因此绝不可误认为在任何情况下，发生任何事故，即使自己有责任也不必承担任何风险与责任，统统由保险公司承担，这种想法是错误的。事实上，保单中往往都有除外条款，即保险公司不予承保，所以要特别注意阅读保单中的除外条款，并加以认真地研究和考虑。另外，保单中同时订有要求投保人履行的义务条款，如投保人未尽其义务，也会导致保险公司不予赔偿的后果。

适用于各种保险(包括责任保险)的保单中，除外条款和限制通常有如下几点。

(1) 在承保期间意外发生的危险或事故不予承保。

(2) 索赔时间超过承保条例或法律规定的时效。

(3) 保险合同或保险公司条例中所规定的除外条款及不在承保范围内的国际货运代理的损失。

(4) 违法行为造成的后果，如运输毒品、枪支、弹药、走私物品或一些国家禁止的物品。

(5) 蓄意或故意行为，如倒签提单、预借提单引起的损失。

(6) 战争、入侵、外敌、敌对行为(不论是否宣战)、内战、反叛、革命、起义、军事或武装侵占、罢工、停业、暴动、骚乱、戒严和没收、充公、征购等的任何结果，以及为执行任何政府、公众或地方权威的指令而造成的任何损失或损害。

(7) 任何由核燃料或核燃料爆炸所致核废料产生的离子辐射或放射性污染所导致、引起或可归咎于此的任何财产灭失、摧毁、毁坏或损失及费用，不论直接或间接，还是作为其后果损失。

(8) 超出保险合同关于赔偿限额规定的部分。

(9) 事先未征求保险公司的意见，擅自赔付对方，亦可能从保险公司得不到赔偿或得不到全部赔偿。例如，当货物发生残损后，国际货运代理自认为是自己的责任，未征求保险公司的意见，自作主张赔付给对方。如事后证明不属或不完全属国际货运代理的责任，保险公司将不承担或仅承担其应负责的部分损失。

知识五　国际货运代理企业

一、国际货运代理企业的基本概念

1. 国际货运代理企业的定义

国际货运代理企业是指进出口货物收货人、发货人的委托，以委托人的名义或者以自己的名义，为委托人办理国际货物运输及相关业务并收取服务报酬的法人企业。

国际货运代理企业除了应当具备《中华人民共和国民法通则》（以下简称《民法通则》）、《中华人民共和国公司法》（以下简称《公司法》）等法律、法规规定的企业法人条件以外，还必须具备接受运输关系当事人的委托，以委托人的名义或者以自己的名义，为委托人办理国际货物运输及相关业务的条件。

2. 货运代理企业的组织形式

目前，我国规定国际货运代理企业只能是有限责任公司或者股份有限公司。个人独资企业、个人合伙企业等其他组织形式的国际货运代理企业很少。

3. 国际货运代理企业的分类

1) 以投资主体、所有制形式为标准的国际货运代理企业分类

（1）全民所有制国际货运代理企业，由全民所有制单位单独或与其他全民所有制单位共同投资设立，即国有国际货运代理企业。如国有独资的中国对外贸易运输（集团）总公司、中国租船公司等；国有企业共同投资设立的中国国际展览运输有限公司、民航快递有限责任公司等。这类国际货运代理企业约占我国国际货运代理企业总数的70%。

（2）集体所有制国际货运代理企业，由集体所有制单位投资设立，如上海国际航空服务公司等，由于国家政策限制，目前这类国际货运代理企业的数量极少。

（3）私人所有制国际货运代理企业，由私营企业或个人投资设立，由于我国现有政策不允许私人和个体户经营国际货运代理企业，因此我国目前尚无合法存在的私营国际货运代理企业。

（4）股份制国际货运代理企业，由多个投资主体共同投资设立的国际货运代理企业。如中外运空运发展股份有限公司、大连锦程国际货运股份有限公司等。由于我国股份制企业的历史较短，目前我国股份制国际货运代理企业的数量很少。

（5）外商投资国际货运代理企业，由境外投资者以中外合资、中外合作或外商独资形式设立的国际货运代理企业。如大通国际运输有限公司、大田联邦快递有限公司等。这类企业约占我国国际货运代理企业总数的30%。由于国家政策、法规的限制，目前中外合作国际货运代理企业很少，尚无外商独资国际货运代理企业。

2) 以企业的成立背景与经营特点为标准的国际货运代理企业分类

（1）以对外贸易运输企业为背景的国际货运代理企业。主要指中国对外贸易运输（集团）

公司及其分公司、子公司，控股、合资公司。这类国际货运代理企业的特点是以一业为主，多种经营，业务网络发达，实力雄厚，综合市场竞争力较强。

（2）以实际承运人企业为背景的国际货运代理企业。主要指由公路、铁路、海上、航空运输部门或企业投资或控股的国际货运代理企业，如中国铁路对外服务总公司、中国外轮代理总公司等。这类国际货运代理企业的特点是专业化经营，与实际承运人关系密切，运价优势明显，运输信息灵通，方便货主，在特定的运输方式下市场竞争能力较强。

（3）以外贸、工贸公司为背景的国际货运代理企业。主要指由各专业外贸公司或大型工贸公司投资或控股的国际货运代理企业。如五矿国际货运公司、中粮国际仓储运输公司等。这类国际货运代理企业的特点是货源相对稳定，处理货物、单据经验丰富，对某些类型货物的运输代理竞争优势较强，但多数规模不大，服务功能不够全面，服务网络不够发达。

（4）以仓储、包装企业为背景的国际货运代理企业。主要指由仓储、包装企业投资、控股的国际货运代理企业或扩大了经营范围而成的国际货运代理企业，如中储国际货运代理公司。这类国际货运代理企业的特点是凭借仓储、包装优势揽取货源，对于特种物品的运输代理经验丰富，但多数规模较小，服务网点较少，综合服务能力不强。

（5）以港口、航道、机场企业为背景的国际货运代理企业。主要指由港口、航道、机场企业投资、控股的国际货运代理企业。如上海集装箱码头有限公司货运公司、天津振华国际货运有限公司。这类国际货运代理企业的特点是与港口、机场企业关系密切，港口、场站作业经验丰富，对集装货物的运输代理具有竞争优势，人员素质、管理水平较高，但服务内容较为单一，缺乏服务网络。

（6）以境外国际运输或运输代理企业为背景的国际货运代理企业。主要指由境外国际运输、运输代理企业以合资、合作方式在中国境内设立的外商投资国际货运代理企业。这类国际货运代理企业的特点是国际业务网络较为发达，信息化程度、人员素质、管理水平较高，服务质量较好。

（7）其他背景的国际货运代理企业。主要指其他投资者投资或控股的国际货运代理企业。这类国际货运代理企业投资主体多样，经营规模、经营范围不一，人员素质、管理水平、服务质量参差不齐。

二、国际货运代理企业的设立

1. 申请人资格

根据修改后的《中华人民共和国国际货物运输代理业管理规定实施细则（试行）》（以下简称《实施细则》），申请设立国际货运代理企业可由企业法人、自然人或其他经营组织组成。与进出口贸易或国际货物运输有关，并拥有稳定货源的企业法人应当为大股东，且应在国际货运代理企业中控股。企业法人以外的股东不得在国际货运代理企业中控股。

国际货运代理企业应当依法取得中华人民共和国企业法人资格。企业组织形式为有限责任公司或股份有限公司。禁止具有行政垄断职能的单位申请投资经营国际货运代理企业。承运人以及其他可能对国际货运代理行业构成不公平竞争的企业不得申请经营国际货运代理企业。

2. 设立国际货运代理企业的条件

（1）有与其从事的国际货代业务相适应的专业人员。具体来讲，至少要有5名从事国际货运代理业务3年以上的业务人员，其资格由业务人员原所在企业证明，或者取得商务部颁发的国际货物运输代理资格证书。

（2）有固定的生产经营场所。以自有房屋、场地作为经营场所的，应当提供产权证明。以租赁房屋、场地作为经营场所的，应当提供租赁期限在1年以上的租赁契约。

（3）有必要的营业设施。包括一定数量的电话、传真、计算机、运输工具、装卸设备、包装设备等。

（4）有稳定的进出口货源市场。是指在本地区进出口货物运量较大，货运代理行业具备进一步发展的条件和潜力，并且申报企业可以揽收到足够的货源。

【知识链接】

如何选择货代公司

选择货运代理时，通常考虑具备如下素质的公司。

（1）掌握海运方面的常识。如欧洲一些国家和美、加、日等工业化程度较高的国家，大量从发展中国家进口原材料，并向这些国家出口工业制成品。

（2）熟知不同类型的运输方式及船舶对货物的适用性。如班轮运输具有"四固定"的特点，主要适合于小量的件杂货物的运输。

（3）了解有关船公司的经营状况。如运输服务的定期性、运输速度、运费、可靠性、经营状况和责任。

（4）熟知航运法规。如《海牙规则》《海牙-维斯比规则》《汉堡规则》等，还应了解货物出口地或目的港国家的法律、操作习惯。

（5）熟练操作货物运输单据，并确保制作正确、清晰和及时。

3. 国际货运代理企业的注册登记和注册资本

1）注册登记

2004年以前，国际货运代理企业的成立必须先经过商务部的经营资格审批，在获得商务部签发的《中华人民共和国国际货运代理企业批准证书》后才能向工商、海关部门办理注册登记手续。2004年发布的《国务院关于第三批取消和调整行证审批项目的决定》取消了国际货运代理企业经营资格审批。2005年2月1日，商务部、国家工商行政管理总局发布了《关于国际货物运输代理企业登记和管理有关问题的通知》，根据该通知，企业申请从事国际货物运输代理业务，商务主管部门不再对其进行资格审批，申请人可直接向所在地工商行政管理部门办理登记注册。

2）注册资本

根据《中华人民共和国国际货物运输代理业管理规定》第八条关于经营海上、航空、陆路国际货运代理业务最低注册资本限额的规定，国际货物运输代理企业的注册资本最低限额应当符合下列要求。

（1）经营海上国际货物运输代理业务的，注册资本最低限额为500万元人民币。

（2）经营航空国际货物运输代理业务的，注册资本最低限额为300万元人民币。

(3) 经营陆路国际货物运输代理业务或国际快递业务的，注册资本最低限额为 200 万元人民币。

4. 设立国际货运代理企业应提交的文件

设立国际货物运输代理企业，应当提交的文件如下。
(1) 申请书(包括投资者名称、申请资格说明、申请的业务项目)。
(2) 可行性研究报告(包括基本情况、资格说明、现有条件、市场分析、业务预测、组建方案、经济预算及发展预算等)。
(3) 投资者的企业法人营业执照(影印件)。
(4) 董事会、股东会或股东大会决议。
(5) 企业章程(或草案)。
(6) 主要业务人员情况(包括学历、所学专业、业务简历、资格证书)。
(7) 资信证明(会计师事务所出具的各投资者的验资报告)。
(8) 投资者出资协议。
(9) 法定代表人简历。
(10) 国际货运代理提单(运单)样式。
(11) 企业名称预先核准函(影印件，工商行政管理部门出具)。
(12) 国际货运代理企业申请表(一)。
(13) 交易条款。

以上文件除(3)、(11)项外，均需提交正本，并加盖公章。

5. 国际货运代理企业的备案程序

2005 年 4 月 1 日施行的《国际货运代理企业备案(暂行)办法》规定，凡经国家工商行政管理部门依法注册登记的国际货物运输代理企业及其分支机构应当向商务部或商务部委托的机构办理备案。商务部是全国国际货代企业备案工作的主管部门，商务部委托符合条件的地方商务主管部门(以下简称"备案机关")负责办理本地区国际货代企业备案手续。国际货运代理企业备案工作实行全国联网和属地化管理。国际货运代理企业在本地区备案机关办理备案，而备案机关联结着商务部的国际货运代理企业信息管理系统。

国际货代企业备案程序如下。
(1) 领取《国际货运代理企业备案表》(以下简称《备案表》)。
(2) 填写《备案表》。国际货代企业应按《备案表》要求认真填写所有事项的信息，并确保所填写内容完整、准确和真实；同时认真阅读《备案表》背面的条款，并由法定代表人签字、盖章。
(3) 向备案机关提交以下备案材料：按本条第二款要求填写《备案表》；营业执照复印件；组织机构代码证书复印件。
(4) 备案机关自收到上述材料之日起 5 日内办理备案手续，在《备案表》上加盖备案印章。备案机关在完成备案手续的同时，完整准确地记录和保存国际货代企业的备案信息材料，依法建立备案档案。
(5) 国际货代企业应凭加盖备案印章的《备案表》在 30 日内到有关部门办理开展国际货代企业所需的有关手续。从事有关业务，依照有关法律、行政法规的规定，需经有关主管机关注册的，还应当向有关主管机关注册。

《备案表》上的任何信息发生变更时，国际货代企业应按照上述有关程序，在30日内办理《备案表》的变更手续，若逾期未办理变更手续，其《备案表》自动失效。备案机关收到国际货代企业提交的书面材料后，将即时办理变更手续。

国际货运代理企业已在工商行政管理部门办理注销手续或吊销营业执照的，自营业执照注销或被吊销之日起，《备案表》自动失效。备案机关应当在国际货代企业撤销备案后将有关情况及时通报海关、检验检疫、外汇、税务等部门。

6. 外商投资国际货运代理企业的设立

设立外商投资国际货代企业注册资本最低限额为100万美元。

外商投资国际货运代理企业的设立仍需商务主管部门的审批。其中，设立经营国际快递业务的国际货运代理企业由商务部负责审批和管理；经营其他业务的国际货运代理企业由各省级商务主管部门负责审批和管理。

设立外商投资国际货运代理企业应按国家现行的有关外商投资企业的法律、法规所规定的程序，向省级商务主管部门呈报修订后的《外商投资国际货物运输代理企业管理办法》（以下简称《管理办法》）规定的文件。

省级商务主管部门自收到全部申报文件30日内，做出同意或不同意的决定，经审查批准的，颁发《外商投资企业批准证书》；不予批准的，书面说明理由。根据《管理办法》第三条及其他外商投资法律法规，超过省级商务主管部门审批权限的，省级商务主管部门在对报送文件进行初审后，自收到全部申请文件之日起15日内上报商务部。

商务部应自收到全部申报文件60日内，做出同意或不同意的决定，经审查批准的，颁发《外商投资企业批准证书》；不予批准的，书面说明理由。

【项目任务】

任务一　申请成立国际货运代理企业

任务内容	组建一个国际货运代理企业
任务目的	掌握成立货运代理企业的必要知识
任务准备	将学生分组，每组5～6人。各组分别准备申请成立货运代理企业的有关材料

步骤一，学习申请成立货运代理企业的相关知识，并认识国际货运代理企业申请表范本和国际货运代理企业备案表范本。

步骤二，根据所给A国际货运代理有限责任公司简介，讨论成立一家国际货运代理公司应具备哪些条件并办理哪些手续。

步骤三，每组根据讨论结果填制国际货运代理企业申请表和国际货运代理企业备案表。

步骤四，选派1～2组代表上台展示填制的表格；其他组学生分析、评价、补充。

步骤五，教师点评、总结，并提供标准的范例。

完成任务所需的文件样本见表1-1至表1-5。

海华国际货运代理有限公司简介

　　海华国际货运代理有限公司是经中华人民共和国外经贸部批准成立的专业国际货运代理企业。公司主要承办进出口海运、空运和铁路国际联运货物的国内、国际运输业务。公司成立以来,在货代行业有着良好的关系,树立了较高的商业信誉,公司提供揽货、订舱、仓储、报关、报验、保险及其相关的短途运输服务和咨询业务。公司与国内外船东和航空公司合作,不仅把服务的航线扩展到世界各地,同时运价也有一定的竞争优势。此外公司还依托在全国的分公司,开展江海、铁运、汽运配送服务,经过摸索、积累,建立了稳定高效的业务操作流程,运用先进的计算机网络管理系统,对每票货物的运输情况及单证操作进行有效的跟踪管理。今日的海华国际货运代理有限责任公司,将不断完善自己的服务,为客户精心策划最经济、安全、快捷、准确的运输方式及航线,为客户节约更多的成本,提供更优质高效的物流货运服务。

　　名　称:海华国际货运代理有限责任公司
　　地　址:××省××市光明大街8号
　　电　话:×××-×××××××　　传　真:×××-×××××××
　　开户银行:6222 8888 8888 888　　账户:海华国际货运代理有限责任公司

表1-1　中华人民共和国国际货运代理企业申请表(一)

拟设企业名称	(中文)						
	(外文)						
地　址							
企业法定代表人情况	姓名	性别	年龄	学历	所在单位		职务
注册资本			企业类型			经营地域	
隶属部门						投资总额	
投资方情况	名　称		法定代表人	净资产		投资金额	投资比例
申请经营范围							
地方对外贸易主管部门意见							
项目申请联系人	姓名		所在单位			联系电话	

　　注:此表用于申请成立国际货运代理企业及设立子公司填写,一式两份,表中投资方情况必须如实填写,如填写不下可另附纸。

表1-2 中华人民共和国国际货运代理企业申请表(二)

申请企业 (分公司)名称	(中文)					
	(外文)					
地　　址						
注册时间		营业执照 注册号		国际货运代理 企业编号		
法定代表人(或 分公司负责人)情况	姓　名	性　别	年　龄	学　历	所在单位	职　务
注册资本		企业类型		经营地域		
隶属部门				投资总额		
已设立分公司情况	名　称	成立时间	企业编号	营业执照注册号		分公司负责人
申请经营 范围或经营地域						
地方对外贸易 主管部门意见						
项目申请 联系人	姓名		所在单位		联系电话	

注：此表用于国际货运代理企业申请扩大经营范围、经营地域及设立分支机构填写。一式两份。表中已设立分公司情况必须如实填写，如填写不下可另附纸。

表1-3　国际货运代理企业备案表(一)
(法人企业适用)

备案表编号：

企业中文名称		企业经营代码：	
企业英文名称			
住　　所			
经营场所(中文)			
经营场所(英文)			
工商登记 注册日期		工商登记 注册号	
企业类型		组织机构代码	
注册资金		联系电话	
联系传真		邮政编码	

续表

企业网址		企业电子邮箱	
法定代表人姓名		有效证件号	
业务类型范围			
运输方式	海运□ 空运□ 陆运□		
货物类型	一般货物□ 国际展品□ 过境运输□ 私人物品□		
服务项目	揽货□ 托运□ 定舱□ 仓储中转□ 集装箱拼装拆箱□ 结算运杂费□ 报关□ 报验□ 保险□ 相关短途运输□ 运输咨询□		
特殊项目	是否为多式联运 是□ 否□ 是否办理国际快递 是□ 否□ 信件和具有信件性质的物品除外□ 私人信函及县级以上党政军公文除外□		
备注:			

备案机关
签 章
年 月 日

表1-4 国际货运代理企业备案表(二)
（分支机构适用）

备案表编号：

企业中文名称			企业经营代码:	
企业英文名称				
住 所				
经营场所（中文）				
经营场所（英文）				
工商登记 注册日期			工商登记 注册号	
母公司名称				
母公司组织机构代码			母公司经营代码	
注册资金			联系电话	
联系传真			邮政编码	
企业网址			企业电子邮箱	
负责人姓名			有效证件号	
业务类型范围				
运输方式	海运□ 空运□ 陆运□			
货物类型	一般货物□ 国际展品□ 过境运输□ 私人物品□			
服务项目	揽货□ 托运□ 定舱□ 仓储中转□ 集装箱拼装拆箱□ 结算运杂费□ 报关□ 报验□ 保险□ 相关短途运输□ 运输咨询□			
特殊项目	是否为多式联运 是□ 否□ 是否办理国际快递 是□ 否□ 信件和具有信件性质的物品除外□ 私人信函及县级以上党政军公文除外□			
备注:				

备案机关
签 章
年 月 日

表1-5　中华人民共和国国际货运代理企业业务备案表(三)

企业名称			经营代码	
年末职工人数			取得国际货代资格证书人数	
货运车辆（辆/吨）			集装箱卡车（标准箱）	
自有仓库（平方米）			保税、监管库（平方米）	
铁路专用线（条）			物流计算机信息管理系统（套）	
海关注册登记证书号			商检报检单位登记号	
年度经营情况					
运输方式	全年出口		
	散货（吨）	集装箱货物（标准箱）	营业额（万元人民币）
海运			
陆运			
空运			
快件	件		
运输方式	全年进口		
	散货（吨）	集装箱货物（标准箱）	营业额（万元人民币）
海运			
陆运			
空运			
快件	件		
仓储营业额	（万元人民币）	其他营业额	（万元人民币）
年营业总额	其中美元（万元）：	人民币（万元）：	
年净利润总额（万元人民币）		缴纳税金（万元人民币）	
（企业公章） 年　月　日			（法定代表人签名）

注：表中年营业总额是指企业向委托方收取的全部费用总和(不扣除向承运人等最终支付的费用)，不是缴纳营业税的依据。

任务二　货代人员如何更好地为客户服务

任务内容	货代人员做好客户服务工作应具备的条件和素质
任务目的	通过具体案例讨论及资料查找，使学生更清楚认识到货代作为一个服务性行业，为客户提供优质服务的重要性，并较深入地思考货代人员该如何做好客户服务工作
任务准备	将学生分组，每组5～6人。各组分别查找有关材料

步骤一，以组为单位对案例进行讨论交流，实训室上机查找资料。

步骤二，在讨论和查询资料的基础上，最终形成小组讨论记录及最终分析报告(字数不少于600字)。

【思考与练习】

一、选择题

1. 货运代理行业在社会产业结构中属于(　　)，性质上属于服务业。
   A. 第一产业　　　B. 第三产业　　　C. 第二产业　　　D. 第四产业
2. 国际货运代理协会联合会的标志是(　　)。
   A. FIATA　　　B. CIFA　　　C. BIMCO　　　D. CMI
3. 在我国，内资国际海运代企业设立须具备的条件包括(　　)。
   A. 有从事货代业务的专业人员　　　B. 有固定场所
   C. 有500万元以上的注册资金　　　D. 有营业设施
4. 《国际货运代理企业业务备案表》记录的任何信息发生变更，应当在(　　)日内向备案机关办理变更手续。
   A. 15日　　　B. 15个工作日　　　C. 30日　　　D. 30个工作日
5. 申请设立的国际货运代理企业业务经营范围包括国际多式联运业务的，应当拥有在(　　)登记备案的国际货运代理提单。
   A. 商务部　　　B. 海关　　　C. 铁道部　　　D. 海事部门

二、判断题

1. 国际货运代理从事纯粹代理业务，无论本身是否有过失，都不承担任何责任。(　　)
2. "货运代理"包含两种含义：其一指承运人；其二是指货运代理人。(　　)
3. 总代理必定是独家代理，但独家代理不一定是总代理。(　　)
4. 我国目前中外合作国际货运代理企业很少，尚无外商独资国际货代企业。(　　)
5. 目前，国际货代企业的成立必须先经过商务部的经营资格审批，在获得商务部签发的《中华人民共和国国际货运代理企业批准证书》后才能向工商、海关部门办理注册登记手续。
(　　)

三、简答题

1. 简述国际货运代理的分类。
2. 国际货运代理的责任有哪些?
3. 我国国际货运代理企业注册与备案需办理哪些手续?

四、情境训练题

以下是某国际货运代理公司的组织机构图,请你评价其是否合理,并了解其他国际货运代理公司的组织机构。

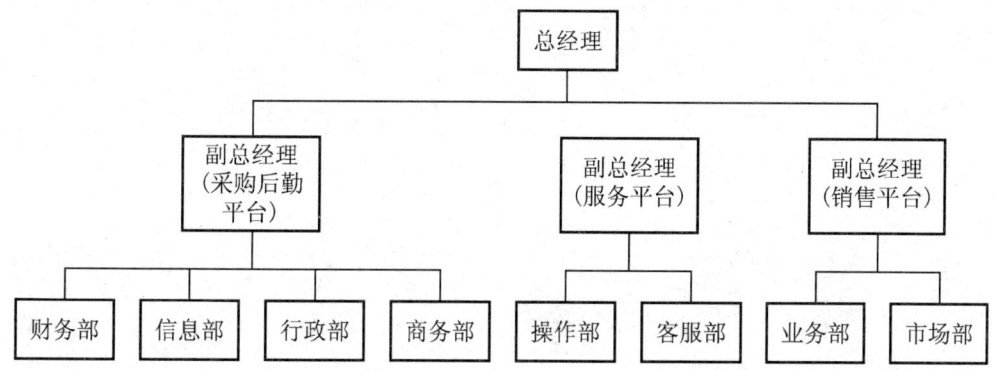

项目二

国际贸易基础知识
GUOJI MAOYI JICHU ZHISHI

【学习目标】

知识目标	技能目标
（1）了解国际贸易的相关基本概念	
（2）了解和掌握国际贸易的分类	（1）能根据具体贸易，判断贸易类型
（3）了解国际贸易流程	（2）能完整流畅掌握进出口业务流程
（4）掌握国际贸易术语的概念和应用	（3）能根据资料，缮制合同
（5）了解并掌握外贸合同的基本内容	（4）能根据资料，缮制报关单
（6）了解并掌握外贸报关流程	

【案例导入】

北京某企业通过铁路运输方式向境外出售一批纺织品,该企业按约定交货时间将货物发运出去,取得了铁路承运人签发的运输单据。当买方凭单提货并验收后,却发现货物数量短缺,遂以卖方违约为由,向卖方提出索赔。卖方则出具承运人签发的运输单据,证明自己是按合同规定数量发运的,并未违约。买方则认为自己提供的货物数量短缺的证明文件是由双方认可的检验机构出具的,是合法有效的凭证。双方协商未果提请仲裁。经审理发现,双方在买卖合同中对交货地点和风险转移的界限未作明确规定,甚至未出现国际货物买卖合同中普遍采用的贸易术语。

分析:在国际货物买卖中,双方的义务,交货过程中有关风险、责任和费用的划分等问题,是交易双方在谈判和签约时需明确的重要内容,它关系到合同履行中一旦发生争议,如何确定违约事由和责任的归属。因此,学习和掌握国际贸易中的各种贸易术语、国际惯例以及买卖合同的签订,对于避免或减少不必要的贸易纠纷,都是十分重要的。

任务

外贸合同签订及履行;货物出口报关单缮制。

【必备知识】

知识一　什么是国际贸易

一、国际贸易相关概念

国际贸易(International Trade)是指不同国家和(或)地区之间的商品和劳务的交换活动。国际贸易是商品和劳务的国际转移。国际贸易也叫世界贸易。

1. 对外贸易额

对外贸易额(Value of Foreign Trade),也称对外贸易值,是一国(或地区)在一定时期内以某种货币统计的出口额与进口额的总和。

2. 对外贸易量

对外贸易量(Quantum of Foreign Trade)是剔除价格变动因素的影响，以一定时期的不变价格为标准来计算一国某时期的对外贸易额。

3. 贸易条件

贸易条件(Terms of Trade)又称交换比价，是指一国在一定时期内出口商品价格与进口商品价格之间的对应关系。大于100，表示贸易条件改善；反之，则表示贸易条件恶化。

4. 对外贸易系数

对外贸易系数指一国商品进出口额与其国内生产总值或国民生产总值之比。

5. 商品结构

对外贸易商品结构是指一国在一定时期内，各类商品的进出口额占整个国家进出口额的份额。

6. 对外贸易地理方向

对外贸易地理方向是指一定时期内对某国或某区域集团贸易额在该国总贸易额中的比重。

二、国际贸易分类

1. 按贸易角度不同，分为对外贸易和国际贸易

（1）对外贸易(Foreign Trade)。是指一个国家或地区同其他国家或地区进行商品和劳务的交换活动。

（2）国际贸易(International Trade)。是指国家之间商品和劳务(Goods and Services)的交换活动，是世界各国之间国际分工的表现形式，它反映了世界各国在经济上的相互联系。

2. 按商品形态不同，分为有形贸易和无形贸易

（1）实物商品的进出口称为"有形贸易"(Visible Trade)。或称"有形商品贸易"(Tangible Goods Trade)，或简称货物贸易(Goods Trade)。

（2）无形贸易(Invisible Trade)。指一切不具备物质自然属性的商品或称无形商品的国际交换活动，包括运输、保险、金融、旅游、技术转让等劳务的提供与接受以及其他非实物形态的进出口。

3. 按进出国境与进出关境不同，分为总贸易体系和专门贸易

（1）总贸易体系(General Trade)。又称一般贸易体系，是以货物通过国境作为统计对外贸易的标准。

（2）专门贸易体系(Special Trade)。又称特殊贸易体系，以关境作为统计对外贸易的标准。

4. 按贸易形式不同，分为一般贸易和加工贸易

（1）一般贸易。是指国境内企业单边进口或单边出口货物的交易形式，但投资设备、捐赠等除外。

（2）加工贸易。是指国内企业从境外进口全部或部分原辅材料、零部件、元器件、配套件、包装物料等，经加工或装配后，将成品或半成品复出口的交易形式。该项业务主要包括来料加工和进料加工两种贸易方式。

5. 按商品流向不同，分为出口贸易、进口贸易和过境贸易

（1）出口贸易，又称输出贸易(Export Trade)。是指本国生产或加工的商品输往国外市场销售。从国外输入的商品，未在本国消费，又未经本国加工而再次输出国外，称为复出口或再输出(Re-Export Trade)。

（2）进口贸易，又称输入贸易(Import Trade)。是指将外国商品输入本国市场销售。输往国外的商品未经消费和加工又输入本国，称为复进口或再输入(Re-Import Trade)。

（3）过境贸易，又称通过贸易。某种商品从甲国经乙国输往丙国销售，该商品的输入和输出对乙国而言即为过境贸易(Transit Trade)。这种贸易对乙国来说，既不是进口，也不是出口，仅仅是商品过境而已。

6. 按贸易有无第三国参加，分为直接贸易、间接贸易和转口贸易

（1）直接贸易(Direct Trade)。是指货物生产国将货物直接出口到消费国，消费国直接进口生产国的货物时两国之间发生的贸易，即由进出口两国直接完成的贸易。

（2）间接贸易。是指商品生产国不直接向消费国出口，商品消费国也不直接从生产国进口，而经由第三国商人来完成贸易，这种形式的国际贸易称为间接贸易(Indirect Trade)。

（3）转口贸易。是指商品生产国和消费国通过第三国进行的贸易。对第三国而言就是转口贸易(Entrepot Trade)。转口贸易又可分为两种：一为直接转口贸易，商品还是从生产国直接运往消费国，但转口商人参与商品的交易过程，分别与生产国的出口商和消费国的进口商订立买、卖合同；二为间接转口贸易，商品由生产国输入转口国，再由转口国商人负责向消费国输出。

7. 按清偿工具不同，分为自由结汇贸易和易货贸易

（1）自由结汇贸易。是指以货币作为清偿工具的国际贸易，又称现汇贸易(Cash-Liquidation Trade)，但作为清偿工具的货币必须是能在国际金融市场上自由兑换的国际货币。

（2）易货贸易。是指不以货币为媒介，直接以货物相交换的国际贸易。

8. 按经济发展水平分类

按经济发展水平，分为水平贸易和垂直贸易。

（1）水平贸易(Horizontal Trade)。是指经济发展水平比较接近的国家之间开展的贸易活动。

(2) 垂直贸易(Vertical Trade)：是指经济发展水平不同国家之间开展的贸易活动。

9. 按货物运输方式不同分类

按货物运输方式不同，分为陆路贸易、海路贸易、空运贸易、邮购贸易和多式联运贸易。

(1) 陆路贸易(Trade by Roadway)。陆地毗邻国家之间的贸易多采取陆路贸易，主要运输工具是火车和卡车。

(2) 海路贸易(Trade by Seaway)。货物通过海上运输的国际贸易称为海路贸易，运输工具主要是各类船舶，这是国际贸易的最主要运输方式。

(3) 空运贸易(Trade by Airway)。单位价值较高或数量较少的货物，为争取时效，往往以航空货运方式装运，称为空运贸易。

(4) 邮购贸易(Trade by Mail Order)。数量很少的交易，通常也有采取邮政包裹的方式寄送的，称为邮购贸易。

(5) 多式联运贸易是海陆空各种运输方式结合运送货物的行为。国际物流迅猛发展促进了这种方式的贸易。

知识二　国际贸易合同订立及履行

国际贸易合同是国际贸易活动中最重要、最基本的合同。合同一旦生效，合同当事人的权利就受到法律的保护，义务受到法律的监督和约束。合同规定的各项交易条款，包括货物的名称、品质、数量、包装、价格、交货、支付、保险、商品检验、索赔、不可抗力、仲裁等条款。《国际贸易术语解释通则》《跟单信用证统一惯例》和《联合国国际货物销售合同公约》等国际贸易惯例和相关国际公约是合同当事人订立贸易合同时应遵循的规范。

国际贸易合同履行流程主要包括：报价、订货、付款方式、备货、包装、通关手续、装船、运输保险、提单、结汇。

一、报价

在国际贸易中一般是由产品的询价、报价作为贸易的开始。其中，对于出口产品的报价主要包括：产品的质量等级、产品的规格型号、产品是否有特殊包装要求、所购产品量的多少、交货期的要求、产品的运输方式、产品的材质等内容。

二、订货(签约)

贸易双方就报价达成意向后，买方企业正式订货并就一些相关事项与卖方企业进行协商，双方协商认可后，需要签订《购货合同》。在签订《购货合同》过程中，主要对商品名称、规格型号、数量、价格、包装、产地、装运期、付款条件、结算方式、索赔、仲裁等内容进行商谈，并将商谈后达成的协议写入《购货合同》。这标志着出口业务的正式开始。通常情况下，签订购货合同一式两份由双方盖本公司公章生效，双方各保存一份。

三、付款方式

比较常用的国际付款方式有 3 种，即信用证付款方式、TT 付款方式和直接付款方式。

1. 信用证付款方式

信用证分为光票信用证和跟单信用证两类。跟单信用证是指附有指定单据的信用证，不附任何单据的信用证称光票信用证。简单地说，信用证是保证出口商收回货款的保证文件。请注意，出口货物的装运期限应在信用证的有效期限内进行，信用证交单期限必须不迟于信用证的有效日期内提交。

2. TT 付款方式

TT 付款方式是以外汇现金方式结算，由您的客户将款项汇至贵公司指定的外汇银行账号内，可以要求货到后一定期限内汇款。

3. 直接付款方式

直接付款方式是指买卖双方直接交货付款。

四、备货

备货在整个贸易流程中，起到举足轻重的重要地位，需按照合同逐一落实。备货的主要核对内容如下。

（1）货物品质、规格，应按合同的要求核实。
（2）货物数量：保证满足合同或信用证对数量的要求。
（3）备货时间：应根据信用证规定，结合船期安排，以利于船货衔接。

五、包装

根据货物的不同来选择包装形式（如纸箱、木箱、编织袋等）。不同的包装形式，其包装要求也有所不同。

六、通关手续

通关手续极为繁琐又极其重要，如不能顺利通关，则无法完成交易。
（1）属法定检验的出口商品，需办出口商品检验证书。
（2）需由专业持有报关证人员，持箱单、发票、报关委托书、出口结汇核销单、出口货物合同副本、出口商品检验证书等文本去海关办理通关手续。

七、装船

在货物装船过程中，可以根据货物的多少来决定装船方式，并根据《购货合同》所定的险种来进行投保。

八、运输保险

通常双方在签订《购货合同》中已事先约定运输保险的相关事项。常见的保险有海洋货物运输保险、陆空邮货运输保险等。其中，海洋运输货物保险条款所承保的险别，分为基本险别和附加险别两类，两者的主要区别在于能够单独投保。基本险可以单独投保，而附加险不可以。

1）基本险别

基本险别有平安险(Free from Paricular Average，F. P. A.)、水渍险(With Average or With Particular Average，W. A. or W. P. A.)和一切险(All Risk，A. R.)3 种。

（1）平安险。其责任范围包括：由于海上自然灾害引起的货物全损；货物在装卸和转船过程中的整体灭失；由于共同海损引起的牺牲、分担和救助费用；由于运输船只触礁、搁浅、沉没、碰撞、水灾、爆炸引起的货物全损和部分损失。

（2）水渍险。是海洋运输保险的基本险之一。按中国人民保险公司的保险条款，其责任范围除了承担平安险所列各项风险外，还承担恶劣气候、雷电、海啸、洪水等自然灾害的风险。

（3）一切险。其承保责任范围相当于水渍险和一般附加险的总和。

2）附加险别

附加险别有一般附加险和特别附加险两种类型。

（1）一般附加险。有偷窃提货不着险、淡水雨淋险、抽窃短量险、渗漏险、破损破碎险、钩损险、混杂沾污险、包装破裂险、霉变险、受潮受热险、串味险等。

（2）特别附加险。有战争险、罢工险等。

九、提单

提单是出口商办理完出口通关手续、海关放行后，由外运公司签出、供进口商提货、结汇所用单据。

所签提单根据信用证所提要求份数签发，一般是三份。出口商留两份，办理退税等业务，一份寄给进口商用来办理提货等手续。

进行海运货物时，进口商必须持正本提单、箱单、发票来提取货物（须由出口商将正本提单、箱单、发票寄给进口商）。

若是空运货物，则可直接用提单、箱单、发票的传真件来提取货物。

十、结汇

出口货物装出之后，进出口公司即应按照信用证的规定，正确缮制（箱单、发票、提单、出口产地证明、出口结汇）等单据。在信用证规定的交单有效期内，递交银行办理议付结汇手续。

除采用信用证结汇外，其他付款的汇款方式一般有电汇(Telegraphic Transfer，T/T)、票汇(Demand Draft，D/D)、信汇(Mail Tradfer，M/T)等方式，由于电子化的高速发展，现在汇款主要使用电汇方式（在中国，企业出口享有出口退税优惠政策）。

外贸进出口一般流程如图 2-1 所示。

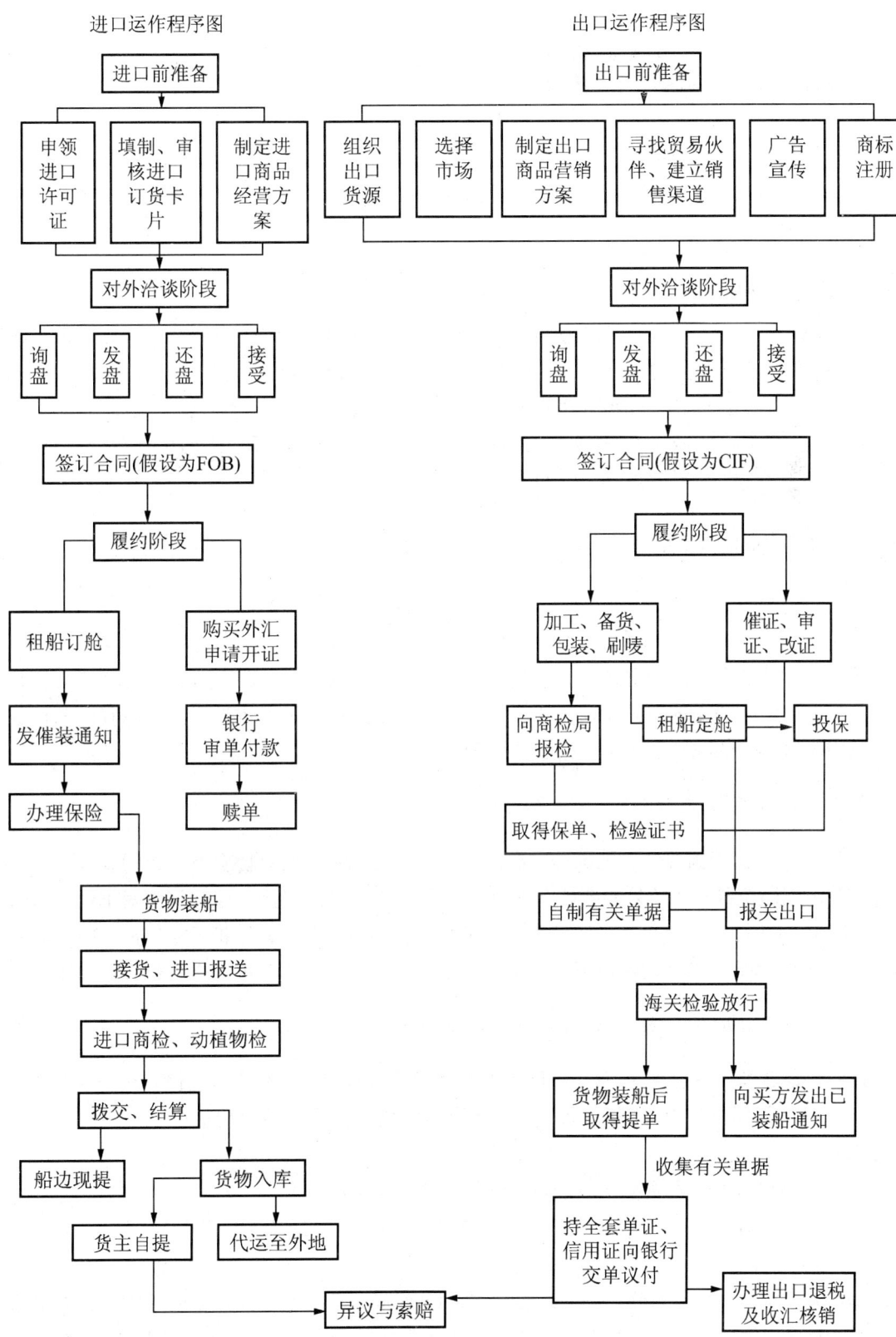

图 2-1 外贸进出口流程

知识三 国际贸易术语

贸易术语(Trade Terms)是在国际贸易中，国际商会制定的用以表示商品的价格构成，以及商品交接过程中有关风险、责任和费用划分问题的以文字或外文缩写字母组成的专门用语。

【知识链接】

国际商会(The International Chamber of Commerce，ICC)成立于 1919 年，发展至今已拥有来自 130 多个国家的成员公司和协会，是全球唯一的代表所有企业的权威代言机构。它所制定用以规范国际商业合作的规章，如《托收统一规则》《跟单信用证统一惯例》《2000 年国际贸易术语解释通则》(以下简称《2000 通则》)等被广泛地应用于国际贸易中，并成为国际贸易不可缺少的一部分，国际商会属下的国际仲裁法庭是全球最高的仲裁机构，它为解决国际贸易争议起着重大的作用。

一、贸易术语的国际惯例

1. 《1932 年华沙-牛津规则》

这是国际法协会专门为解释 CIF 合同而制定的。这一规则对 CIF 的性质、买卖双方所承担的责任、风险和费用的划分以及货物所有权转移的方式等都做了较为详细的解释。不仅如此，其中某些规定的原则，还可适用于其他合同。

2. 《1941 年美国对外贸易定义修正本》

1941 年，经由美国商会、美国进口商协会、美国全国对外贸易协会所组成的联合委员会通过，并由美国全国对外贸易协会公布的有关贸易术语的贸易惯例。该修订本对 Ex、FOB、FAS、CFR、CIF、Ex Dock 6 种贸易术语作了解释。同时，该修订本把 FOB 分为 6 种类型，与《2010 年国际贸易术语解释通则》有明显的差异，在同美洲国家进行交易时应特别注意。

3. 《2010 年国际贸易术语解释通则》(简称 Incoterms 2010)

该通则是由国际商会在《2000 年国际贸易术语解释通则》的基础上修订的国际惯例，2010 年 9 月 27 日公布，2011 年 1 月 1 日开始全球实施。它是目前使用最广、影响最大的一种贸易术语。

《2010 通则》对 11 种贸易术语进行了解释，具有以下特点。

(1) 适用范围。《2010 通则》是一套国际商业用语，主要适用于国际货物买卖，也可用于国内货物买卖。

(2) 买卖双方的义务划分。《2010 通则》将 11 种贸易术语项下卖方和买方各自应承担的义务相互对比、纵向排列，见表 2-1。在 10 项义务之首冠以"A. 卖方义务""B. 买方义务"，在每条具体义务前分别加注"卖方必须""买方必须"。

表 2-1　卖方和买方各自应承担的义务

A. 卖方义务	B. 买方义务
A1. 提供符合合同规定的货物	B1. 支付货款
A2. 许可证、批准文件及海关手续	B2. 许可证、批准文件及海关手续
A3. 运输合同与保险合同	B3. 运输合同与保险合同
A4. 交货	B4. 受领货物
A5. 风险转移	B5. 风险转移
A6. 费用划分	B6. 费用划分
A7. 通知买方	B7. 通知卖方
A8. 交货凭证、运输单证或有同等作用的电子信息	B8. 交货凭证、运输单证或有同等作用的电子信息
A9. 核查、包装及标记	B9. 货物检验
A10. 其他义务	B10. 其他义务

【知识链接】

对合同中引用惯例的规定

《1932 年华沙—牛津规则》在总则中说明：这一规则供交易双方自愿采用，凡明示采用本惯例者，合同当事人的权利和义务均应按本惯例的规定办理。经双方当事人明示协议，可以对本规则的任何一条进行变更、修改或增添。如本规则与合同发生矛盾，应以合同为准。凡合同中没有规定的事项，应按本规则的规定办理。

《1941 年美国对外贸易定义修订本》规定：此修订本并无法律效力，除非由专门的立法规定或为法院判决所认可。因此，为使其对各有关当事人产生法律上的约束力，建议卖方或买方接受定义作为买卖合同的一个组成部分。

国际商会在《2010 年国际贸易术语解释通则》前言中指出：如果你要使 Incoterms 规则 2010 在你的合同中适用，你应该在合同中，通过如"所选择的 Incoterms 规则（含指定地点）附上 Incoterms 规则 2010"这类文字以明确表示。

二、2010 贸易术语分类

《2010 年国际贸易术语解释通则》主要分为两大类：适合任何运输方式，以及仅适合海洋和内河运输方式。

1. 适用于任何单一运输方式或多种运输方式的术语（表 2-2）

表 2-2　适用于任何单一运输方式或多种运输方式的术语

缩　写	英文全称	中文全称
EXW	EX Works	工厂交货
FCA	Free Carrier	货交承运人
CPT	Carriage Paid to	运费付至
CIP	Carriage and Insurance Paid to	运费和保险费付至
DAT	Delivered At Terminal	运输终端交货
DAP	Delivered At Place	目的地交货
DDP	Delivered Duty Paid	完税后交货

2. 适用于海运和内河水运的术语(表 2-3)

表 2-3　适用于海运和内河水运的术语

缩　　写	英文全称	中文全称
FAS	Free Alongside Ship	船边交货
FOB	Free On Board	船上交货
CFR	Cost and Freight	成本加运费
CIF	Cost Insurance and Freight	成本、保险加运费

三、2010 贸易术语详解

1. EXW(EX Works，工厂交货)

该术语可适用于任何运输方式，也可适用于多种运输方式。它适合国内贸易，而 FCA 一般则更适合国际贸易。

"工厂交货"是指当卖方在其所在地或其他指定地点(如工厂、车间或仓库等)将货物交由买方处置时，即完成交货。卖方不需将货物装上任何前来接收货物的运输工具，需要清关时，卖方也无须办理出口清关手续。

2. FCA(Free Carrier，货交承运人)

该术语可适用于任何运输方式，也可适用于多种运输方式。

"货交承运人"是指卖方在卖方所在地或其他指定地点将货物交给买方指定的承运人或其他人。如适用时，FCA 要求卖方办理货物出口清关手续。但卖方无义务办理进口清关，支付任何进口税或办理任何进口海关手续。

3. CPT(Carriage Paid to，运费付至)

该术语可适用于任何运输方式，也可适用于多种运输方式。

"运费付至"是指卖方将货物在双方约定地点(如果双方已经约定了地点)交给卖方指定的承运人或其他人。卖方必须签订运输合同并支付将货物运至指定目的地所需费用。

如适用时，CPT 要求卖方办理货物的出口清关手续。但是卖方无义务办理进口清关，支付任何进口税或办理进口相关的任何海关手续。

4. CIP(Carriage and Insurance Paid to，运费和保险费付至)

该术语可适用于各种运输方式，也可适用于多种运输方式。

"运费和保险费付至"是指卖方将货物在双方约定地点(如双方已经约定了地点)交给其指定的承运人或其他人。卖方必须签订运输合同并支付将货物运至指定目的地的所需费用。

如适用时，CIP 要求卖方办理货物的出口清关手续。但是卖方无义务办理进口清关，支付任何进口税或办理进口相关的任何海关手续。

5. DAT(Delivered At Terminal，运输终端交货)

该术语可适用于任何运输方式，也可适用于多种运输方式。

"运输终端交货"是指当卖方在指定港口或目的地的指定运输终端将货物从抵达的载货运输工具上卸下,交由买方处置时,即为交货。

"运输终端"意味着任何地点,而不论该地点是否有遮盖,例如码头、仓库、集装箱堆积场或公路、铁路、空运货站。卖方承担将货物送至指定港口或目的地的运输终端并将其卸下的一切风险。

如适用时,DAT要求卖方办理出口清关手续。但卖方无义务办理进口清关、支付任何进口税或办理任何进口海关手续。

6. DAP(Delivered At Place,目的地交货)

该术语可适用于任何运输方式,也可适用于多种运输方式。

"目的地交货"是指当卖方在指定目的地将仍处于抵达的运输工具之上,且已做好卸载准备的货物交由买方处置时,即为交货。卖方承担将货物运送到指定地点的一切风险。

如适用时,DAP要求卖方办理出口清关手续。但是卖方无义务办理进口清关、支付任何进口税或办理任何进口海关手续。如果双方希望卖方办理进口清关、支付所有进口关税,并办理所有进口海关手续,则应当使用DDP术语。

7. DDP(Delivered Duty Paid,完税后交货)

该术语可适用于任何运输方式,也可适用于多种运输方式。

"完税后交货"是指当卖方在指定目的地将仍处于抵达的运输工具上,但已完成进口清关,且已做好卸载准备的货物交由买方处置时,即为交货。卖方承担将货物运至目的地的一切风险和费用,并且有义务完成货物出口和进口清关,支付所有出口和进口的关税和办理所有海关手续。

DDP代表卖方的最大责任。

8. FAS(Free Alongside Ship,船边交货)

该术语仅用于海运或内河水运。

"船边交货"是指当卖方在指定的装运港将货物交到买方指定的船边(例如,置于码头或驳船上)时,即为交货。货物灭失或损坏的风险在货物交到船边时发生转移,同时买方承担自那时起的一切费用。

如适用时,FAS要求卖方办理出口清关手续。但卖方无义务办理进口清关、支付任何进口税或办理任何进口海关手续。

9. FOB(Free On Board,船上交货)

该术语仅用于海运或内河水运。

"船上交货"是指卖方以在指定装运港将货物装上买方指定的船舶或通过取得已交付至船上货物的方式交货。货物灭失或损坏的风险在货物交到船上时转移,同时买方承担自那时起的一切费用。

如适用时,FOB要求卖方出口清关。但卖方无义务办理进口清关、支付任何进口税或办理任何进口海关手续。

【案例应用】

我国某公司每吨352美元FOB Vessel New York进口400吨钢材,我方如期开出信用证,但美商来电要求增加信用证金额至60 000美元,不然有关出口捐税及签证费应由我方另行电汇,美商此举是否合理?

结论:合理。《2010年国际贸易术语解释通则》规定:F.O.B.条件下由买方自行负责出口手续费用,由于卖方是美商,所以其提出的要求合理。

10. CFR(Cost and Freight,成本加运费)

该术语仅用于海运或内河水运。

"成本加运费"是指卖方在船上交货或以取得已经这样交付的货物方式交货。货物灭失或损坏的风险在货物交到船上时转移。卖方必须签订合同,并支付必要的成本和运费,将货物运至指定的目的港。

如适用时,CFR要求卖方办理出口清关。但卖方无义务办理进口清关、支付任何进口税或办理任何进口海关手续。

【案例应用】

我方从泰国A公司进口一批大米,签订"CFR上海"合同,货轮在南海附近沉没。A公司未及时向我方发出装船通知,我方未办理投保,无法向保险公司索赔。故我方要求对方承担责任,但泰国A公司以货物离港,风险已经转移给我方为由拒绝承担责任。泰国A公司的行为是否合理,究竟应该由谁承担责任?为什么?

结论:不合理。因为我方未及时投保是卖方未及时通知造成的,因此泰国A公司应该承担责任。

11. CIF(Cost Insurance and Freight,成本、保险加运费)

该术语仅用于海运或内河水运。

"成本、保险加运费"是指卖方在船上交货或以取得已这样交付的货物方式交货。货物灭失或损坏的风险在货物交到船上时转移。卖方必须签订合同,并交付必要的成本和运费,以将货物运至指定的目的港。

如适用时,CIF要求卖方办理出口清关。但卖方无义务办理进口清关、支付任何进口税或办理任何进口海关手续。

买卖双方的权利与义务见表2-4。

表2-4　11种贸易术语的比较

代码	中文	交货地点	风险转移界限	租船订舱	办理运输	办理保险	出口手续	进口手续	运输方式
FAS	装运港船边交货(指定装运港)	装运港口	货交船边后	买方	买方	买方	卖方	买方	水上
FOB	装运港船上交货(指定装运港)	装运港口	货物装上船	买方	买方	买方	卖方	买方	水上
CFR	成本加运费(指定目的港)	装运港口	货物装上船	卖方	卖方	买方	卖方	买方	水上

续表

代码	中文	交货地点	风险转移界限	责任与费用					运输方式
				租船订舱	办理运输	办理保险	出口手续	进口手续	
CIF	成本、保险加运费（指定目的港）	装运港口	货物装上船	卖方	卖方	卖方	卖方	买方	水上
EXW	工厂交货（指定地点）	商品产地，所在地	货交买方处置后	买方	买方	买方	买方	买方	任何
FCA	货交承运人（指定交货地点）	出口国内地，港口	承运人处置货物后	买方	买方	买方	卖方	买方	任何
CPT	运费付至（指定目的地）	出口国内地，港口	承运人处置货物后	卖方	卖方	买方	卖方	买方	任何
CIP	运费和保险费付至（指定目的地）	出口国内地，港口	承运人处置货物后	卖方	卖方	卖方	卖方	买方	任何
DAP	目的地交货（指定目的地）	指定目的地/港/边境站	运输工具上货交买方处置后	卖方	卖方	卖方	卖方	买方	任何
DAT	运输终端交货（指定港口或目的地的运输终端）	终到港或目的地	卸货并货交买方处置后	卖方	卖方	卖方	卖方	买方	任何
DDP	完税后交货（指定目的地）	指定目的地	运输工具上货交买方处置后	卖方	卖方	卖方	卖方	卖方	任何

知识四 合同和报关单的缮制

一、合同的订立

进口合同的内容与出口合同大体相同，共分3个部分。第一部分是约首，约首主要包括合同名称、编号、订约日期和地点，当事人名称和地址、适用的法律等。第二部分是合同的基本条款，包括商品名称、品质规格、数量、包装、价格、交货、付款等主要条款和格式条款，或称一般交易条款，即合同中的通用条款，如商品检验、索赔、不可抗力、仲裁等。第三部分是约尾，约尾包括合同的有效期、合同使用的文字及其效力，买卖双方的签字等。下面主要介绍下约首和基本条款。

1. 约首

合同中的约首部分主要包括以下内容。
1) 合同名称

合同的名称应正确体现合同的内容，进口人制作的合同通常称购货合同或购货确认书。如由国外出口人起草缮制的也有使用售货合同的。

2）订约日期和地点

订约日期应为接受生效日期。根据《中华人民共和国合同法》规定，接受通知到达发盘人时生效。如合同未另行规定生效条款，订约日期即合同的生效日期。

3）当事人名称、地址

当事人的全名和详细地址应在合同中正确载明，除了可以识别当事人之外，在发生纠纷时，可作为决定诉讼管辖的重要依据，也便于在必要的时候进行联系。

4）前文

前文措辞必须与合同名称相一致。如采用合同书形式，则前文应使用第三人称语气，例如："本合同由××与××订立"（This contract is made and entered into by and between… and…）或类似词句；如使用确认书，则前文措辞应使用第一人称语气，例如："兹确认从你方购买……"（We confirm the purchase from you…）或类似词句。

合同的成立、履行及解释依据哪一国法律，对双方当事人都十分重要。按包括我国在内的多数国家法律，当事人可以选择处理合同争议所适用的法律，并在合同中加以规定，如订明："本合同的订立、履行及解释适用中国法律。"

2. 基本条款

进口合同文本中的基本条款与出口合同相同，包括商品的名称、规格、数量、包装、价格、交货、付款等。但在具体内容的掌握上则有所不同。

1）商品的名称和质量

很多商品在不同的国家有不同的名称，因此，在进口询盘时，应注意所使用的商品名称能代表拟订购的商品，并使用国际通用名称。在确定商品名称时，要做到既有利于运费的计算，又不致与其他商品相混淆。进口合同中对商品名称要作明确规定，进口许可证及其他进口单证中的商品名称与进口合同要严格一致。

2）数量条款

按我国计量法的规定，进口数量单位（包括商品规格的计量单位）必须符合我国的法定计量单位和标准，一般不进口非法定计量单位的仪器设备，如有特殊需要，须经有关标准计量管理机构批准。

3）价格条款

目前，在国际贸易中使用的贸易术语很多，其中以 FOB、CFR 或 CIF 3 种使用最多。在进口业务中，大多采用 FOB 贸易术语，由我方派船到国外接运货物。但是，对个别业务，我方派船不便，卖方又为资信较好的老客户，可按 CFR 或 CIF 条件成交。在多式联运情况下，则可采用 FCA、CPT 或 CIP 术语。

4）装运条款

国际货物买卖合同中的装运条款也是合同中的基本条款，交付货物是卖方最基本的义务。在进口合同中，应订明卖方装运货物的时间、地点和通知等义务的内容。

5）付款条款

进口合同中的付款条款对保障我方利益关系很大，如果稍有不慎，不仅会增加费用支出，而且还会发生付了款而拿不到货物的情况。

6）格式条款

格式条款是当事人为了重复使用而预先拟定，并在订立合同时未与对方协商的条款。根据《中华人民共和国合同法》规定，采用格式条款订立合同的，提供格式条款的一方应当遵循公平原则确定当事人之间的权利和义务，并采用合理的方式提请对方注意免除或限制其责任的条款，按照对方的要求对该条款予以说明。凡已在格式条款中订明的事项，在合同的基本条款中可以不再另作规定。格式条款和非格式条款不一致的，应以非格式条款为准。当事人双方对格式条款的理解发生争议的，应当按照通常理解予以解释。对格式条款有两种以上解释的，应当做出不利于提供格式条款一方的解释。

【范例】

货物进出口合同
Sales Contract

编 号(No.)：_____

签约地点(Signed at)：_____

日 期(Date)：_____

卖方(Seller)：_____

地址(Address)：_____

电话(Tel)：_____

传真(Fax)：_____

电子邮箱(E-mail)：_____

买方(Buyer)：_____

地址(Address)：_____

电话(Tel)：_____

传真(Fax)：_____

电子邮箱(E-mail)：_____

买卖双方经协商同意按下列条款成交：

The undersigned Seller and Buyer have agreed to close the following transactions according to the terms and conditions set forth as below：

1. 货物名称、规格和质量(Name, Specifications and Quality of Commodity)：

2. 数量(Quantity)：

3. 单价及价格条款(Unit Price and Terms of Delivery)：

4. 总价(Total Amount)：

5. 允许溢短装(More or Less)：_____%。

6. 装运期限(Time of Shipment)：收到可以转船及分批装运之信用证_____天内装运。

Within _____ days after receipt of L/C allowing transhipment and partial shipment.

7. 付款条件(Terms of Payment)：买方须于_____前将保兑的、不可撤销的、可转让的、可分割的即期付款信用证开到卖方，该信用证的有效期延至装运期后_____天在中国到期，并必须注明允许分批装运和转船。

By Confirmed, Irrevocable, Transferable and Divisible L/C to be available by sight draft to reach the Seller before _____ and to remain valid for negotiation in China until _____ after the Time of Shipment. The L/C must specify that transshipment and partial shipments are allowed. 买方未在规定的时间内开出信用证，

续

卖方有权发出通知取消本合同，或接受买方对本合同未执行的全部或部分，或对因此遭受的损失提出索赔。The Buyer shall establish a Letter of Credit before the above-stipulated time, failing which, the Seller shall have the right to rescind this Contract upon the arrival of the notice at Buyer or to accept whole or part of this Contract non fulfilled by the Buyer, or to lodge a claim for the direct losses sustained, if any.

8. 包装(Packing)：

9. 保险(Insurance)：按发票金额的_____％投保_____险，由_____负责投保。
Covering _____ Risks for _____ 110% of Invoice Value to be effected by the _____ .

10. 品质/数量异议(Quality/Quantity discrepancy)：如买方提出索赔，凡属品质异议须于货到目的口岸之日起 30 天内提出，凡属数量异议须于货到目的口岸之日起 15 天内提出，对所装货物所提任何异议于保险公司、轮船公司、其他有关运输机构或邮递机构所负责者，卖方不负任何责任。
In case of quality discrepancy, claim should be filed by the Buyer within 30 days after the arrival of the goods at port of destination, while for quantity discrepancy, claim should be filed by the Buyer within 15 days after the arrival of the goods at port of destination. It is understood that the Seller shall not be liable for any discrepancy of the goods shipped due to causes for which the Insurance Company, Shipping Company, other Transportation Organization or Post Office are liable.

11. 由于发生人力不可抗拒的原因，致使本合约不能履行，部分或全部商品延误交货，卖方概不负责。本合同所指的不可抗力系指不可干预、不能避免且不能克服的客观情况。
The Seller shall not be held responsible for failure or delay in delivery of the entire lot or a portion of the goods under this Sales Contract in consequence of any Force Majeure incidents which might occur. Force Majeure as referred to in this contract means unforeseeable, unavoidable and insurmountable objective conditions.

12. 仲裁(Arbitration)：凡因本合同引起的或与本合同有关的任何争议，如果协商不能解决，应提交中国国际经济贸易仲裁委员会深圳分会。按照申请仲裁时该会现行有效的仲裁规则进行仲裁。仲裁裁决是终局的，对双方均有约束力。
Any dispute arising from or in connection with the Sales Contract shall be settled through friendly negotiation. In case no settlement can be reached, the dispute shall then be submitted to China International Economic and Trade Arbitration Commission(CIETAC), Shenzhen Commission for arbitration in accordance with its rules in effect at the time of applying for arbitration. The arbitral award is final and binding upon both parties.

13. 通知(Notices)：所有通知用_____文写成，并按照如下地址用传真/电子邮件/快件送达给各方。如果地址有变更，一方应在变更后_____日内书面通知另一方。
All notice shall be written in _____ and served to both parties by fax/e-mail /courier according to the following addresses. If any changes of the addresses occur, one party shall inform the other party of the change of address within _____ days after the change.

14. 本合同为中英文两种文本，两种文本具有同等效力。本合同一式_____份。自双方签字(盖章)之日起生效。
This Contract is executed in two counterparts each in Chinese and English, each of which shall be deemed equally authentic. This Contract is in _____ copies effective since being signed/sealed by both parties.

卖方签字：　　　　　　　　　买方签字：
The Seller：　　　　　　　　　The Buyer：

二、缮制报关单

1. 报关含义

按照《中华人民共和国海关法》的规定，出口货物必须通过设有海关的地方出境，出境前由出口货物的发货人或其代理人向海关如实申报，交验规定的单据文件，请求办理查验放行手续，这种手续称为报关（Entry，Apply to the Customers）。

2. 通关程序

1）出口货物提交海关监管

报关出口人在货物出境前须将货物运至海关指定的检查场所置于海关监管之下。未经海关许可，任何人不得装卸、提取、交付、续运、调换、开拆、取样、改装、移动、更换货物标记。

2）填写"出口货物报关单"

出口货物报关单是申报出口手续的重要单据，必须依规定要求认真填写，不得漏报、虚报、拒报、迟报，更不能伪造。报关单填写的质量如何，直接关系到报关工作完成的顺利与否，以及海关对所报货物的征、减、免、验、放的环节的工作。如在递交报关单后，报关单位或报关员发现错误、疏漏或需要变更的情况时，应及时向海关递交更改申请单。

3）海关查验

所有出口货物（除海关总署特准免验外）必须接受海关查验，以确实际货物与所申报货物是否相符，是否能满足审价、征税的需要。验货地点一般在海关监管下出口货物堆放场所（码头、车站、机场的仓库），也可以在海关同意的其他场所进行。

4）签印放行

海关在审核单证、验货后，未发现不正常情况，即通知报关单位照章纳税。报关员在规定时间内办理缴纳关税、其他税费或海关罚款手续后，海关在"装货单"上盖章放行。

【知识链接】

有下列情况之一的，海关不予放行。
（1）单证、货物或商标上有政治性错误或有反动、黄色、丑恶内容的。
（2）单证不齐全或不符合规定的。
（3）限制进出口的货物或国内外有配额的出口货物而没有许可证的。
（4）货物的标记唛头、名称、品质规格、数量与单证所列不符的。
（5）违反贸易国别政策的，违反我国进出口政策、法令规定或经上级指示不准放行的。

3. 通关过程中有关规定

根据《中华人民共和国海关对报关单位和报关员的管理规定》，通关过程中有如下规定。

（1）凡须向海关办理报关的单位，必须持有国务院或省、自治区、直辖市有关主管部门批准的开业证件，并经向海关办理注册登记后才具有报关资格。

凡需要向海关申请办理报关手续的企业，都应向海关提出书面申请，经海关审核批准后，发给"自理（或代理）报关单位注册登记证书"才可在所在关区各口岸海关办理报关手续。

（2）报关单位在向海关办理注册的同时，应根据海关要求选用报关员，并对报关员的行为承担法律责任。

报关员必须经培训合格发给"报关员证"后，才可从事报关业务。报关单位的报关业务应由报关员负责办理，海关不接受任何其他人员的报关申请。

（3）报关单位必须将该单位的"报关专用章"和报关员的签字或印章式样送交主管海关备案。

凡进出口货物报关单上必须盖有报关单位的印章和报关员的印章或签字，否则，海关不予受理。

4. 报关时须提交单据

出口单位或其代理在向海关提交出口货物报关单时就随附与该批货物有关的下列单据文件。

（1）出口货物报关单。

（2）发票一份。

（3）装箱单。

（4）装货单。

（5）减税、免税或免验的证明文件，如果是符合减免税要求的产品。

（6）对应实施商品检验、文物鉴定、濒危物种出口管理或受其他管制的出口货物，还应交验有关主管部门签发的证明文件。

（7）海关认为必要时应交验的贸易合同、产地证明和其他证明。

5. 出口货物报关单内容及缮制

1）主要项目缮制说明

（1）预录入编号。指预录入单位录入报关单的编号，用于申报单位与海关之间引用其申报后尚未接受申报的报关单。

（2）海关编号。指海关接受申报时给予报关单的顺序编号。H2000系统的海关编号长度为18位数字。海关编号由各直属海关在接受申报时确定，并标志在报关单的每一联上。一般来说海关编号就是预录入编号，由计算机自动打印，不须填写。

（3）出口口岸。指货物实际运出我国关境的口岸海关的名称。根据"关区代码表"填海关的中文名称及代码。

【案例应用】

上海海关的关区代码为2200；浦江海关的关区代码为2201；吴淞海关的关区代码为2202；浦东海关的关区代码为2210。假设一票空运进口货物从浦东进来，则本栏目填"浦东海关"（2210）。

（4）备案号。指企业在办理加工贸易合同备案或征、减、免税审批备案等手续时，由海关给予加工贸易登记手册、电子账册、征免税证明或其他有关备案审批文件的编号。无备案审批文件的报关单，本栏目免予填报。

（5）进口日期/出口日期。进口日期指运载所申报货物的运输工具申报进境的日期，本栏目填报的日期必须与相应的运输工具进境日期一致；出口日期指运载所申报货物的运输工具办结出境手续的日期。

（6）申报日期。指海关接受货物的发货人或其委托的报关企业申请的日期。本栏目为6位数，顺序为年、月、日各2位。

【范例】

中华人民共和国海关出口货物报关单

预录入编号：　　　　　　　海关编号：

出口口岸		备案号	出口日期	申报日期
经营单位		运输方式	运输工具名称	提运单号
发货单位		贸易方式	征免性质	结汇方式
许可证号		运抵国（地区）	指运港	境内货源地
批准文号		成交方式	运费	保费	杂费
合同协议号		件数	包装种类	毛重（公斤）	净重（公斤）
集装箱号		随附单据		生产厂家
标记号码及备注				
项号　商品编号　商品名称、规格型号　数量及单位　最终目的地（地区）　单价　总价　币制　征免				
税费征收情况				
录入员　　录入单位 报关员 单位地址 邮编　　　　电话		兹声明以上申报无讹并承担法律责任 申报单位（签章） 填制日期	海关审单批注及放行日期（签章） 审单　　　　审单	
			征税	统计
			查验	放行

 【案例应用】

一批进口货物于 2013 年 2 月 19 日运抵，进口日期填"2013.02.19"，申报日期填"2013.02.20"。

（7）经营单位。指已在海关注册登记，对外签订并执行出口贸易合同的中国境内企业、单位或个体工商户。本栏目应填报经营单位的中文名称及编码。编码为十位数字，指经营单位向所在地主管海关办理注册登记手续时，海关为之设置的注册登记编码。如湖州塑料制品有限公司，其经营单位的编码为"3305940035"。

（8）运输方式。指载运货物出境所使用的运输方式。应根据实际运输方式按海关规定的"运输方式代码表"填报相应的运输方式名称或代码，如填写"江海运输"或"2"。

（9）运输工具名称。指载运货物出境所使用的运输工具的名称或运输工具编号，一份报关单只允许填报一个运输工具名称。江海运输填报船舶编号（来往港澳小型船舶为监管簿编号）或者船舶英文名称。

（10）提运单号。指出口货物提单或运单的编号，一份报关单只允许填报一个提运单号，一票货物对应多个提运单时，应分单填报。

（11）发货单位。指自行出口货物的单位和委托有外贸进出口经营权的企业出口货物的单位。本栏目应填报发货单位的中文名称或其海关注册编码。

（12）贸易方式。指以国际贸易中出口货物的交易方式为基础，结合海关对出口货物监管需要设定的对出口货物的管理方式。

（13）征免性质。指海关根据《中华人民共和国海关法》《中华人民共和国关税条例》及国家有关政策对出境货物实施征、减、免税管理的性质类别。

（14）结汇方式。指出口货物的发货人或其代理人收结外汇的方式。本栏目应按海关规定的"结汇方式代码表"选择相应的结汇方式名称或缩写或代码。如填写"信用证"或"L/C"或"6"。

（15）许可证号。如需申领出口许可证的货物，必须填报国务院商务主管部门及其授权发证机关签发的出口货物许可证的编号，不得为空。

（16）运抵国（地区）。指在未发生任何商业性交易或其他改变货物法律地位的活动的情况下，货物被出口国（地区）所发往的或最后运抵的国家或地区。

（17）指运港。指出口货物运往境外的最终目的港。本栏目应按海关规定的"港口航线代码表"填报相应的港口中文名称或代码。如填写"旧金山"或"3193"。

（18）境内货源地。指出口货物在境内的生产地或原始发货地（包括供货地点）。

（19）批准文号。应填报"出口收汇核销单"编号。

（20）成交方式。指在出口贸易中出口商品的价格构成和买卖双方各自应承担的责任、费用和风险，以及货物所有权转移的界限。

（21）运费。指进出口货物从始发地至目的地的国际运输所需要的各种费用。可按运费单价、总价或运费率 3 种方式填报，同时注明运费标记，并按海关规定的"货币代码表"选择填报相应的币种代码。运费标记"1"表示运费率，"2"表示每吨货物的运费单价，"3"表示运费总价。输入方式应为：币种代码/数值/运费标记。如总数为 200 美元的运费，应该填写为：502/200/3（其中"3"代表总价）。

（22）保险费。是指被保险人允予承保某种损失、风险而支付给保险人的对价或报酬。

填报形式：可按杂费总价或杂费率两种方式之一填报，同时注明杂费标记，并按海关规定的"货币代码表"选择填报相应的币种代码。杂费标记"1"表示杂费率，"3"表示杂费总价。

(23) 杂费。指成交价格以外的、应计入货物价格或应从货物价格中扣除的费用，如手续费、佣金、回扣等。

(24) 合同协议号。应填写出口货物合同(协议)的全部字头和号码。

(25) 件数。应填报出口货物的实际外包装的总件数。裸装、散装货物，本栏目填报为"1"。如本批货物包装共300纸箱，本栏目填写"300"。

(26) 包装种类。填报出口货物实际外包装的名称，同时还应说明包装物的材质，如木箱、纸箱。裸装、散装货物，本栏目填报为"裸装"或"散装"。如本批货物包装共300纸箱，本栏目填写"纸箱"。

(27) 毛重。指货物及包装材料的重量之和。计量单位为公斤，不足一公斤的填报为1。

(28) 净重。指货物的毛重减去外包装材料后的重量，即商品本身的实际重量。计量单位为公斤，不足一公斤的填报为1。

(29) 集装箱号。是在每个集装箱箱体两侧标示的全球唯一的编号。

(30) 随附单据。指随出口货物报关单一并向海关递交的单证或文件。

(31) 标记唛码及备注。标志唛码指货物的运输标志。

(32) 项号。填写报关单中的商品排列序号和在登记手册上的商品序号。

(33) 商品编号。指按海关规定的商品分类编码规则确定的出口货物的商品编号。

(34) 商品名称、规格型号。商品名称是指出口货物规范的中文名称。

(35) 数量及单位。指出口货物的实际数量及计量单位。

(36) 最终目的国(地区)。指已知的出口货物的最终实际消费、使用或进一步加工制造国家(地区)。应按海关规定的"国别(地区)代码表"选择相应的国家(地区)中文名称或代码。

(37) 单价。应填报同一项号下出口货物实际成交的商品单位价格的金额，单价填报到小数点后4位。如杭州某出口公司出口女式睡衣2 000件，每件20美元。"单价"栏应填报为："20"。

(38) 总价。应填报同一项号下出口货物实际成交的商品总价，总价填报到小数点后4位。如杭州某出口公司出口女式睡衣2 000件，每件20美元。"总价"栏应该填报为："40 000"。

(39) 币制。指出口货物实际成交价格的币种。本栏目应按海关规定的"货币代码表"选择填报相应的币制名称或代码。

(40) 征免。指海关对出口货物进行征税、减免、免税或特案处理的实际操作方式。本栏目应按照海关核发的"征免税证明"或有关政策规定，对报关单所列每项商品选择填报海关规定的"征减免税方式代码表"中相应的征减免税方式。

(41) 税费征收情况。供海关批注出口货物税费征收及减免情况。

(42) 录入员。用于记录预录入操作人员的姓名并打印。

(43) 录入单位。用于记录并打印电子数据报关单的录入单位名称。

(44) 申报单位。指经海关注册登记，有权向海关办理报关手续，并对申报内容的真实性、有效性、合法性直接向海关负责的中国境内企业或单位申报。

(45) 填制日期。指报关员填制报关单的日期，电子数据报关单的填制日期由计算机自动打印。

（46）海关审单批注栏。指供海关内部作业时签注的总栏目，由海关关员手工填写在预录入报关单上。其中"放行"栏填写海关对接受申报的出口货物做出放行决定的日期。

2）报关单缮制注意事项

（1）填报的项目要准确齐全。

（2）如有多种不同商品，应分别填写，但一张报关单上一般最多不要超过五项海关统计商品编号的货物。

（3）报关单必须做到两相符，一是单、单之间相符；二是单、货相符，即报关单内容与实际出口货物相符。

（4）因某种原因申报后需要更改，应填写报关单更正单，错什么，改什么。

【项目任务】

任务一　进出口合同缮制

任务内容	缮制进出口合同
任务目的	掌握合同订立的必要条款
任务准备	将学生分组，每组5~6人。各组分别准备合同订立的谈判步骤和合同签订

步骤一，学习外贸谈判和进出口合同条款的相关知识，并认识进出口合同范本。

步骤二，根据所给相关进出口公司资料，讨论合同缮制过程。

Z贸易有限公司简介

Z贸易有限公司成立于1992年，是经国家外经贸部批准的具有进出口经营权的贸易公司，从事纺织服装等产品进出口业务。公司拥有多家下属工厂，产品主要销往欧洲、美加地区及日本等国家和地区。2013年9月，公司业务部小张与古巴的EMPRESA公司经过多次电函的交流，最终双方确定交易条件如下。

卖方资料：Z TRADING CO. LTD.，42 HONGQI ROAD，××，CHINA

买方资料：EMPRESA COMERCIAL ABRAXAS

　　　　　HAVANA，CUBA

成交的商品名称：全棉男式衬衣

　　　　　　　（100 PERCENT COTTON MEN'S SHIRTS）

数量：7 992件　　　包装：每打装一纸箱

单价：每件8.9美元 CIF HAVANA

装运期：2014年4月1日前从上海装运，可分批，可转运

付款方式：不可撤销即期信用证

保险：由卖方投保一切险和战争险

补充资料：

合同号码：ZC100910，拟制合同时间：2013年9月10日

步骤三，每组根据讨论结果缮制标准进出口合同一份。
步骤四，选派一、二组代表上台展示填制的合同；其他组学生分析、评价、补充。
步骤五，教师点评、总结，并提供标准的范例。
任务所需的文件样本参见前文的范例。

任务二　出口报关单缮制

任务内容	缮制出口报关单
任务目的	掌握报关流程，能够缮制报关单
任务准备	将学生分组，每组 5～6 人。各组分别准备进出口货物报关和报关单的缮制

步骤一，学习报关的流程和报关单缮制相关条款的相关知识，并认识进出口报关单范本。

步骤二，根据所给相关进出口公司资料，讨论报关单缮制过程。

Sales Contract
No. BR2001218
DATE：MAY 20，2013
Seller：Ningbo H Food Co. Ltd.（宁波 H 食品有限公司）
Buyer：Toko Trade Corporation
Name of commodity：Frozen Peapods（冻豌豆）
Quantity：30M/T
Unit Price：CIF Osaka USD 1 020.00 Per M/T
Amount：USD30 600.00
Shipment：From Ningbo, China to Osaka, Japan Not Later Than June 15，2013
Packing：By Seaworthy cartons
N. W：20kg/ctn
G. W：21kg/ctn
Payment：By irrevocable letter of Credit at Sight
Shipping Marks：
Toko/ Made in China/ No. 1－up
其他制单材料：
出口口岸：宁波海关
出口单位编码：3103945120
贸易方式：一般贸易
运输工具名称：Lirong，E33
配舱回单号码：cosu211
境内货源地：宁波其他
运费总价为 220 美元，保险费总价为 210 美元。

步骤三，每组根据讨论结果缮制出口报关单。

步骤四，选派一、二组代表上台展示填制的出口报关单；其他组学生分析、评价、补充。

步骤五，教师点评、总结，并提供标准的范例。

【思考与练习】

一、选择题

1. 中国轻工产品经新加坡贸易商对外成交销售，产品销往南美各国。则该国际贸易方式是（　　）。
  A. 无形商品贸易　　　　　　　　B. 直接贸易
  C. 服务贸易　　　　　　　　　　D. 间接贸易
2. 依据《INCOTERMS 2010》，卖方交货义务最大的交货术语是（　　）。
  A. EXW　　　　B. FOB　　　　C. DAT　　　　D. DDP
3. 下述术语中，运费未付的术语有（　　）。
  A. FCA　　　　B. FOB　　　　C. CFR　　　　D. CIP
4. 下述术语中运费已付的术语有（　　）。
  A. EXW　　　　B. FAS　　　　C. CPT　　　　D. CIP
5. 下述术语中由买方负责办理保险并支付保费的有（　　）。
  A. DAF　　　　B. FCA　　　　C. FAS　　　　D. CIP

二、判断题

1. 入境报检时必须填写"入境货物报检单"。　　　　　　　　　　　　　（　　）
2. 出境报检时必须填写"出境货物报检单"。　　　　　　　　　　　　　（　　）
3. 俄罗斯出口货物到印度，经过中国国境，对于中国来说属于过境贸易。（　　）
4. 基本险和附加险的主要区别在于能否单独投保。　　　　　　　　　　（　　）
5. 贸易量相比贸易额来说，更能反映一国的贸易情况。　　　　　　　　（　　）

三、案例分析题

1. 我出口公司对日商报出大豆实盘，每吨CIP大阪150美元，发货港口是大连，现日商要求我方改报FOB大连价，我出口公司对价格应如何调整？如果最后按FOB条件签订合同，买卖双方在所承担的责任、费用和风险方面有什么差别？
2. 为什么说把CIF称作"到岸价"是错误的？
3. 中国A贸易出口公司与外国B公司以CFR洛杉矶、信用证付款的条件达成出口贸易合同。合同和信用证均规定不准转运。A贸易出口公司在信用证有效期内委托C货代公司将货物装上D班轮公司直驶目的港的班轮，并以直达提单办理了议付，国外开证行也凭议付行的直达提单予以付款。在运输途中，船公司为接载其他货物，擅自将A公司托运的货物卸下，换装其他船舶运往目的港。由于中途延误，货物抵达目的港的时间比正常直达船的抵达时间晚了20天，造成货物变质损坏。为此，B公司向A公司提出索赔，理由是A公司提交的是直达提单，而实际则是转船运输，是一种欺诈行为，应当给予赔偿。A公司为此咨询C货代公司。假如你是C货代公司，请回答：

(1) A公司是否应承担赔偿责任？理由何在？

(2) B公司可否向船公司索赔？

四、情境训练题

江苏华美进出口贸易公司拟出口一批童装到美国，请你设计业务操作流程，并委托国际货代公司安排货物的运输、报检和报关事宜。

项目三

国际海运杂货班轮货运代理

GUOJI HAIYUN ZAHUO BANLUN HUOYUN DAILI

【学习目标】

知识目标	技能目标
(1) 掌握国际海上货物运输的基本特点 (2) 了解国际海上货物运输的一些相关组织及船舶、港口、航线和货物的基本知识 (3) 熟悉班轮运费的计算 (4) 理解定期船运输和不定期船运输的区别 (5) 掌握杂货班轮进出口货运代理业务流程 (6) 掌握杂货班轮进出口货运单证知识 (7) 熟悉海运货物保险的范围、保险险别和保险单据	(1) 能通过网络、E-mail 等方式查询船期表 (2) 能够帮助货主缮制、处理有关单证 (3) 能清楚地描述杂货班轮进出口货运代理业务流程 (4) 会缮制保险单

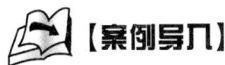【案例导入】

江苏某进出口贸易有限公司(原告)与宁波某货运代理公司(被告)签订国际货运代理协议。协议约定：原告委托被告一次性办理货物出运至卡萨布兰卡。同日，原告 30 个集装箱货物向被告发出订舱通知，要求在 2013 年 6 月 28 日前一次性出运到卡萨布兰卡。由于种种原因，被告未能订到 6 月 28 日前的舱位，无法将货物出运。后原告另行委托其他公司于 2013 年 7 月 12 日将货物出运。为此支付了提单载明的海运费 120 000 美元。原告向被告索偿比原协议高出的运费 40 000 美元。

分析：被告作为货运代理企业，与原告签订货运代理协议，即负有根据协议要求办理订舱、报关、报检、装箱、转运等相关运输事宜的义务。被告未能按约履行义务成功订舱，已构成违约，应承担相应的违约责任。

任务

杂货班轮出口货运代理业务流程模拟；缮制杂货班轮出口货运托运单；缮制保险单。

【必备知识】

知识一　海洋货物运输基础知识

一、海洋货物运输概况

海洋货物运输又称"国际海洋货物运输"，它是指使用船舶通过海上航道在不同国家和地区的港口之间运送货物的一种方式，海洋运输是国际贸易中最主要的运输方式，国际贸易总运量中的 2/3 以上，中国进出口货运总量的约 90% 都是利用海上运输方式运输的。

1. 海洋货物运输的特点

与其他运输方式相比，海洋货物运输具有以下特点。
1) 通过能力大
海洋货物运输利用天然航道，不受道路或轨道的限制，其通过能力要超过其他各种运输方式。如果因政治、经济、军事等条件的变化，还可随时改变航线驶往有利于装卸的目的港。

2）运输量大

一般的巨型客轮已经超过8万吨，油轮超过50万吨，一般的杂货轮也在5.6万吨以上。目前，船舶正在向大型化方向发展，如50万吨～60万吨的巨型油轮，以及大型集装箱货船等。船舶的承载能力远远大于火车、汽车和飞机，是运输能力最大的工具。

3）运费低廉

船舶的航道天然构成，除了建设港口和购置船舶外，水域航道几乎不需投资。加上船舶运量大，船舶经久耐用且节省燃料，所以货物的单位运输成本相对低廉。据统计，海运运费一般约为铁路运费的1/5、公路汽车运费的1/10、航空运费的1/30，这就为低值大宗货物的运输提供了有利的竞争条件。

4）适合运输各种货物

上述特点使海洋运输基本上适合各种货物的运输，可运载体积庞大的货物如石油井台、火车、机车车辆等超重大货物。其他运输方式无法装运的货物，船舶一般都可以装运。

5）运输的速度慢

由于商船的体积大，水流的阻力大，加之装卸时间长等其他各种因素的影响，所以货物的运输速度比其他运输方式慢。较快的班轮航行速度也仅30mile/h（48.28km/h，1mile＝1.609km）左右，因而鲜活易腐且保质期短的货物不宜采用此种运输方式。

6）风险较大

由于船舶海上航行受自然气候和季节性影响较大，海洋环境复杂，气象多变，随时都有遇上狂风、巨浪、暴风、雷电、海啸等人力难以抗衡的海洋自然灾害袭击的可能，所以，遇险的可能性比陆地、沿海要大。同时，海上运输还存在着社会风险，如战争、罢工、贸易禁运等因素的影响。

2. 班轮船期表、海运主要航线与港口和运价本

1）班轮船期表

班轮船期表（Liner Schedule）的主要内容有：航线、船名、航次编号、始发港、中途港、终点港的港名，到港时间、离港时间，其他有关的注意事项。表3-1为一个班轮船期表实例。

表3-1 船期表实例

Shipment Link EVERGRE—EN LINE

大陆地区船期表
盐田—欧洲航线（CEM直航）

船　名	航　次	盐田		费里克斯托	汉堡	鹿特丹
		结关	预计到港 预计离港			
XINYAZHOU 新亚洲	0047W (CEM)	09/14 09:00	09/15 09/15	10/05	10/08	10/11
ZIMROTTERDAM 以星鹿特丹轮	0584-002W (CEM)	09/21 09:00	09/22 09/22	10/12	10/15	10/18

续表

船　　名	航　　次	盐田		费里克斯托	汉堡	鹿特丹
		结关	预计到港 预计离港			
CSCLPUSAN 中海釜山	0051W (CEM)	09/28 09：00	09/29 09/29	10/19	10/22	10/25
ZIMTIANJIN 以星天津轮	0586-002 (CEM)	10/05 09：00	10/06 10/06	10/26	10/19	11/01
CSCLLONGBEACH 中海长滩	0039W (CEM)	10/19 09：00	10/20 10/20	11/09	11/12	11/15
ITALCONTESSA 意贵轮	0589-032W (CEM)	10/26 09：00	10/27 10/27	11/16	11/19	11/22
XINHONGKONG 新香港	0045W (CEM)	11/02 09：00	11/03 11/03	11/23	11/26	11/29

港口名称对照：费里克斯托(FELIXSTOWE, SUFFOLK)，汉堡(HAMBURG)，鹿特丹(ROTTERDAN)

2）海运主要航线与港口

船舶在两个或多个港口之间从事货物运输的线路称为航线。海运航线按其不同的要求分为国际大洋航线、地区性的国际航线和沿海航线；根据船舶营运的形式可分为定期船航线和不定期船航线。

（1）太平洋航线。包括：远东—北美西海岸各港航线；远东—加勒比海、北美东海岸各港航线；远东—南美西海岸航线；远东—东南亚航线；远东—澳、新航线；澳、新—北美东西海岸航线；澳、新至北美西海岸航线；北美—东南亚航线等。

（2）大西洋航线。包括：西北欧—北美东海岸各港航线；西北欧、北美东岸—加勒比海各港航线；西北欧、北美东岸—地中海、苏伊士运河去东方航线；西北欧、地中海—南美东海岸航线；西北欧、北美大西洋岸—好望角、东方航线；南美东海岸—好望角航线等。

（3）印度洋航线。包括：太平洋地区和大洋洲横穿印度洋西行的航线；进出印度洋北部国家各港的航线；进出波斯湾沿岸国家的航线；进出非洲东岸国家的航线等。

（4）世界海运集装箱航线。目前，世界海运集装箱航线主要有：远东—北美航线；北美—欧洲、地中海航线；欧洲、地中海—远东航线；远东—澳大利亚航线；澳大利亚、新西兰—北美航线；欧洲、地中海—西非、南非航线。

（5）世界主要港口。欧洲基本港口：鹿特丹、汉堡、安特卫普等。地中海基本港口：巴塞罗那、福斯、热那亚、马耳他、那不勒斯、瓦伦西亚、马塞等。美国基本港口：西雅图、洛杉矶、长滩、奥克兰、旧金山、纽约等。东南亚基本港口：新加坡、巴生、槟城、雅加达等。日本基本港口：横滨、名古屋、大阪、神户、东京等。中东基本港口：吉达、迪拜等。

3）运价本

运价本(Tariff)也称费率本或运价表，是船公司承运货物向托运人收取运费的费率表汇总。运价本主要由条款规定、商品分类和费率三部分组成。按运价制定形式不同，运价本可以分为等级费率本和列名费率本。表3-2为运价表实例。

表3-2 运价表

启运港	目的港	船　　期	类　　型	参考运价
上海	名古屋	周一至周日	整箱	420/40英尺集装箱
广州	巴生港	周六、周日	拼箱	155/CBM（立方米）或 280/MT（吨）
上海	科威特	周三	整船	2 000 000元

二、海上货运船舶

1. 海上货运船舶的种类

1）干货船

干货船可以分为件杂货船、集装箱船、滚装船、冷藏船、载驳船等许多不同类型。现代运输船舶多以集装箱船为主。

（1）件杂货船。件杂货船也称普通杂货船，主要用于装载一般包装、袋装、箱装和桶装的件杂货物，由于件杂货物的批量较小，杂货船的吨位亦较散货船和油船为小。

（2）集装箱船。集装箱船又称箱装船、货柜船或货箱船，是一种专门载运集装箱的船舶。其全部或大部分船舱用来装载集装箱，甲板或舱盖上也可堆放集装箱。集装箱船装卸效率高，航速较快，大多数船舶本身没有起吊设备，需要依靠码头上的起吊设备进行装卸。

（3）滚装船。滚装船主要用来运送汽车和集装箱。这种船本身无需装卸设备，一般在船侧或船的首、尾有开口斜坡连接码头，装卸货物时，或者是汽车，或者是集装箱（装在拖车上）直接开进或开出船舱，这种船的优点是不依赖码头上的装卸设备，装卸速度快，可加速船舶周转。

（4）冷藏船。冷藏船是指专门载运如水果、蔬菜、肉类和鱼类等需冷藏的货物的船舶，往往设多层甲板，货舱内通常分隔成若干独立的封闭空间。船上具有大功率的制冷装置可以使各冷藏货舱内保持货物所需的适当的温度。

（5）载驳船，又称母子船。其运输过程是：将货物先装载于统一规格的方型货驳（子船）上，再将货驳装上载驳船（母船）上，载驳船将货驳运抵目的港后，将货驳卸至水面，再由拖船分送各自目的地。载驳船的主要优点是不受港口水深限制，不需要占用码头泊位，装卸效率高。

2）液货船

液货船是指专门载运液体货物的船舶。液体货物主要有油、液化气、淡水和化学药液等。其中运量最大的是石油及其制品。按载运的货物不同，又可分为原油船、成品油船、液体化学品船、液化气船等。

（1）油船。它是指专门用于载运原油的船舶，简称油船。油船载重量可达50多万吨。

（2）成品油船。它是指专门用于运输有毒、易挥发、属于危险品的液体化学品，如甲醇、硫酸、苯等的船舶。货舱区域均为双层壳结构，以减小船舶受损时货品溢出的危险。

(3) 液化气船。液化气船是指专门运输液化气体的船舶,所运输的液化气体有液化石油气、液化天然气、氨水、乙烯、液氯等。货舱结构复杂,造价高昂。

2. 船舶吨位

船舶吨位是衡量船舶载重能力和容积大小的计量单位,可分为排水量吨位、载重吨位和注册吨位,如图 3-1 所示。

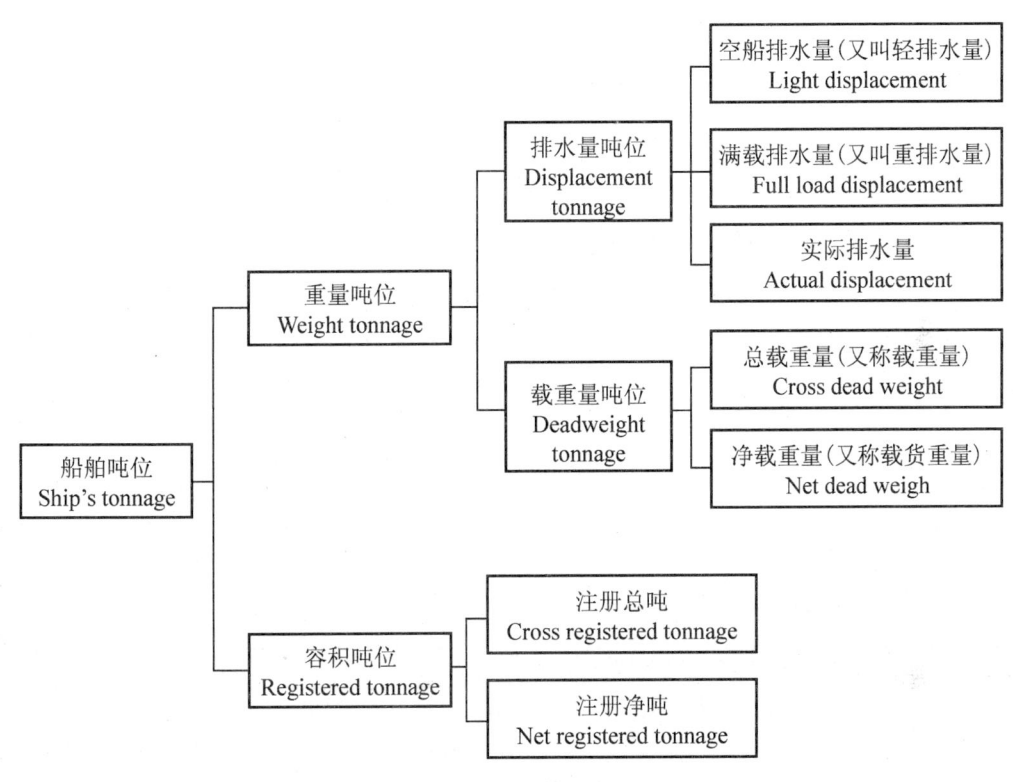

图 3-1 船舶吨位

三、海运货物

凡是经由运输部门承运的一切原料、材料、工农业产品、商品以及其他产品或物品都称为货物(Cargo 或 Goods)。海运货物则是特指由海上运输部门承运的货物。

1. 海运货物分类

海运货物在搬运、装卸、积载、仓储及运输过程中必须根据不同的要求区别对待,图 3-2、图 3-3 依据不同的标准对海运货物进行了分类。

2. 海运货物计量与积载

1) 海运货物计量

货物的体积和重量不仅直接影响船舶的载重量和载货容积的利用程度,还关系到有关库场堆放货物时如何充分利用场地面积和仓库空间等问题,也是确定运价和计算运费的基础。

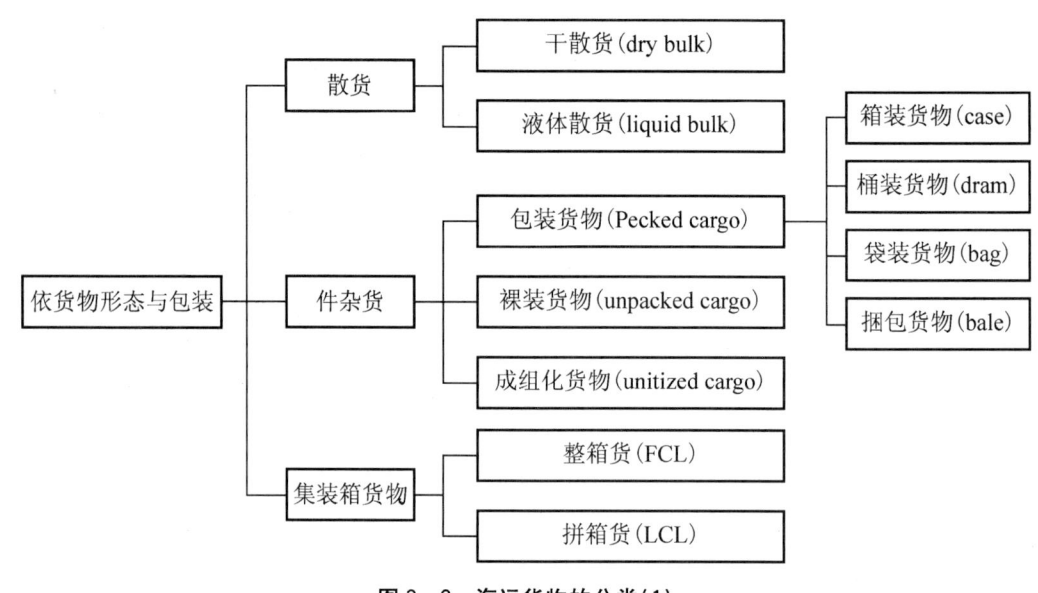

图 3-2 海运货物的分类(1)

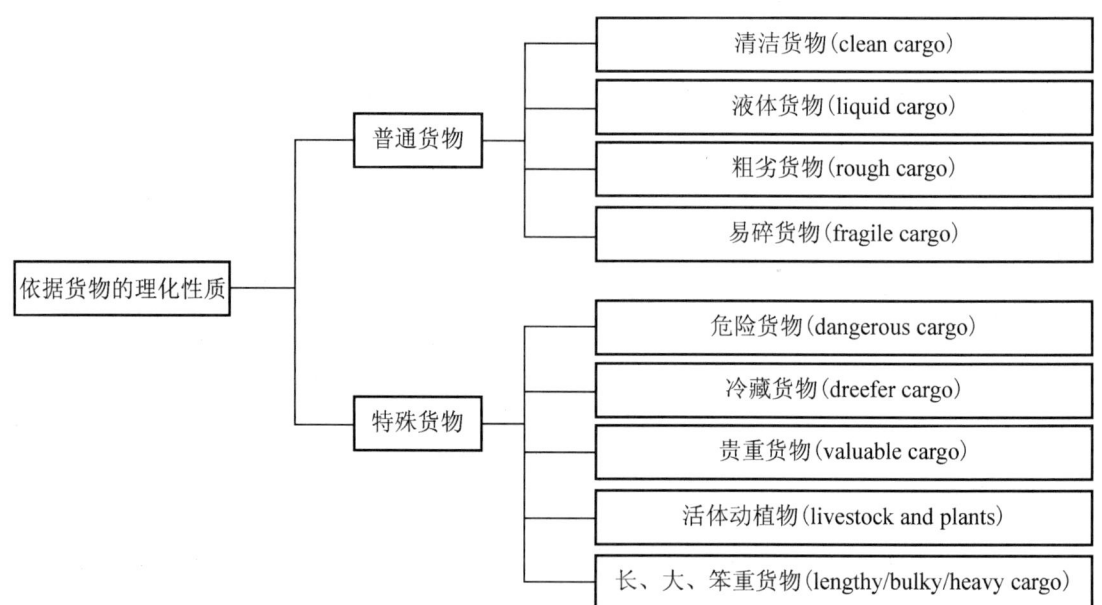

图 3-3 海运货物的分类(2)

一般重货按照重量计量,轻泡货按照体积计量。

(1) 按货物重量(W:weight)计量。以每公吨 MT 为计量单位。美洲国家有时使用短吨(Short Ton)为计量单位,欧洲国家则有时使用长吨(Long Ton)为计量单位。换算标准为:

1公吨＝1 000 千克＝0.984 长吨＝1.102 3 短吨

货物的重量可分为净重、皮重和毛重(总重),在国际海运中,货物的重量一般采用毛重(总重)。

重量的测量原则上应按件称量;不具备条件时,可采用整批或分批称量、抽件称量并求平均值等方法求得。

货物重量的测量可使用轨道衡、汽车衡（一种地秤）、吊钩秤、皮带秤、定量秤等工具设备，对于散装的大宗货物还可以采用水尺检量来测量。

（2）按货物体积（V：volume）计量。即测量货物的外形尺度（M：measurement）计算体积来计量。它以立方米作为计算单位。货物的外形尺度指货物外形最大处的长、宽、高之乘积。一般而言，在国际海运中，货物体积的测量以货件的最大方形进行的，长、宽、高皆取最大值。

货物的长、宽、高以米为计量单位。公式为

$$V = L \cdot W \cdot H$$

式中　V——体积，以立方米（CBM）为计量单位；

L——长度，取货物的最大长度，以米（m）为计量单位；

W——宽度，取货物的最大宽度，以米（m）为计量单位；

H——高度，取货物的最大高度，以米（m）为计量单位。

（3）其他。有些按货物数量或包装件数来计量。如按件或按头计量，前者如车辆等，后者如活牲畜等。同时，运输过程中由于对货物实行不同的包装，也可导致其计量不同，还有些货物按价值进行计量，如一些贵重货物等。

2) 海运货物积载

货物积载因数是每一吨货物在正常堆装时实际所占的容积，单位为立方米/吨或立方英尺/吨。货物积载因数的大小说明货物的轻重程度，反映一定重量的货物需占用的船舶舱容、仓库库容或集装箱箱容。其数值越大，说明单位货物的体积越大，货物越轻；反之，其数值越小，说明单位货物的体积越小，货物越重。

货物积载因数的实测方法为：将1吨货物堆积成近似正方体的形状，丈量该货堆最大外形尺度，由此计算可得其体积（其中包含货件之间的空隙及必要的衬垫）。如货件较重，仅几件成堆无法反映出件与件之间的装载空隙，则应采用9个货件打底，堆高三层（共27件）的方法成堆，丈量货堆最大外形尺度及27个货件的总重量，通过计算即可得到1吨货物正常堆装的实际体积数值。散装货物的积载因数可用测量单位容量的方法求得。

3. 危险货物

1) 危险货物的含义

危险货物是个总称，它包括很多品种。不同国家、不同行业有不同的规定和表述，且每年都会有新品种被列入危险品范畴。

国际海事组织制定的《国际海运危险货物规则》（International Maritime Dangerous Goods Code，IMDG Code，简称《国际危规》）将危险品分为九大类。具体范围和标准与各国规定稍有不同。

我国交通主管部门以《国际危规》为蓝本，制定并实施了我国的《水路包装危险货物运输规则》（简称《水路危规》）。因此，危险货物就是一个特定范围，应是条文所列明的、必须按条件要求的、具有防护措施才能运输的货物。

2) 危险货物的分类

《国际危规》根据危险货物的性质、危险的程度将危险货物分为以下几类：

第一类：爆炸品；

第二类：气体；

第二类：易燃液体；

第四类：易燃固体、易燃物质和遇水放出易燃气体的物质；

第五类：氧化剂和有机过氧化物；

第六类：有毒物质和感染性物质；

第七类：放射性物质；

第八类：腐蚀性物质；

第九类：杂类危险物质和物品。

我国现行规定的危险货物主要是指列入国家标准《危险货物品名表》（GB 12268—2012）中的危险货物。

3）危险货物的包装

我国《水路危规》把危险货物的运输包装分为两种标准：通用标准和专用标准。

（1）通用标准，又称为一般要求。适用于二级危险货物。包装要求如下。

① 包装材质、容器与所装危险公物直接接触时不应发生化学反应或其他作用。

② 包装应具有一定强度。

③ 包装及容器封口应适合货物的性质。

④ 包装应有适当的衬垫材料。

⑤ 包装应能经受一定范围内温度、湿度、压力的变化。

⑥ 包装的重量、体积外形应便于运输、装卸和堆码。

（2）专用标准，又称为特殊要求。适用于一级危险货物。其运输条件更严格，必要时可查阅规则。

4）危险货物的标志

危险货物的标志由危险货物的标记、标签和标牌组成。标记是指标注在包装危险货物外表的简短文字或符号。标签是指以危险货物运输规则中规定的色彩、图案和符号绘制成的菱形标志。用它可以醒目地标示包装危险货物的性质。标牌是指放大的图案标志（250mm×250mm），粘贴于较大的运输单元上，如集装箱、可移动的罐柜等。

《国际危规》规定，危险货物的所有标志均需满足至少三个月海水浸泡后，既不脱落又清晰可辨。《水路危规》规定，危险货物标志应粘贴、印刷牢固，在运输中清晰、不脱离。此外，我国与国际上对危险货物的界定与列明有些不同，在代理这些货物时，遵循的要求列于表3-3。

表3-3 《水路危规》与《国际危规》对货物分类不一致时的处理

适用情形	出口		进口	
	国际：危险货	国际：非危货	国际：危险货	国际：非危货
国内：危险货	√	全程可免标志；单据中注明"外贸出口，免贴标志"	√	仅国内区段按危险货物办理
国内：非危货	全程标志；单据中注明"外贸出口属于危险货物"	×	全称按危险货物处理（全程标志等）	×

四、海运国际组织

随着国际海运业的不断发展，各国政府和非政府组织相继成立了一些政府间国家组织和非政府间国际组织，海运企业间也成立了一些具有经营协作性质的国际组织。这些组织在保证海运安全、建立国际公约和提供海运服务等方面有着重要作用。以下简要介绍几个主要国际性海运组织。

（1）国际海事组织（International Maritime Organization，IMO）。政府间的国际组织，原名为"政府间海事协商组织"，于1958年2月9日成立于日内瓦，1982年5月22日更名为"国际海事组织"。我国1973年加入。共有158个成员。所有联合国的成员均可成为会员。其宗旨是在与从事国际贸易航运技术问题有关的政府规定和惯例方面，为各国政府提供合作机会；在海上安全航行效率和防止及控制船舶造成对海洋污染的问题上，鼓励各国普遍采用最高可行的标准；处理与本组织宗旨有关的行政和法律问题

（2）国际海事委员会（Comité Maritim International，CMI）。非政府间的国际组织，1897年成立于布鲁塞尔。由澳大利亚、比利时、加拿大、美国、德国等30多个国家的海商法协会团体会员及个人会员组成。其宗旨是促进海商法、海运关税和各种海运惯例的统一。它的主要工作是草拟各种有关海上运输的公约，如有关提单、有关责任制、有关海上避碰、有关救助等方面的国际公约草案。

（3）波罗的海国际海事协会（Baltic and International Maritime Conference，BIMCO）。非政府间的国际组织，成立于1905年，总部设在哥本哈根。共有110个成员，950个船东。成员范围包括船东、船舶买卖代理人、船东和船舶买卖协会、船舶代理商和承租商、延期停泊和防卫协会及航运联合会。其宗旨是保护会员的利益，为会员提供情报咨询服务；防止运价投机和不合理的收费与索赔；拟定和修改标准租船合同与其他货运单证；出版航运业务情报资料等。情报咨询是该协会的基本活动。

目前还存在着由国际海运企业成立的具有经营协助性质的国际组织，主要有班轮公会、战略联盟、联营体等形式。

班轮公会是指两家或两家以上在同一条航线上经营班轮运输的船公司，为避免相互间的竞争，维护共同利益，通过在运价和其他经营活动方面签订协议而组成的国际航运垄断组织。

在定期船运输经营出现以来的100多年时间中，班轮公会在维护航运市场秩序方面发挥了重要作用，随着航运生产技术、运输组织技术、航运竞争方式的变革和进步，班轮公会已经结束其历史使命，被新的竞争形势所取代，于20世纪末退出历史舞台，取而代之的，是航运联盟、航运公司的合并与兼并等。

知识二　海上货物运输营运方式

国际海上货物运输按照船舶营运方式的不同，可将其分为班轮运输和租船运输两种。

一、班轮运输

1. 班轮运输的概念和特点

1) 概念

班轮运输(Liner Shipping)，又称定期船运输。是指船舶在特定的航线上和既定的港口之间，为非特定的、分散的众多货主提供有规律的、反复的运输服务，并按运价本或协议运价的规定计收运费的一种营运方式。班轮运输主要有杂货班轮运输和集装箱班轮运输。

2) 特点

(1) 四固定。指固定的船期表、固定的航线、固定的港口、固定的运费率。

(2) 船方负责配载装卸，装卸费包含在运费中，货方不再另付装卸费，船货双方不规定装卸时间，也不计算滞期费和速遣费。

(3) 船、货双方的权利、义务与责任豁免，以船方签发的提单条款为依据。

(4) 班轮承运货物的品种、数量比较灵活，货运质量较有保证，且一般采取在码头仓库交接货物，故为货主提供了较便利的条件。

2. 班轮运价与运费

1) 运价

运价是指货物运输承运人为完成某一航线的货物运输服务所提供的运输单价，表现为运输单位产品的价格。海上运输价格，简称海运运价。依据运输方式和输送单元的不同，这一运价可以是每运费吨公里价格，也可以是每一集装箱的价格，还可以是整船的价格。

2) 运费

运费是托运人或收货人为运输某一票货物而需付出的运输价格或费用，它是运输产品价值的货币表现。运费等于运价与运量的乘积，即

$$F = R \cdot Q$$

式中　F——运费；

　　　R——运价；

　　　Q——运量。

3) 运价本

运价本(Tariff)主要由条款规定、商品分类和费率三部分组成。按运价制定形式不同，运价本可以分为等级费率本和列名费率本。

(1) 等级费率本。等级费率本的运价是按商品等级来确定的，这种运价是按照货物负担运费能力进行定价的。首先，根据货物价格将货物分为若干等级，在每一商品后都注明商品等级，商品分类部分按其英文字母顺序排列，在商品等级基础上再根据不同航线或港口确定不同等级的运价。

(2) 列名费率本，也称单项费率本。其中的运价是根据商品名称来确定的，这种方式是对各种不同货物在不同航线上逐一确定运价。在这种运价表中，每一个商品都给定一个运价，但运价本使用不方便，查阅量大。

【案例应用】

海运费的计算

某票货物500吨要从广州运到巴生港，试计算海运运费。

解：

（1）查运价表。

在运价表中查到广州运到巴生港的海运费是：拼箱每立方米USD155，每吨USD280。

$$海运费 = 500 吨 \times 280 美元/吨 = 140\,000 美元$$

（2）换算成人民币。

在汇率表中查到当日美元的汇率为6.65元人民币兑换1美元。

$$海运费 = 140\,000 美元 \times 6.65 元/美元 = 931\,000 元$$

3. 班轮运费的构成

班轮运费（Liner Freight）是班轮公司运输货物而向货主收取的费用。它包括货物的装卸费和货物从装运港至目的港的运输费用和附加费用，即由基本运费和附加运费两部分组成。

1）基本运费

基本运费指对运输每批货物所应收取的最基本的运费，是整个运费的主要构成部分，它是根据基本运价和计费吨计算得出的。

基本运价有多种形式，如普通货物运价、个别商品运价、等级运价、协议运价、集装箱运价等。而根据货物特性等所确定的特别运价有：军工物资运价、高价货运价、冷藏运价、危险品运价、甲板货运价、小包裹运价等。

2）附加运费

附加运费是对一些需要特殊处理的货物或由于客观情况的变化等使运输费用大幅度增加，班轮公司为弥补损失而额外加收的费用。附加费的种类很多，在班轮运费中又占着很大的比重，因此，在具体业务中要多加注意，防止漏计或错计。各种附加费的计算方法主要有两种，一种是以百分比表示，即在基本费率的基础上增加一个百分比；另一种是用绝对数表示，即每运费吨增加若干金额，可以与基本费率直接相加计算。班轮运费中的附加费主要有以下几种。

（1）燃油附加费（Bunker Adjustment Factor，B.A.F.）。在燃油价格上涨而加收的费用。

（2）货币贬值附加费（Currency Adjustment Factor，C.A.F.）。在货币贬值时，船方为实际收入不减少，按基本运价的一定百分比收取的附加费。

（3）转船附加费（Transshipment Surcharge）。对运往非基本港的货物，需在中途港转运至目的港，为此而收取的附加费，其中包括转船费和二程运费。

（4）超重附加费（Heavy Lift Additional）、超长附加费（Long Length Additional）和超大附加费（Surcharge of Bulky Cargo）。当一件货物毛重或长度或体积超过或达到运价本规定的数值时加收的附加费。

（5）港口附加费（Port Additional）。有些港口由于设备差，装卸效率低，费用高，以及其他原因，船公司加收的附加费。

（6）港口拥挤附加费(Port Congestion Surcharge)。有些港口由于拥挤，船舶停泊时间增加而加收的附加费。

（7）绕航附加费(Deviation Surcharge)。由于正常航道受阻不能通行，船舶必须绕道航行才能将货物运至目的港时，船方所加收的附加费。

（8）选港附加费(Optional Surcharge)。货方托运时尚不能确定具体卸港，要求在预先提出的两个或两个以上港口中选择一港卸货，船方所加收的附加费。

（9）直航附加费(Direct Additional)。对运往非基本港的货物，一次货量达到一定数量时，船方可以安排直航该港而不转船时所加收的附加费。

（10）变更卸货港附加费(Alternation of Discharging Port Additional)。货主要求改变货物原来规定的卸货港，在有关当局(如海关)准许，船方又同意的情况下所加收的附加费。

4. 班轮运费的计收标准

班轮运费的计费标准也称计算标准，指计算运费时使用的计算单位。在班轮运费的计收中，涉及的基本概念有运费吨、起码运费等。

1）运费吨

运费吨是计算运费的一种特定的计费单位。通常取重量和体积中相对值较大的为计费标准，以便对船舶载重量和舱容的利用给予合理的费用支付。其中，重量为货物的毛重，体积为该货物的外形最大处长、宽、高的乘积，而不是理论实际计算出来的体积。一般来说，重货以重量为计费标准，轻泡货以体积为计费标准。运费吨一般表示为 FT(Freight Ton)或 W/M(Weight/Measurement)。

2）起码运费

起码运费(Minimum Rate/ Minimum Freight)，也称起码提单。是指以一份提单为单位最少收取的运费。不同承运人使用不同的起码运费标准，件杂货和拼箱货一般以1运费吨为起码运费标准，最高不超过5运费吨。每份提单的最低运费，根据不同地区、是否转船等情况决定。但如果全部货物体积不超过0.2立方米，重量不超过50千克的，可以要求船公司免费运送。

3）计费标准的种类及通用符号

（1）按货物的毛重计收。在运价表中，以字母"W"表示。一般以1公吨为计费单位；也有按长吨或短吨计费的，称为重量吨(Weight Ton)。

（2）按货物的体积计收。在运价表中，以字母"M"表示。一般以1立方米为计费单位；也有按40立方英尺为计费的，称为尺码吨。尺码吨与上述重量吨统称运费吨(Freight Ton)。

（3）按货物的毛重或体积从高计收，在运价表中以字母"W/M"表示。按惯例凡1重量吨货物的体积超过1立方米或40立方英尺者即按尺码吨计收；1重量吨货物，其体积不足1立方米或40立方英尺者，按重量吨计收。

（4）按货物的价格计收，又称从价运费。在运价表中以"A.V."或"Ad Valoerm"表示。一般按FOB货价的百分率收费。在运价表中还有注明"W/M or A.V."及"W/M plus; A.A."字母的，前者表示运费按照货物重量或体积或从价三者中较高的一种计收；后者表示先按货物重量或体积从高计收后，再加收一定百分率的从价运费。

(5) 按货物的件数计收。如汽车按辆(unit)，活牲畜按头(head)计费。

(6) 大宗低值货物按议价计收运费(Open Rate)，如粮食、豆类、煤炭、矿砂等。上述大宗货物一般运量较大、货价较低，由货主和船公司临时洽商议订。

5. 杂货班轮运费的计算

1) 班轮运费的计算公式

杂货班轮运费由基本运费和各项附加费组成，公式为

$$F = Fb + \sum S$$

式中　F——运费总额；
　　　Fb——基本运费；
　　　S——某一项附加费。

基本运费是所运货物的数量(重量或体积)与规定的基本费率的乘积，即

$$Fb = f \times Q$$

式中　f——基本费率；
　　　Q——货运量(运费吨)。

附加费是指各项附加费的总和。在多数情况下，附加费按基本运费的一定百分比计算，其公式为

$$\sum S = (S_1 + S_2 + \cdots + S_n) \times Fb = (S_1 + S_2 + \cdots + S_n) \times fQ$$

其中　$S_1, S_2, \cdots, S_n$ 为各项附加费，用 Fb 的百分数表示。

代入运费计算公式，可得

$$F = Fb + \sum S = [1 + (S_1 + S_2 + \cdots + S_n)]fQ = (1 + S_1 + S_2 + \cdots + S_n)fQ$$

如附加费以绝对数表示，则附加费总额为

$$\sum S = (S_1 + S_2 + \cdots + S_n)Q$$

代入运费计算公式，得

$$F = Fb + \sum S = fQ + (S_1 + S_2 + \cdots + S_n)Q$$

2) 计算步骤

(1) 审查托运人提供的货物名称、重量、尺码(是否超重、超长)、装卸港口、是否需要转船以及卸货港的选择等。

(2) 根据货物名称，从有关运价表中查出该货物的计费标准及运价等级。

(3) 查找所属航线的等级费率表，找出该等级货物的基本费率。

(4) 查出各附加费的费率及计算方法。

(5) 根据上述各种内容，将各项数据代入班轮运费计算公式予以计算。

【例】从广州运往伦敦落地式电风扇一批，共计30箱，每箱毛重125千克，每箱尺码为60cm×57cm×120cm。燃油附加费为28%，港口拥挤附加费10%。试计算该批货物的运费。

解：

(1) 查运价本的"货物分级表"，其计收标准为 M/W，等级为10级。

(2) 计算货物的体积和重量。

30 箱的重量为：30 箱×125 千克/箱＝3 750 千克＝3.75 公吨

30 箱的体积为：30×(60 厘米×57 厘米×120 厘米)＝12 312 000 立方厘米＝12.312 立方米

由于重量＜体积，所以计收标准为体积。

(3) 再查广州—伦敦航线等级费率表，10 级费率为人民币 94 元，则基本运费为 12.312 立方米×94 元/立方米＝1 157.328 元。

(4) 应付运费为：1 157.328 元×(1＋28％＋10％)＝1 597.11 元

答：该批货物运费为人民币 1 597.11 元。

【案例应用】

某公司向西欧推销箱装货，原报价每箱 50 美元 FOB 上海，现客户要求改报 CFR 汉堡。问：在不减少收汇的条件下，应报多少？(该商品每箱毛重 40 公斤，体积 0.05 立方米。在运费表中的计费标准为 W/M，每运费吨基本运费率为 200 美元，另加收燃油附加费 10％)

1. 计算运费

(1) 该批货物的毛重为：0.04 公吨。

(2) 该批货物的体积为：0.05 立方米。

(3) 货物的体积大于毛重，因此运费吨为 0.05。

(4) 该批货物的运费为 $F = fQ(1+S_1+S_2+\cdots+S_n)$ ＝200 美元/运费吨×0.05 运费吨×(1＋10％)＝11 美元

2. 计算 CFR 价格

因为，CFR＝FOB＋运费

所以，CFR 价格为：(50＋11)美元＝61 美元

如改报 CFR 汉堡，应报 61 美元。

6. 集装箱班轮运费的计算

集装箱班轮运费的计算基本上分为两个大类：一类是袭用杂货班轮运费计算方法，即以每运费吨为单位(俗称散货价)；另一类是以每个集装箱为计费单位，即包箱费率。

包箱费率(Box Rate)：是以每个集装箱为计费单位，也称均一费率。常用于集装箱交货的情况，即 CFS—CY 或 CY—CY 条款，常见的包箱费率有以下 3 种表现形式。

1) FAK 包箱费率(Freight for All Kinds)

FAK 包箱费率即对每一集装箱不细分箱内货类，不计货量(在重要限额之内)统一收取的运价。

2) FCS 包箱费率(Freight for Class)

FCS 包箱费率是按不同货物等级制定的包箱费率，集装箱普通货物的等级划分与杂货运输分法一样，仍是 1～20 级。但是，集装箱货物的费率级差大大小于杂货费率级差，一般低级的集装箱收费高于传统运输，高价货集装箱低于传统运输；同一等级的货物，重货集装箱运价高于体积货运价。在这种费率下，拼箱货运费计算与传统运输一样，根据货物名称查得等级，计算标准，然后去套相应的费率，乘以运费吨，即得运费。

3) FCB 包箱费率(Freight for Class 或 Basis)

FCB 包箱费率，是按不同货物等级或货类以及计算标准制定的费率。

7. 运费的支付

1）预付运费

预付运费(Prepaid Freight)指在签发提单前即须支付全部运费。在国际贸易中，一般都采用 CIF 或 CFR 价格条件下，在签发提单前由卖方在装货港支付运费以便于交易双方尽早结汇。在预付运费的情况下，运费应该按照货物装船时的重量或尺码计算。预付运费对货主而言要承担运费损失的风险，大多数班轮公司在提单和合同条款中，不但规定运费预付，而且还记明即使本船或货物在整个运输过程中沉没或灭失，承运人仍要全额收取运费，任何情况下都不退还。为避免风险，货主通常将已付运费追加到货物的货价中，一并向保险公司投保货物运输险。

2）到付运费

到付运费(Freight Collect)指货物运到目的港后，在交付货物前付清运费。对于到付运费的情况，承运人要承担一定的风险，如果货物灭失再收运费会很困难。为避免风险，承运人除了可将应收的到付运费作为可保利益向保险公司投保外，通常还可以在提单条款或合同条款中附加类似"收货人拒付运费或其他费用时"的条款。另外，在提单条款和合同条款中还应有留置权。

3）计算的币种

计费的币种指费率表中用以表示费率的货币种类。计费时使用货物装船地通用的货币最为方便。计算币种的汇率变动直接影响船公司运费收入。因此，在提单条款和合同条款中不但要记明运费支付的时间和地点，而且还要规定应该按哪一天的汇率计算运费。通常规定，在运费预付时按签发提单当天的汇率计算；在运费到付时按船舶抵港当天的汇率计算。

二、租船运输

租船运输(Tramp Shipping)又称不定期船运输，是指租船人向船东租赁船舶用于运输货物的一种运输方式，通常适用于大宗货物运输。有关航线和港口、运输货物的种类以及航线的时间等，都按照承租人的要求，由船舶所有人确认。租船人与出租人之间的权利、义务以双方签订的租船合同确定。因此，租船运输与班轮运输有很多区别。租船运输没有固定的船期表，船舶经由的航线和停靠的港口也不固定。运费或租金也由双方根据租船市场行情在租船合同中加以约定。租船运输与班轮运输的区别见表 3-4。

表 3-4 定期船运输与不定期船运输的主要区别

项　　目	定期船运输	不定期船运输
船期、航线、港口	四固定	不固定
双方权利、义务	以提单或海运单为主	以租约为主、提单为辅
舱位	部分舱位	以租约确定整船或部分舱位
运价	船公司公布，相对固定	双方协定，按租约约定
装卸费分担	承运人负责	根据营运方式而定

续表

项　　目	定期船运输	不定期船运输
滞期费、速遣费	不计算	航次期租计算，定期船租不计算
主要单证	主要有提单（B/L）、海运单（SWB）	主要是租约(C/P)、提单(B/L)
适运货物	批量小、价值高的件杂货	批量大、价值低的散货
适运船舶	集装箱船、杂货船	油轮、滚装船、冷藏船等

在租船运输中，船东出租的是船舶的使用权，故租船业务是一种无形贸易。有关租船运输的详细内容见"项目六"。

知识三　杂货班轮进出口货运流程与单证

一、杂货班轮出口货运代理业务流程

1. 托运订舱

出口企业委托货运代理公司向承运人或其代理人办理出口货物运输业务时需向其提供订舱委托书，委托其代为订舱。订舱是指托运人或其代理人向承运人，即班轮公司或其他的营业所或代理机构等申请货物运输，承运人对这种申请给予承诺的行为。货代接受了出口公司的订舱委托后应缮制海运出口货物托运单，向承运人或其代理办理订舱手续。

1）订舱的程序

（1）货运代理将缮制好的全套托运单在截单期前送交船公司或其代理，即为要约。

（2）船公司或其代理审核货名、重量、尺码、卸货港等内容后，认为可以接受，即在托运单上填写船名、航次、提单号，留其需要的各联并在装货单上盖章，连同其余各联退回货运代理。此时，订舱手续即告完成，运输合同也已成立。

在法律上，船公司或其代理签发装货单是接受(承诺)出口企业或其代理向其提出订舱要求(要约)的意思表示，所以出口企业或外运机构收到装货单时就意味着运输合同已经订立。

2）办理订舱时应当注意的事项

（1）货证是否齐全。订舱所需的托运单、装货单、收货单等单证是否已经缮制完备，货物是否已经备妥。

（2）应密切注意船期动向。根据船期表了解所需要的船舶能否按装船起相应的时间到港，并注意营运船舶的截单期。

（3）选择合理的航线。一般来说直达船快于中转船。在直达船中尽可能选择挂靠港少，或选择挂靠的第一港或第二港，以达到快速运达的要求。

2. 代理保险

出口企业订妥舱位后，在货物集港之前，应及时向保险公司办理货物海洋运输保险事

宜。按中国的保险条款，我国海洋运输保险的险别分为基本险和附加险两类。基本险又可分为平安险、水渍险和一切险3种。附加险分为一般附加险和特殊附加险。投保时，必须选择一种基本险，然后根据货物运输的实际需要再选择一种或数种附加险。由于一切险中已包含了一般附加险，因此，一旦投保了一切险，就无需再投保一般附加险。

以CIF（成本、保险费加运费）或CIP（运费、保险费付到指定目的地）成交的出口合同由卖方办理保险手续，而实际风险的承担者为国外进口方，所以投保何种险别、保险金额如何确定应按合同规定办理。如合同中无规定，出口方可投保保险条款中最低责任的险别，保险金额是以货物的成本加上运费和保险费等，即以发票CIF（或CIP）价格为基数加一成投保平安险即可。

3. 货物集中港区

杂货出口货物，在订妥舱位后，必须在船舶截港期以前交付货物。当船舶到港装货计划确定后，按照港区港务公司（或装卸公司）进货通知并在规定的期限内，由托运人办妥集运手续，将出口货物及时运至港区集中，等待装船。

4. 代理报关

当货物集中港区后，兼营报关服务业务的货物必须办理出口报关手续，填写"出口货物报关单"，向海关申报，经海关查验放行后，货物方可装运出口。

出口企业在委托货代办理报关业务时，应向货运代理公司提交代理报关委托书和其他报关所需要的单证（包括代理报关委托书、出口货物报关单、装货单、贸易合同、发票、装箱单、出口收汇核销单、海关签发的减免税证明、原产地证、商检证、卫检证等）。

5. 货物装船

货物装船是指托运人应将其托运的货物送至码头承运船舶的船边并进行交接，然后将货物装到船上。装船的方式有两种，即直接装船和集中装船。

1) 直接装船

直接装船即现装，指托运人应将货物送至船边交接装船。一些特殊货物如危险品、冷冻货、鲜活货、贵重货等多采用船舶直接装船。

2) 集中装船

集中装船指由船公司在各装货港指定装船代理人，在各装货港的指定地点（通常为码头仓库）接受托运人送来的货物，办理交接手续后，将货物集中整理，并按货物的卸货次序进行适当的分类后再进行装船。即所谓的"仓库收货，集中装船"的形式。

6. 换取提单、发装船通知

装船完毕后，货运代理从理货长处取得经大副签注后的收货单，到船公司或其代理处交付预付运费，用收货单换取已装船提单，并交给货主，准备结汇。

货物装船后，卖方应立即向收货人发转船通知，以便对方准备付款、赎单、办理进口报关和接货手续。装运通知的内容一般有订单或合同号、信用证号、货物名称、数量、总量、唛头、装运口岸、装运日期、船名及预计开航日期等。在实际业务中，应根据信用证的要求和对客户的习惯做法，将上述内容适当地列明在电文中。

7. 退证、退关

1) 退证

货运代理应将经海关签注的出口货物报关单、出口收汇核销单(退税专用联)及时退给出口企业,以便其办理出口收汇核销和出口退税。

2) 退关

出口货物退关,是指以申报出口的货物,在海关查检放行后,因故未能装入出境运输工具,出口申报人申请办理退运出海关监管区而不再出口的行为。

申请退关货物发货人应当在退关之日起三日内向海关申报退关,经海关核准并撤销出口申报后,凭海关签注的单证提货,运出海关监管所。已征出口税的退关货物,可以在缴纳税款之日起一年内,提出书面申请,陈述理由连同纳税收据向海关申请退税。

二、杂货班轮出口货运单证

1. 订舱委托书

订舱委托书是出口企业和货代之间委托代理关系的证明文件,内容包括信用证对提单的要求,即托运人名称、收货人名称、货物明细、起运港、目的港、信用证规定的装运期限、信用证的有效期、关于分批转运和装运的规定、对运输的要求等。出口货物订舱委托书的内容参看样单,见表3-5。

表3-5 出口货物订舱委托书

公司编号　　　　　　　　　　　日期

发货人	信用证号码		
	开证银行		
	合同号码		成交金额
	装运口岸		目的港
收货人	转船运输		分批装运
	信用证有效期		装船期限
	运费		成交条件
	公司联系人		电话/传真
通知人	公司开户行		银行账号
	特别要求		

标记唛码	货号规格	包装件数	毛重	净重	数量	单价	总价
		总件数	总毛重	总净重	总尺码	总金额	

备注:

2. 装货联单

在目前的实践中，托运订舱是由货运代理人向船舶代理人申请托运，然后由货运代理人根据托运人委托，填写装货联单后提交给船公司的代理人。而货运代理人填写装货联单的依据则是托运人提供的买卖合同、信用证以及订舱委托书等。

所谓装货联单是由托运人或者其代理人向承运人或者其代理人提供的货物装载明细表，经双方签字后生效。由于托运人必须凭此办理海关手续，因此也称关单。既是托运方的交货单，也是承运方的收货单，装船时船方必须按装货联单核对无误。

目前我国各港使用的装货联单的组成不尽相同，但主要由以下各联组成：托运单（Booking Note，B/N）及其留底（Counterfoil）；装货单（Shipping Order，S/O）；收货单（Mute's Receipt，M/R）等。

1）托运单

海运出口托运单，是指由托运人根据买卖合同和信用证的有关内容向承运人或其代理人办理货物运输的书面凭证。经承运人或其代理人对该单的签认，即表示已接受这一托运，承运人于托运人之间对货物运输的相互关系即告建立。托运单的填制内容如下。

（1）收货人——常采用指示收货人（TO ORDER 或 TO ORDER OF…）填写方法，以方便单据的转让。但这种填写方法给船方通知货方提货增加了不便，需在通知栏中作必要的、明确的补充。

（2）通知人——托收支付方式下，合同一般不规定收货人和被通知人，此时，收货人栏为空白，被通知人栏填写买方的名称与地址。

（3）运输标志及唛码——填写内容和形式要与合同规定完全一致。

（4）重量——应根据货物选择合适的重量计量方法填制。若一次装运的货物中有几种不同的包装材料（或几种不同的货物），应分别计算填写每一种包装材料（或每种货物）的毛净重，最后再合计全部的毛净重。填制须以国际单位制规定的重量单位为计量单位。

（5）货名——一般只写统称，不必具体标明分类货物的尺寸、规格和特点。但若出口货物同时含有几个大类的货物，应全部标明。货物分类的标准应尽量规范，可参照"海关合作理事会分类目录"（CCCN 分类法）、"联合国国际贸易商品标准分类目录"（SITC 分类法）、"商品名称和编码协调制度"（H.S 分类法）对商品的有关分类来制单。

（6）数量——按最大包装的件数填制。船方为适应船舶运载能力，有时须在合同和规定范围内对托运货物数量溢短装，因此托运货物数量有时会与合同中的规定不完全一致。如果出口货物的包装材料不同，或同一批出运的货物有若干种，每种包装方式不同，则应填清每种包装或每种货物的最大包装件数及每件包装中所含货物个数，直至最小包装，最后统计总件数及总个数。数量的填制也需采用国际单位制。

（7）尺码——一般按托运货物的尺码总数填写，其值略大于原先计算出的各件货物的尺码总和数，因为还须考虑货物堆积时的合理空隙所占的体积，该栏的正确测量和估计，是保证船方在配载过程中正常装船的基础。其单位一般为立方米。

（8）分批装运和转船——该栏目只能填写允许或不允许，如果有具体说明内容，比如分批条款对每批内容有具体数量规定,则需填在"备注"栏目中。

(9) 装运期——按合同或信用证规定填写。全部使用阿拉伯数字,比如,3/5/2013;也可用英文与阿拉伯数字一起表示,比如,May3,2013,但不可写成非正式形式。

(10) 有效期——按信用证的有效期填写,但若托运时间距离装运期限、信用证有效期限长,为保证及早装运,或防止船方因此拖延安排装运,可将托运单上装运期与有效期两栏空白不填。

(11) 运费计算——由外轮公司或其代理计算填写。

(12) 托运单号码——一般与发票号码一致,以方便查询与核查。

(13) 制单日期——一般与发票签发日期相同,但有时按实际日期填写,这时货物尚未从生产公司或外贸仓库提出,发票尚未开立,托运单填具日期早于发票签发日期。

(14) 船名——由外轮公司或船方或其代理人在完成配舱后填写。若事后出现原定装载船舶无法适航、适货,需要更换配载船舶的情况,船方或其代理人应及时通知托运人修改。

(15) 目的港——若合同中规定采用选择港,填写选择目的港名称,目的港不宜多于3个。

(16) 提单份数——按信用证规定填写。

(17) 运费缴付方式——根据使用的贸易术语,选择填 FREIGHT PREPAID 或 FREIGHT TO COLLECT。

(18) 银行编号——这里的银行是指转付船方运费的银行。

(19) 金额——填写运费总额,以便留底查核。

2) 装货单

装货单又称下货纸,是托运人(实践中通常是货运代理人)填制交船公司(实践中通常是船舶代理人)审核并签章后,据以要求船长将货物装船承运的凭证。由于托运人必须在办理了货物装船出口的海关手续后,才能要求船长将货物装船,所以装货单常称为"关单"。当每一票货物全部装上船后,现场理货员即核对理货计数单的数字,在装货单上签注实装数量、装船位置、装船日期并签名,然后随同收货单一起交船上大副,大副审核属实后在收货单上签字,留下装货单,将收货单退给理货长转交给托运人(或货运代理人)。

3) 收货单

收货单是指某一票货物装上船后,由船上的大副(chief mate)签署给托运人,证明船方已收到该票货物并已装上船的凭证。所以,收货单又称为"大副收据"。托运人取得了经大副签署的收货单后,即可凭此向船公司或其代理人换取已装船提单。大副在签署收货单时,会认真检查装船货物的外表状况、货物标志、货物数量等情况。如果货物外表状况不良、标志不清、货物有水渍、油渍或污渍、数量短缺、货物损坏时,大副就会将这些情况记载在收货单上。这种在收货单上记载有关货物外表状况不良或有缺陷的情况称为"批注"(remark),习惯上称为"大副批注"。

【范例】

装货单

SHIPPING ORDER   S/O NO. _____

船名   航次   目的港
Vessel Name _____ Voy _____ For _____
托运人
Shipper _____
收货人
Consignee _____
通知人
Notify _____

兹将下列完好状况之货物装船并签署收货单据。
Received on board the under mentioned goods apparent in good order and condition and sign the accompanying receipt for the same.

标记及号码 Marks & Nos.	件数 Quantity	货名 Description of Goods	毛/净重量(公斤) Weight in Kilos		尺码 Measurement 立方公尺 CBM
			Net	Gross	
	共计件数(大写) Total Number of Packages in Writing				

日期   时间
Date _____ Time _____
装入何舱
Stowed _____
实 收
Received _____
理货员签名   经办员
Tallied By _____ Approved By _____

3. 海运提单

海运提单(Bill of Lading，B/L)简称提单，是货物的承运人或其代理人收到货物后，向发货人开具的表示收到货物的凭证。提单既是承运人出具的货物收据，又是承运人与发货人之间运输契约的证明，也是代表货物所有权的凭证。(详细内容见项目五)

4. 装货清单

装货清单(Loading List，L/L)是据装货联单中的托运单留底联，将全船待运货按目的港和货性质归类，依航次靠港顺序排列编制的装货单的汇总单。装货清单是大副编制积载计划的主要依据，又是供理货、港口安排驳运、进出库场等的业务单据。

【范例】

收货单

MATES RECEIPT   S/O NO. _____

船名   航次   目的港
Vessel Name _____   Voy _____   For _____

托运人
Shipper _____

收货人
Consignee _____

通知人
Notify _____

兹将下列完好状况之货物装船并签署收货单据。
Received on board the under mentioned goods apparent in good order and condition and sign the accompanying receipt for the same.

标记及号码 Marks & Nos.	件数 Quantity	货名 Description of Goods	毛/净重量(公斤) Weight in Kilos		尺码 Measurement 立方公尺 CBM
			Net	Gross	
共计件数(大写) Total Number of Packages in Writing					

日期   时间
Date _____   Time _____

装入何舱
Stowed _____

实 收
Received _____

理货员签名   大副
Tallied By _____   Approved By _____

5. 载货清单

载货清单(Mani Fest, M/F),也称"舱单"。在货物装船完毕后,根据大副收据或提单编制的一份按卸货港顺序逐票列明全船实际载运货物的汇总清单。

载货清单是国际航运实践中一份非常重要的通用单证。船舶办理进出口报关手续时,必须递交载货清单,它是海关对船舶所载货物进出境进行监管的单证,也是港方及理货机构安排卸货的单证之一。在我国,载货清单是随船单证之一,以备中途挂港或到达卸货港时办理进口退税手续的单证之一。另外,进口货物的收货人在办理货物进口报关手续时,载货清单也是海关办理验放手续的单证之一。

装货清单与载货清单的区别见表3-6。

表3-6　装货清单与载货清单的区别

项　目	装货清单(L/L)	载货清单(M/F)
汇总依据	托运单(B/N)留底	大副收据/收货单(M/R)、提单(B/L)
汇总信息	待装船货物的汇总	对已装船货物的汇总
制作时间	装货前	装船后
作　用	(1) 为积载计划提供依据 (2) 是理货等业务的单据	(1) 是船舶出口报关的必备单据 (2) 是出口退税单据之一 (3) 是卸货港安排卸货的单据 (4) 是卸货港海关放行的凭据

6. 货物积载图

出口货物在装船前，按货物装船顺序，货物在船上的装载位置等情况做出一个详细计划，以指导有关方面安排泊位、货物出舱、下驳、搬运等工作。这个计划以图表形式来表示货物在船舱内的积载情况，使每一票货物都能形象具体地显示其船舱内的位置。该图表就是积载图(stowage plan)。当每一票货物装船后，应重新标出货物在舱内的实际装载位置，最后绘制成一份"货物积载图"。

7. 危险货物清单(boat note)

危险货物清单是专门列出船舶所载运全部危险货物的明细表。其内容除装货清单、载货清单所应记载的内容外，还特别增加了危险货物的性能和装船位置两项内容。为了确保船舶、货物、港口及装卸、运输的安全，包括我国在内的世界上很多国家的港口都规定，凡船舶载运危险货物的都必须另行单独编制危险货物清单。

按照一般港口的规定，凡船舶装运危险货物时，船方应向有关部门(在我国是海事局)申请派员监督装卸。在装货港装船完毕后由监装部门签发给船方一份"危险货物安全装载书"(Dangerous Cargo Safe Stowage Certificate)。这也是船舶载运危险货物时必备的单证之一。

【知识链接】

关于"电放"

在船公司普遍没有自己的海运单，而又不需要收货人在卸货港以提单换取提货单的情况下，"电放"的做法产生了。

"电放"是指在装货港货物装船后，承运人签发提单，托运人再将全套提单交回承运人，并指定收货人，承运人以电讯方式授权其在卸货港的代理人，在收货人不出具提单的情况下，交付货物。

由于与传统的做法不同，因此"电放"中应注意如下几点：
(1) 托运人和收货人都要出具保函(但收货人不需要履行解除担保的责任)。
(2) 承运人不能交错货。
(3) 托运人(卖方)应能收到货款。
(4) 收货人(买方)应能提到货物。

在使用海运单的情况下，收货人无需出具海运单，承运人只要将货物交给海运单上所列的收货人，就被视为已经做到了谨慎处理。通常收货人在取得提货单提货之前,应出具海运单副本及自己确实是海运单注明的收货人的证明材料。

三、杂货班轮进口货运代理程序

1. 接受委托办理订舱

以 FOB 贸易术语成交的进口贸易合同,订舱由买方办理,在合同规定交货期前一定时期内,卖方应将预计装运日期通知买方,买方接到通知后,委托货代办理订舱手续。

1)填制"进口订舱联系单"

进口公司一般在交货期前一个月向货运代理公司提出订舱申请,附带贸易合同副本,并填制"进口订舱联系单"。"进口订舱联系单"是货运代理安排运输的重要依据,必须完整、正确地填写。

2)货代接受委托、办理订舱

货运代理人接到"进口订舱联系单"后,对各公司的货源资料进行集中归纳,得出一个货物种类、数量、分布和流向的大致情况,据此对船舶、港口、货物进行综合考虑,确定可以安排后,接受进口商的委托。应当结合货物的数量、性质、交货期、运价表等各方面情况选择船公司以及合适的班轮,向船公司订舱。

3)船公司发派船通知

船公司安排好船位后,将船名、船期通知货代或买方,以便其及时向卖方发派船通知,促使卖方按期备货、装船,防止发生损失船期和空仓等方面问题。

4)发装运通知

货运代理在订妥舱位后,应及时将船名和船期通知委托人,以便向卖方发出装船通知,同时,货运代理人或船方通知装货的船务代理,及时与卖方或其货运代理人联系,按时将备妥的货物发到装货港口,以便船货衔接,按时装船。

2. 代理保险

进口货物在国外装船后,卖方应按合同规定,向买方发出装船通知,以便买方办理保险,做好接货准备。进口货物的运输保险有以下两种方式。

1)预约保险

为防止漏保和延误投保及简化手续,目前普遍采用预约保险,即进口企业与保险公司事先签订进口预约保险合同(Open Cover),又称预约保单(Open Policy)。在进口货物时,只需将国外客户的装运通知送交保险公司,即办理了投保手续。保险公司对该批货物自动承担承保责任。

2)逐笔投保

未与保险公司签订预约保险合同的进口企业,则采用逐笔投保的方式,在接到国外出口方的装船通知后,立即填写投保单,注明有关保险标的物的内容、装运情况、保险金额和险别等,交保险公司,保险公司接受投保后签发保险单。

3. 运输过程中货代的责任

1) 掌握进口船舶动态

货代应制作运输卡或船舶动态表,以作为船、货安排的依据。运输卡的内容包括船名、船期、各港所配货物、货类、数量、实装量、抵离装卸港日期等。船舶动态表主要填船舶类别、卸港顺序、货量、预抵卸货港的日期等。

2) 收集整理单证

单证包括商务单证和船务单证两大类。商务单证涉及合同副本、发票、装箱单、提单、原产地证明书、保险单等。船务单证则包括舱单、货物积载图、租船合同、货物清单、国外装船通知等。

4. 船舶到港

船公司卸货港代理人接到船舶抵港电报后,一方面,通知收货人船舶到港日期,收货人到开证行付清货款取回提单。而后向船公司代理人付清应付费用,并凭正本提单换取船代签发的提货单。另一方面,船公司卸货港代理人会根据装货港代理人寄来的货运单证,编制进口载货清单及有关船舶进口报关和卸货所需单证,约定装卸公司、理货公司,联系安排泊位,做好接船及卸货准备工作。船舶抵港后,船公司在卸货港的代理人随即向海关办理船舶进口手续,船舶靠泊后开始卸货。

5. 报关

《中华人民共和国海关法》(以下简称《海关法》)规定,所有进出境的货物和运输工具必须通过设有海关的地方进境或出境,接受海关的监督,一切进口货物的收货人或其代理人都必须在货物进口地的海关通关时,填写"进口货物报关单"向有关海关申报,交验规定的证件和相关商务单据,接受海关人员对其所报货物的查验,依法缴纳关税费和其他由海关代征的税款,然后才能由海关批准货物的放行。《海关法》规定,进口货物的收货人可以在申报前向海关要求查看货物或者提取货样。

6. 货物卸船与交接

在杂货班轮运输中,理论上卸船意味着交货,指将承运的货物从卸货港船上卸下,并在船边交给收货人并办理货物交接手续。收货人或其代理人提货时,必须持经海关放行的提货单。

1) 理货与监卸

船舶到港卸货前一般由船方申请理货公司理货,理货公司代表船方将进口货物按提单、标记、唛头点清件数,验看包装后,拨交给收货人。监卸人是收货人的代表,应在现场与理货员密切配合,要求港方卸货人员按票卸货,防止混卸和不规范操作。

在卸货中如发现提单项下的货物有残缺,应及时向船方或港方办理残缺签证。对残缺货物应及时向理货公司索取理货签证。如理货公司不提供,说明残缺责任不在发货人或承运方,而在港区。因此,应向港区索取证明,该证是分清残缺责任和日后进行索赔的重要依据。

2) 误卸

卸货时，由于众多原因会发生本应在其他港口卸下的货物卸载本港，或本应在本港卸下的货物遗漏未卸的情况，通常将前者称为溢卸，后者称为短卸，溢卸和短卸统称为误卸。关于由误卸而引起的货物延迟损失或货物的损坏转让问题，一般在提单条款中都有规定，通常由船公司负担，但对因此而造成的延迟交付或货物损坏，则由货主承担，船公司不负赔偿责任。

3) 交接方式

（1）特殊货物的交接。对于特殊货物，如危险、重大件等，通常采取由收货人办妥进口手续后来船边接受货物，并办理交接手续的现提形式。

（2）普通货物的交接。对于普通货物，通常采取先将货物卸至码头仓库，进行分类整理后，再向收货人交付的所谓"集中卸船，仓库交付"的形式。

（3）凭保证书交付。班轮运输中，在使用提单的情况下，收货人必须在付清该支付的费用后，凭经正确背书的提单换取提货单，并在办理了进口手续后提取货物。有时由于某种原因，在货物已运抵卸货港的时候，收货人还无法取得提单换取提货单提取货物，此时，按照一般的航运惯例，收货人就会开具由一流银行签署的保证书，以保证交换提货单后提货。

在使用海运单的情况下，收货人无须出具海运单，承运人只要将货物交给海运单上所列的收货人，就被视为已经做到了谨慎处理。通常收货人在取得提货单提货前，应出具海运单副本及自己确实是海运单注明的收货人的证明材料。

【知识链接】

关于"无单放货"

在已经签发了提单的情况下，收货人要取得提货的权利，必须以交出提单为前提条件。然而，有时由于提单邮寄延误，或者作为押汇的跟单票据的提单未到达进口地银行，或者虽然已到达进口地银行，而因为汇票的兑现期限的关系，在货物已抵卸货港的情况下，收货人还无法取得提单，也就无法凭正本提单来换取提货单了。

此时，按照一般的航运习惯，收货人就会开具由一流银行签署的保证书，以保证书向船公司交换提货单后提货。而且除有意欺诈外，船公司可以根据保证书，将此种交付货物而发生的损失转嫁给收货人或保证银行。但是，由于违反运输合同的义务，船公司对正当的提单持有人仍具有赔偿一切损失的风险。因此，船公司通常会要求收货人尽快履行解除担保的责任，即要求收货人在取得提单后及时交给船公司，以恢复正常的交付货物的手续。

7. 代运交货

有关进货部门在到货港口既无机构，也无人员，为了使货物能及时提离港口，货代可接受进货单位的委托，代办进口货物到港后的国内转运业务，双方要签订海运进口货物国内结交代运协议书。

为了使代运工作顺利进行，委托人应及时备齐所有的商务单证、进口许可证或批文，送交货代。货代在货物卸船后3日内填制"海运进口货物到货通知"寄委托人。从港口发往内地时，另以"提货通知"通知委托人提货。

代运货物如包装完整，件数相符，外表无异状，一般不在港口办理查验；如有残缺或外表有异状，接卸单位应在港口取得有关证明做好残缺记录，转由收货人处理。货物运到最终目的地后，收货人应与国内段承运人办理交接手续。如发现货物不符或有残缺，应取得承运部门的商务记录，直接向承运部门或责任方索赔。

四、杂货班轮进口货运单证

1. 过驳清单(Boat Note)

过驳清单是采用驳船作业时使用的，作为证明货物交接和表明所交货物实际情况，借以划分责任的单证。过驳清单是根据卸货时的理货单编制的。其内容包括驳船名、货名、标志、号码、包装、件数、卸货港、卸货日期、舱口号等，并由收货人、卸货公司、驳船经营人等收取货物的一方与船方共同签字确认。

2. 货物溢短单(Overlanded & Shortlanded List)

货物溢短单是在卸货时，一票货物卸下的数量与载货清单上所记载的数量不符的情况下，待卸货完毕、理清数字后，由理货长汇总编制的，说明货物溢出或短缺情况的证明。该单证由理货员编制，并且必须经船方和有关方(如收货人及仓库)等共同签字确认。

3. 货物残损单(Broken & Damaged Cargo List)

货物残损单是在卸货完毕后，由理货员根据卸货过程中发现的货物各种残损情况如破损、水湿、水渍、渗漏、霉烂、生锈、弯曲变形等记录编制的，证明货物残损情况的单据，该单据必须经船方签认。

以上3种单据通常是收货人向船公司提出损害赔偿要求的证明材料，也是船公司处理收货人索赔要求的原始依据。所以，船方在签字时会认真核对，情况属实时才会给予签认；在各方对单证记载内容意见不一致时，应尽量协调，以取得一致意见；否则，船方也可能在单证上做出适当的保留批注。货主在获取以上3种单据时，应检查船方的签字。

4. 提货单(Delivery Order, D/O)

提货单也称小提单，是收货人凭以向现场(码头仓库或船边)提取货物的凭证。其内容包括船名、货名、件数、数量、包装式样、标志、提单号、收货人名称等。

提货单的性质与提单完全不同，它只不过是船公司指令码头仓库或装卸公司向收货人交付货物的凭证，不具备流通及其他作用。

五、杂货班轮进口货运流程

进口货运流程主要内容如图3-4所示。
① 货主(收货人)货代建立货运代理关系。
② 货代办理订舱手续，并得到船公司的确认。
③ 货代通知买卖合同中的卖方(实际发货人)及装货代理人。
④ 船公司安排载货船舶抵装货港。

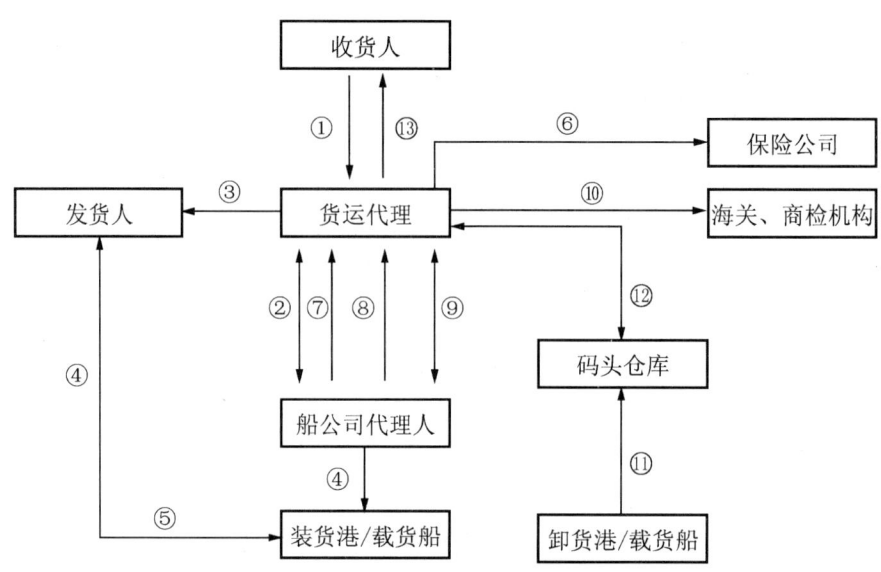

图 3-4 进口货运业务流程图

⑤ 发货人将货物装船,取得有关运输单证,向收货人发出装运通知。
⑥ 货代办理运输保险。
⑦ 货代掌握船舶动态,并收集有关单证。
⑧ 船公司发出提货通知,货代做接货准备。
⑨ 货代凭提单向船公司换取提货单。
⑩ 货代按国家有关规定办理进口货物报关、报检。
⑪ 船舶抵达卸货港卸货,货物先进入码头仓库。
⑫ 货代凭海关放行的提货单到集装箱堆场提货。
⑬ 货代安排将货物交收货人。

杂货班轮进出口货运主要单证汇总见表 3-7。

表 3-7 杂货班轮进出口货运主要单证汇总表

港口	单证		签发人或编制人	制作时间与制作依据	作用
装货港	装货联	托运单(四)	托运人或其代理	托运货物之前;S/C 与 L/C	申请订舱配载的书面凭证
		装货单(S/O),关单/下货纸	托运人或其代理填制,船公司盖章确认	装船之前;B/N 和船舶配载情况	船公司或其代理确认订舱、出口货运的承诺;要求船长将货物装船承运的凭证;出口报关手续的必备单据
		收货单(M/R,大副收据)	船上大副签署给托运人	装船后;收货的实际情况	证明货物已经装上船;证明承运人已经收到货物,并开始负责;托运人凭以换取提单的单证;签发已装船的清洁提单或不清洁提单的依据

续表

港口	单证	签发人或编制人	制作时间与制作依据	作用
装货港	海运提单(B/L)	船公司或船代	装船完毕后；M/R	海上货运运输合同的证明；货物已由承运人接管或已装船的货物收据；是承运人保证凭以交付货物的物权凭证
	装货清单(L/L)	船公司或船代	装船前；B/N留底	为积载计划提供依据；是理货等业务的单据
	载货清单(M/F)	船公司或船代	装船后；M/R或B/L	是整艘船舶出口报关的必备单据（装货单是每票货物报关的必备单据）；是出口退税单据之一；是卸货港安排卸货的单据；是卸货港海关放行的凭据
	货物积载图	船上大副编制	船到港前绘制草图，装船后修改制出最终积载图；L/L	形象具体表示每一票货物在船舱内的位置与装载的情况；指导有关方面安排泊位、货物出舱、下驳、搬运等工作
	危险货物清单	船公司或船代	装船前	可详细列出船舶载运危险货物的情况；船舶载运危险货物时必备的单证之一
卸货港	提货单(D/O)	船公司或船代	到货后；B/L	收货人向仓库或场站提取货物的凭证；船公司或其代理对仓库或场站交货的通知
	过驳清单	理货人员编制船方签字确认	卸船后；理货单证	收货人向船公司提出损害赔偿要求的证明材料；船公司处理收货人索赔要求的原始资料和依据
	货物溢短单			
	货物残损单			

知识四　海上货物运输保险

一、海上货物运输风险的种类及损失

1. 海上货物运输风险的种类

国际贸易货物在海上运输、装卸和储存过程中，可能会遭到各种不同的风险。由于风险

是造成损失的原因,海上货物运输保险人主要承保的风险有海上风险和外来风险两大类,如图 3-5 所示。

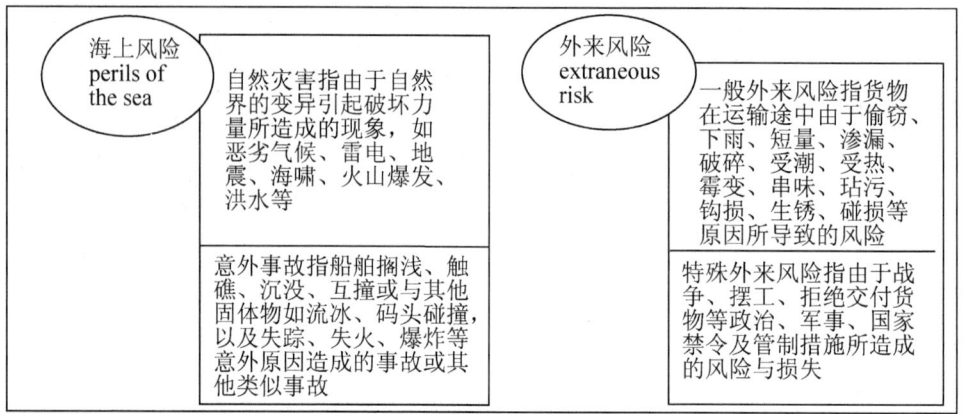

图 3-5 海运风险种类

1) 海上风险

海上风险在保险界也称为海难,包括海上发生的自然灾害和意外事故。

2) 外来风险

外来风险一般是指海上风险以外的由于外来原因而引起的风险。外来风险必须是由于偶然的、意料之外的原因而造成的,它可分为一般外来风险和特殊外来风险。

2. 海损

被保险货物在运输过程中,因遭受海洋运输中的风险而导致的损失称之为海损或海上损失。海损按损失程度的不同,可分为全部损失和部分损失。

1) 全部损失

全部损失(Total Loss)简称全损,是指被保险货物在海洋运输中遭受的全部损失。从损失的性质看,全损又可分为实际全损和推定全损两种,如图 3-6 所示。

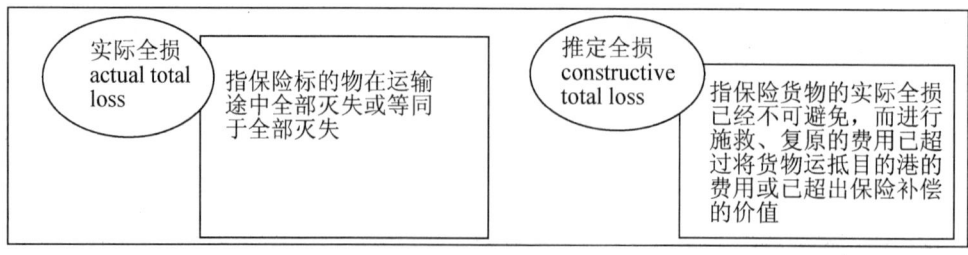

图 3-6 全损种类图

【知识链接】

推定全损的损失赔偿

保险标的发生推定全损,被保险人要求保险人按照全部损失赔偿的,应当向保险人委付保险标的。保险人可以接受委付,也可以不接受委付,但是应在合理的时间内将接受委付或者不接受委付的决定通知被保险人。

2）部分损失

部分损失指被保险货物的损失没有达到全部损失的程度。部分损失按其性质，可分为共同海损和单独海损，如图3-7所示。

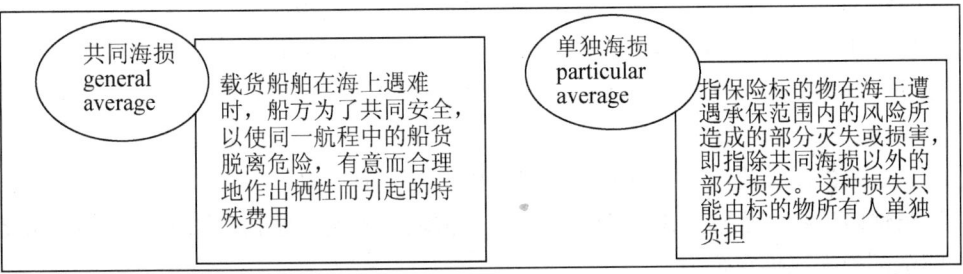

图3-7　部分损失种类图

3. 海上费用

海上费用指海上货物运输遇险后，为了营救被保险货物所支出的费用。海上费用的种类如图3-8所示。

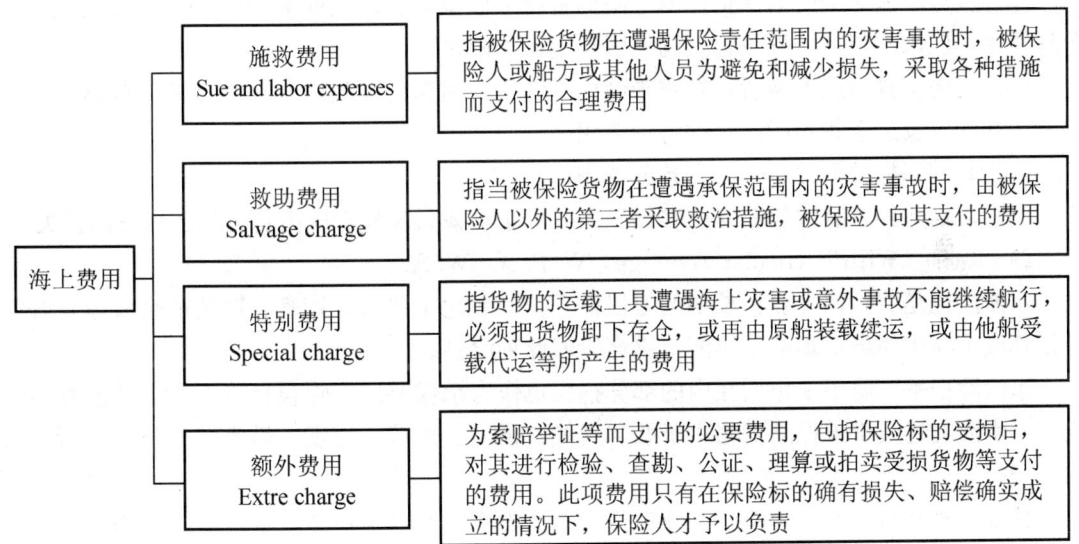

图3-8　海上费用种类图

二、海洋货物运输保险险别

海洋运输货物保险，按照国际保险市场上的习惯做法，可将各种险别分为基本险和附加险。

1. 海洋货物运输的基本险

基本险也称为主险，是货物运输保险的基本险别。这种险别可以独立投保，不必依附于其他险别。当被保险货物遭受损失时，将按照保险单上订明的承保险别的条款规定，负赔偿责任。我国规定的基本险有平安险、水渍险和一切险3种。

1) 平安险(Free from Particular Average，F. P. A.)

平安险是我国保险业界长期沿用的习惯称谓，低值的大宗货物一般投保此种险别。它的含义并不是像字面意思一样，确保将货物平安送到目的地。从平安险的英文"Free from Particular Average"可以看出，其意思是对单独海损不承担赔偿责任。平安险是我国3种基本险中承保范围最小的险种。平安险对意外事故所造成的全部和部分损失都予以赔付，自然灾害造成的全部损失也在保险范围内，自然灾害造成的部分损失只有满足一定条件时，保险人才予以赔付。

按我国保险条款的规定，平安险负责赔偿以下几方面的损失。

（1）被保险货物在运输途中由于恶劣气候、雷电、海啸、地震、洪水等自然灾害造成整批货物的全部损失或推定全损。

（2）由于运输工具遭受搁浅、触礁、沉没、互撞、与流冰或其他物体碰撞以及失火、爆炸意外事故造成货物的全部或部分损失。

（3）在运输工具已经发生搁浅、触礁、沉没、焚毁意外事故的情况下，货物在此前后又在海上遭受恶劣气候、雷电、海啸等自然灾害所造成的部分损失。

（4）在装卸或转运时由于一件或数件整件货物落海造成的全部或部分损失。

（5）被保险人对遭受承保责任内危险的货物采取抢救、防止或减少货损的措施而支付的合理费用，但以不超过该批被救货物的保险金额为限。

（6）运输工具遭遇海难后，在避难港由于卸货所引起的损失以及在中途港、避难港由于卸货、存仓以及运送货物所产生的特别费用。

（7）共同海损的牺牲、分摊和救助费用。

（8）运输契约订有"船舶互撞责任"条款，根据该条款规定应由货方偿还船方的损失。

2) 水渍险(With Particular Average，W. P. A. /W. A.)

水渍险也是我国保险业界长期的习惯称呼，一般化工原料、钢管、散装的金属原料等不易损坏或虽易生锈但不影响使用的货物会投保此种险别。

水渍险把平安险中未包括在内的部分损失也作为承保范围。除包括平安险上述的各项责任外，水渍险还负责被保险货物由于恶劣气候、雷电、海啸、地震、洪水等自然灾害所造成的部分损失。

注意：货物由于有水渍而造成损失，在水渍险项下并不是一定能得到赔付，而要考察水渍形成的具体原因。

【案例应用】

案情：某出口公司按CIF条件成交货物一批向保险公司投保了水渍险，货物在转船过程中遇到大雨，货到目的港后，收货人发现货物有明显的雨水浸渍，损失达70%，因而向我方提出索赔。我方能接受吗？

分析：不能接受。货物被雨水浸湿属淡水雨淋险范围；保险公司和卖方对损失都不负责，由买方承担损失。

3) 一切险(All Risks)

一切险的保险责任是3个基本险中最大的。一切险除包括上述平安险和水渍险的各项责任外，还负责被保险货物在运输途中由于外来原因所致的全部或部分损失。这里的外来原因指的是一般外来风险，即我国保险条款中的一般附加险所保障的风险。我国的11项一般附加险在一切险项下不需另行投保即可得到保障。

2. 海洋货物运输的附加险

附加险是指那些无法单独投保，必须附属于基本险项下的险别。也就是说，只有投保了基本险，才允许投保附加险。附加险承保的是外来风险所造成的损失，附加险包括一般附加险和特殊附加险。

在保险实务中，投保一种基本险以后，投保人可根据货运需要加保一种或若干种附加险。投保了一切险后，因一切险中已包括了所有一般附加险的责任范围，所以只需在特殊附加险中选择加保的险别。

1）一般附加险（General Additional Risks）

一般附加险承保的是由于一般外来风险所造成的全部或部分损失。它包括如图3-9所示的11种险别。

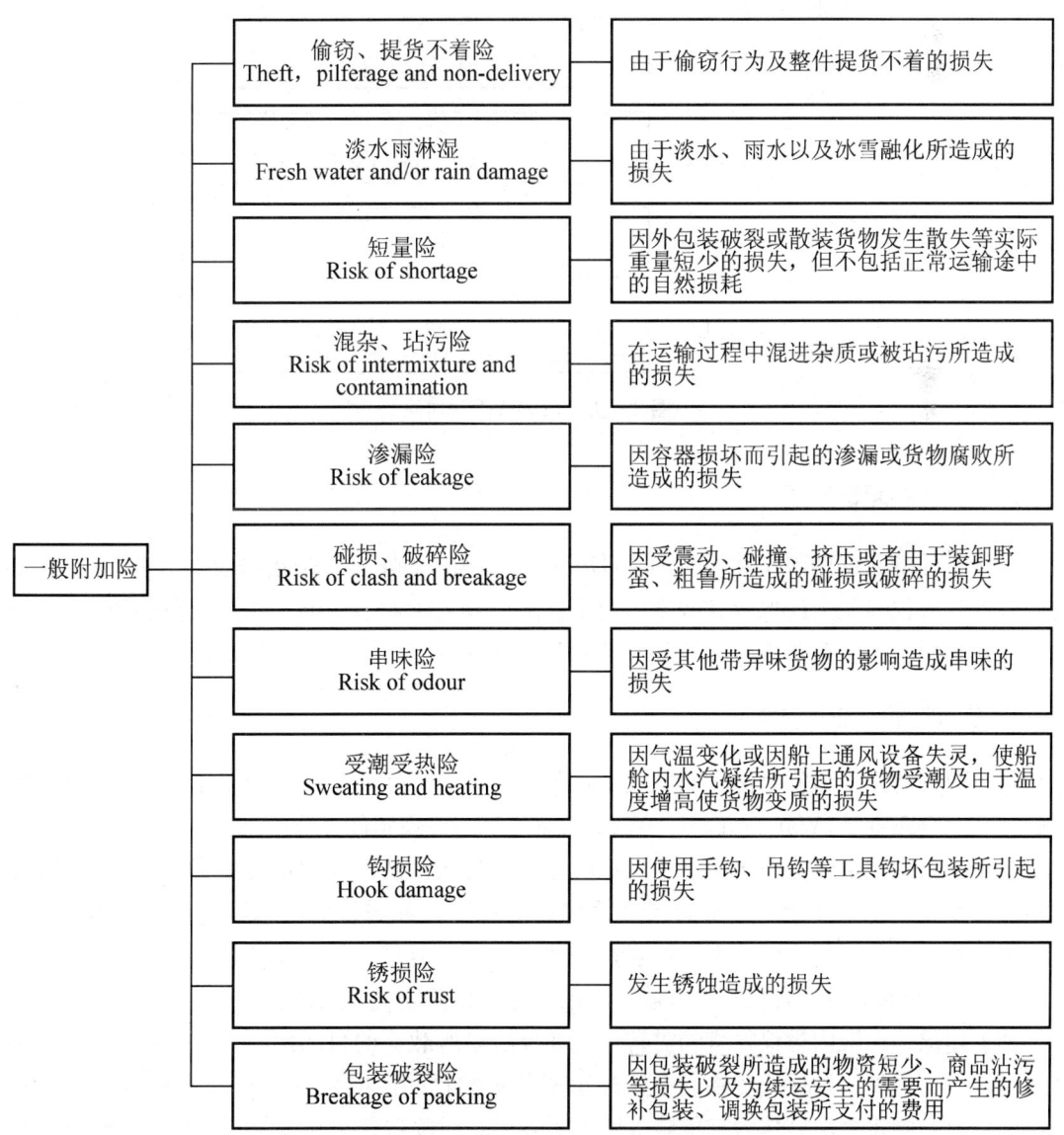

图3-9　海运一般附加险

2) 特殊附加险（Special Additional Risks）

特殊附加险承保的是由于军事、政治、国家政策法令以及行政措施等特殊外来原因所造成的全部或部分损失，如图 3-10 所示。

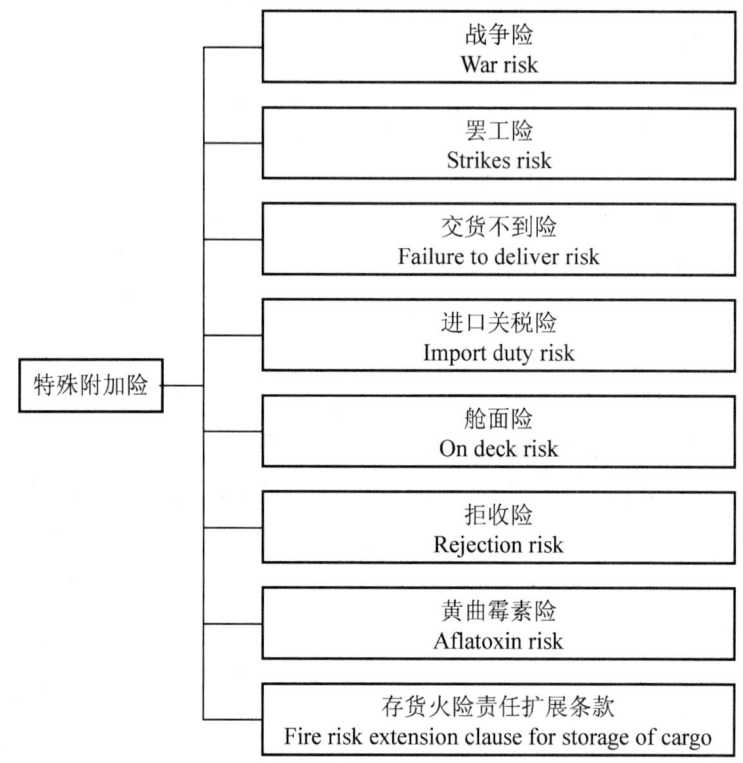

图 3-10　海运特殊附加险

三、承保责任的起讫期限

承保责任的起讫期限又称保险期限（Duration of Insurance），是指保险人承担责任的起讫时限。保险人仅对发生的保险有效期内由于保险事故发生而造成的货物损失负赔偿责任。我国海运货物保险条款对基本险和战争险分别做出了规定。

1. 基本险的责任起讫期限

根据中国海洋运输货物保险条款规定，基本险承保责任的起讫，均采用国际保险业中惯用的"仓至仓条款"（Warehouse to Warehouse，W/W）规定的办法处理。

仓至仓条款规定保险公司所承担的保险责任，是从自被保险货物运离保险单所载明的起运港（地）发货人仓库开始，直至该项货物到达保险单所载明目的港（地）收货人的仓库时为止。当货物一进入收货人的仓库，保险责任即行终止。但是，当货物从目的港卸离海轮时起满 60 天，不论保险货物有没有进入收货人的仓库，保险责任均告终止。

如上述保险期限内被保险货物需转运到非保险单所载明的目的地时，则以该项货物开始转运时终止。另外，被保险货物运至保险单所载明的目的港或目的地某一仓库而发生分配、分派的情况，则该仓库就作为被保险人的最后仓库，保险责任也从货物运抵该仓库时终止。

【案例应用】

100台计算机从上海出口被运往吉隆坡,海轮于9月11日抵达吉隆坡港并开始卸货,9月13日全部卸在码头货棚而未运往收货人仓库,那么该保险责任到11月2日即告终止。当然,如果在11月2日前这批计算机运进了收货人仓库,则不论在哪一天进入该仓库,保险责任也告终止。

2. 战争险的责任起讫期限

战争险的责任起讫与基本险的责任起讫不同,它不采用仓至仓条款。战争险的承保期限仅限于水上危险或运输工具上的危险。例如,海运战争险规定自保险单所载明的起运港装上海轮或驳船时开始,直到保险单所载明的目的港卸离海轮或驳船时为止。如果货物不卸离海轮或驳船,则保险责任最长延至货物到目的港之当日午夜起算满15天为止。如在中途港转船,则不论货物在当地卸载与否,保险责任以海轮到达该港或卸货地点的当日午夜起满15天为止,待再装上续运的海轮时,保险人仍继续负责。

四、保险单据

1. 投保单

投保单是进出口企业向保险公司对运输货物进行投保的申请书,也是保险公司据以出立保险单的凭证,保险公司在收到投保单后即缮制保险单。

投保单是投保人的书面要约。投保单经投保人据实填写交付给保险人就成为投保人表示愿意与保险人订立保险合同的书面要约。

投保单一般是在逐笔投保方式下采用的做法。进出口企业在投保单中要填制的内容包括货物名称、运输标志、包装及数量、保险金额、保险险别、运输工具、开航日期和提单号等。

【范例】

进出口货物运输保险投保单
Application FORM FOR CARGO TRANSPORTATION INSURANCE

发票号码 Invoice No.	合同号 Contract No.	信用证号 L/C No.		
被保险人 Insured				
标　　记 Marks & Numbers	包装及数量 Quantity	保险货物项目 Description of Goods	发票金额 Invoice Value	保险金额 Insured Amount
装载运输工具 conveyance	启运日期 Date of Commencement		赔款偿付地点 Loss if any Payable at	
运输路线: Voyage:	自 From	至 To	转载地点 Port of Transhipment	

投保险别 Insurance coveraged required		投保人(签名盖章) Application's Signature & Stamp
特别要求 Additional Conditions		
申请保单正本份数为 Issued in Riginal(s)Only		投保日期 Date

2. 保险单

1) 保险单的概念

海洋货物运输保险单,俗称大保单或保单,是目前我国进出口贸易中使用最广泛的一种保险单据。它是一种正规的保险合同,具有法律效力,对双方当事人均有约束力。其内容除载明被保险人,保险标的的名称、数量或重量,以及唛头,保险币值和金额,运输工具,保险责任起讫地点,承保险别,赔款偿付地点等项目外,还附有保险责任范围以及保险人与被保险人之间的权利、义务等方面的详细条款,是完整的承保文件。当发生保险范围内的货物损失时,它又是被保险人或保险权益受让人向保险公司索取赔偿或对保险公司上诉的正式文件,同时也是保险公司理赔或应诉的主要依据。

保险单是可转让单据,通常是被保险人向银行进行议付或押汇的单据之一。在 CIF 合同中,保险单是出口方提供的单据之一。所以填制保险单要求质量高,不得涂改。

2) 保险单缮制的主要内容

(1) 正本份数(Number of Original Policy)。一套保险单正本的用纸,保险公司共印制三份正本,三份都印有"ORIGINAL"字样,但在保险单正本的本栏各标明"第一正本"(The First Original)"第二正本"(The Second Original)和"第三正本"(The Third Original)加以区别。各外贸公司可以根据信用证或实际需要的正本份数,取其一份、两份或三份使用。根据 UCP500 第 20 条 C 款第 II 项规定;信用证要求多份单据时,诸如一式两份(Duplicate)、两张(Two Fold)、两份(Two Copies)等,可以交付一份正本,其余份数用副本单据来满足,但单据本身另作标明者除外。

又根据 UCP500 第 34 条 B 款规定:如果保险单据注明签发的正本超过一份,必须提交所有的正本,除非信用证另有授权。所以根据上述条文规定,如果信用证仅规定类似一式两份等说法,可以提供一份正本和一份副本来满足。但一般在实务中,对保险单的做法,只要信用证规定类似一式两份等说法,也习惯提供两份正本;如果规定一式三份,应提供三份正本。

(2) 发票号次(Invoice No.)。根据发票号填入。

(3) 保险单号次(Policy No.)。应填保险公司指定的号码,且作为本保险单的编号。

(4) 被保险人(Insured)。即保险的抬头。在 CIF 或 CIP 贸易条件下,投保人即卖方,所以被保险人栏填卖方名称,如信用证受益人名称。但发生货损时,实际索赔的权益是买方,所以保险单以卖方为被保险人时,卖方要在保险单的背面签字盖章进行背书,以表示被保险索赔的权益转让给保险单的持有人,同时受让人则承担被保险人的义务。

如果信用证规定为"To order",则本栏可照填"To order",受益人也需背书。一般背书多是空白背书(blank endorsed)。

如果信用证规定"Endorsed to order of ABC. CO.,Ltd.",则在本栏填受益人名称为被保险人,再在保险单的背面填上"To order of ABC. CO.,Ltd."或"Claim if any pay to the order of ABC. CO.,Ltd.",受益人再签字盖章。如果信用证规定:"Endorsed in favour of ABC. CO.,Ltd.",则在本栏填受益人名称为被保险人,再在保险单背面填"in favour of ABC. CO.,Ltd."或"Please pay in favour of ABC. CO.,Ltd.",然后受益人签字盖章。上述两种背书都是记名背书。

如果信用证特别规定以某公司或某银行为被保险人,可以直接在本栏填上所规定的名称,则不用背书。

(5) 唛头和号码(Marks&Nos.)。按要求应将货物实际的唛头原形填入,并与提单、发票一致。

(6) 包装和数量(Package&Nos.)。要求将包装单位及其数量填入,并与提单、发票一致。例如,1 500cartons。若包装单位不止一种,如500箱中有200箱是纸箱,300箱是木箱,则可表示为

    200 cartons

    300 wooden cases

    500 packages

如果货物的价格以毛重或净重计价,除应该表示数量外,还应该表示毛重和净重。如果是裸装货物则表示其个数。散装货物在其重量后再表示散装字样。

(7) 保险货物项目(Description of Goods)。一般要求按发票品名填写,范本的本栏就是信用证和发票的品名。如果发票品名繁多,保险单本栏允许填统称,但其统称不得与发票或信用证规格品名抵触。若有可能应列出具体品名,列出与发票或信用证一致的品名更好,这是最佳的制单方法。

如信用证要求一切单据均表示信用证号码(如信用证规定:"All documents must indicate this credit No."),可在本栏空白处表示:"Credit No. ×××××"。

(8) 保险金额(Amount Insured)。一般习惯最低按发票 CIF 或 CIP 的总值再加10%(该10%称为保险加成),即按发票总金额的110%投保。

如果发票金额有扣佣金者,应取发票金额未扣佣的毛额再加成计算保险金额。

保险金额使用的货币必须是信用证所规定的货币。

(9) 总保险金额(Total Amount Insured)。它为第8栏金额的大写数字,两者必须完全一致。大写金额最末应加:"ONLY",以防涂改。

(10) 保费与费率(Premium&Rate)。保险单在印刷时已在本栏印妥:"AS ARRANGED"(按约定),因此每笔保费与费率可以不具体表示。如果信用证要求标明保险费与费率,则应填上具体保险金额及费率。若信用证规定:"Insurance policy or certificate for full invoice value plus 10% marked premium paid",则应将印就的"AS ARRANGED"划掉,加盖核对章后打上"PAID"字样。

(11) 装载运输工具(Per Conveyance)。应按实际运输方式和运输工具名称填入。对于海运(By sea,By steamer,By vessel per S. S.),则在本栏可填写具体船名及航次。例如,本

栏可填"S. S. EASTWIND VOY. NO. 009A"即"东风轮第 009A 航次",其中 S. S. 即 steamship 的缩写。如中途将转船,而第二程船名已明确,也应同时表示出来。如第一程船名为 EASTWIND,第二程船名为 VICTORY,则表示:"S. S. EASTWIND/VICTORY"。

(12) 开航日期及起讫地点(Slg. on...from...to...)。开航日期即运输单据上所载明的实际装运日期。如在缮制保险单时,提单尚未签发,保险单虽然允许表示大约开航日期,但最好本栏暂时留空,待提单签发后再填写真实日期,则比较妥当。

起讫地点应与提单所记载的一致,而且符合信用证要求。如果货物将在中途转船,而且在上述第 11 栏已经表示了一、二程船名,则起讫地点应表示从……装……轮,在……转装……轮至……例如,从大连装 EASTWIND 轮,在香港转装 VICTORY 轮至鹿特丹,可填为"From Dalian to Hongkong per S. S. EASTWIND, and thence transshipped per S. S. VICTORY to Rotterdam."如果第二程船名在当时无法明确,可填为"From Dalian to Rotterdam with transshipment at Hongkong."(一程船名已在 11 栏表示,这里就不再表示)。如转运地也不明确,仅表示"with transshipment"也可以。

在国际贸易中许多买方并不一定在港口,虽然贸易条件是某港口交货,卖方只负责货运至某港口,如果保险只保到港口,则从港口至内陆运输阶段发生货损,买方就无法得到补偿。但许多情况的货损在港口不易发现,只能在内陆收到货物后才能发现货损。所以货物最终目的地不在港口者,买方为了切身利益不受损失,一般都在信用证条款中要求保险投保到最终内陆目的地,尤其是无港口的内陆国家。如果信用证条款要求投保到最终目的地,本栏除了填写与提单、发票一致的港口名称外,还要加注最后至某内陆目的地。例如,"From Dalian to Liverpool and thence to Birmingham."

(13) 承保险别(Conditions)。本栏是保险单的核心内容,是将来理赔责任范围的主要依据,所以必须慎重填写,应完全与信用证规定相符,尽量在信用证词句的基础上再进行必要的调整排列。信用证对保险条款的责任有重复,只要不扩大责任范围,尽量满足信用证要求,使单证一致。即使信用证没有规定,保险单的险别也要标出该险别的适用文件名称及其日期。如"...as per Ocean Marine Cargo(All Risks)Clauses of the People's Insurance Company of China Dated 1/1/1981."

如果信用证对险别规定不明确,如规定"usual risks"(通常险别)或"customary risks"(惯常险别)等,则不管双方如何约定,银行可接受任何险别的保险单,并不负漏保的责任。但其险别必须有主险,而不能仅有附加险别。

信用证规定投保转运险,即使货物直达不转运,也要按信用证要求办理转运险。

如果信用证要求的险别大于合同规定(例如,合同规定水渍险,而信用证要求一切险),应提出修改或其超出部分的险别的保险费由对方负担。如果信用证要求的险别小于合同规定,可以先按信用证要求投保,以利于安全收汇。但为了重合同守信用,同时应向保险公司办理未保部分险别的"批单"寄买方。

如果信用证规定投保伦敦协会货物条款,也可以接受。如来证规定"... covering Institute Cargo Clause(A)of 1982...",这就是投保伦敦协会货物(A)条款。投保伦敦协会货物条款于 1982 年 1 月 1 日又修订了一次,分(A)条款、(B)条款和(C)条款 3 个主险,分别类似于中国人民保险公司的一切险、水渍险和平安险。

（14）货损检验与理赔代理人（Surveying and Claim Setting Agents）。根据中国人民保险公司《货损检验、理赔代理人名册》，选择在目的港或目的港附近有关机构为货损检验、理赔代理人。保险单上一定要详细注明代理人的地址（如范本所示），以便和收货人联系查找。如果保险单上注明保险责任终止不是在港口，而是在内地，则应填内地的代理人名称和地址。如当地没有中国人民保险公司代理机构，可注明由当地法定检验机构代为检验。

如信用证规定指派某某为理赔代理人，是不能接受的，代理人应由我方指定。

（15）赔付地点（Claim Payable at…）。如果信用证指定赔付地点，应按信用证要求表示。如果信用证为明确赔付地点，则以目的地港为赔付地点。

（16）日期及地点（Date & Place）。保险单签发日期是保险公司责任开始日期，所以不得晚于运输单据所记载的装运日期。尤其仓至仓条款，保险公司责任从装运货物一出仓库门时就开始。因此，保险单签发日期不但不得晚于运输单据所记载的装运日期，而且还要适当早于装运日期，除非保险单上记载"保险责任最迟于装运或接受监督之日起生效"。

保险单签发地点即办理投保所在的地点，一般保险公司在印制保险单时即事先印妥。

（17）签章（Authorized Signature）。应由签发保险单的保险公司亲自签章。

【范例】

被保险人/INSURED		中国人保财产保险公司 THE PEOPLE'S INSURANCE COMPANY OF CHINA HEAD OFFICE：BEIJING 保险单 INSURANCE POLICY No. 002207 中国人保财产保险公司（以下简称本公司）根据本保险人的要求由被保险人向本公司交付约定的保险费，按照本保险单承保险别和背后所载条款与下列特款承保下属货物运输保险，特立本保险单 THIS POLICY OF INSURANCE WITNESSES THAT THEPEOPLE'S INSURANCE COMPANY OF CHINA (HEREINAFTER CALLED "THE COMPANY"), AT THEBEQUEST OF THE INSURED AND IN CONSIDERATION OF THEAGREED PREMIUM BEING PAID TO THE COMPANY BY THE INSURED UNBER TAKES TO INSURE THE UNDERMENTIOD GOODS IN TRANSPORTATION SUBJECT TO THE CODITIONS OF THIS POLICY AS PER THE CONDITIONS OF THIS POLICY AS PER THE CLAUSES PRINTED OVERLEAF AND OTHER SPECIAL CLAUSES ATTACHED HEREON
自/FROM		
至/TO		
装载工具/PER CONVEYANCES. S.		
起运日期/SLG	保费/PREMIUM	
	费率/RATE	
赔款地点及币别/CLAIM PAYABLE AT		

续表

签单地点 /ISSUING PLACE	签单日期 /ISSUING DATE	发票号/INVOICE NO.	保险单号/POLICY NO.
标记/MARKS & NOS.	保险货物项/DESCRIPTION OF GOODS	数量及包装/QUANTITY	保险金额/AMOUNT INSURED
总保险金额/TOTAL AMOUNT INSURED			
承包险别/CONTIONS： 所保货物如遇风险，本公司凭本保险单机器有关证件给付赔偿。所保货物所发生保险单项下负责赔偿的损失事故，应立即通知本公司下属代理人查勘。 CLAIMS, IF ANY, PAYABLE ON SURRENDER OF THIS POLICY TOGETHER WITH OTHER RELEVANT DOCUMENTS. IN THE EVENT OF ACCIDENT WHEREBY LOSS OR DAMAGE MAY RESULT IN A CLAIM UNDER THIS POLICY IMMEDIATE NOTICE APPL YING FOR SURVEY MUST BE GIVEN TO THE COMPANY'S AGENT AS MENTIONED HEREUNDER.	中国人保财产保险上海分公司 THE PEOPLE'S INSURANCE CO. OF CHINA SHANGHAI, CHINA 盖章		

【项目任务】

任务一 杂货班轮出口货运代理业务流程模拟

任务内容	根据背景资料，同学们分组进行杂货班轮出口货运代理业务流程模拟，并拍 DV 上交
任务目的	帮助同学们熟悉海运杂货班轮出口货运代理业务流程
任务准备	全班同学分成 5~6 人一组，熟悉流程模拟环节及所需的单据、道具，事先打印或书写妥当，小蜜蜂、相机、笔记本电脑的准备

步骤一，每组同学首先讨论流程模拟的所有环节，并以文字形式形成剧本，然后分配角色，要求每位同学把自己的名字用蓝色的白板笔写在白色的硬纸卡上，角色扮演时佩戴。要求同学们充分讨论各个环节所需要的单据，所需要处理的细节，使得整个流程完整、顺畅。

步骤二，选择安静的教室进行角色扮演，并请组外同学为本组拍摄DV，要求用相机（最好不使用手机）。

步骤三，各小组观看自己拍的角色扮演DV，若不满意，请重拍，并上交。

步骤四，师生一起观看各小组视频，教师对各小组拍摄情况给予点评。

 任务二　缮制杂货班轮出口货运托运单

任务内容	根据背景资料，缮制海运托运单
任务目的	通过缮制空白海运杂货出口托运单，掌握海运托运单填制技巧
任务准备	教师提前准备好制单资料、空白海运托运单，将学生分组，每组5～6人。各组分别准备海运托运单的缮制

步骤一，学习海运托运单的相关知识，并认识海运托运单范本。

步骤二，根据所给资料，讨论海运托运单缮制过程。

背景资料

COMMODITY：99.95PCT MIN OF ZINC INGOT，N.W：360.725MT，G.W：361.465MT，370 BUNDLES AT USD 1 235/MT，USD444,600，MANUFACTURER：BAIYIN NONFEROUS METALS COMPANY，FOB SHANGHAI CHINA，COUNTRY OF ORIGIN：CHINA

+FULL SET OF CLEAN ON BOARD OCEAN BILLS OF LADING MADE OUT TO THE ORDER OF INDUSTRIAL BANK OF KOREA MARKED FREIGHT COLLECT AND NOTIFY APPLICANT

TEL333 5846，FAX3355846，LC NO. T－987681

BUYER：KOREA NONFERROUS METALS TRADING，567－49 YEONNAM DONG MAPO KU SEOUL KOREA

SELLER：GANSU PROVINCE METAL&MINERALS IMPORT&EXPORT CORP.，188DINGXI ROAD LANZHOU CHINA

FORWARDER：SINOTRANS ZHEJIANG CO.，JIAXIN BRANCH 王宁

B/L NO.：COS5501，VESSEL：HAIOU/122N，FROM SHANGHAI TO PUSAN，PARTIAL SHIPMENTS：NOT ALLOWED，TRANSSHIPMENT：ALLOWED，CARRIER：COSCO，MATE：王伟，DATE OF SHIPMENT：20121031，EXPIRY：20121115，理货长：张平

存货地点：上海市××区××路××号××仓库　　　　　中国浙江外运公司

步骤三，每组学生在规定的时间内填制完成海运托运单。

步骤四，选派一、二组代表上台展示填制的海运托运单；其他组学生分析、评价、补充。

步骤五，教师点评、总结，并提供标准的范例。

海运出口货物托运单

托运人 Shipper						
编号 No.			船名 S/S			
目的港 For						
标志及唛头 Mark and Number	数量 Quantity	货名 Description of Goods	重量 Weight kilos			
			净 Net		毛 Gross	
			运费付款方式			
	共计件数（大写） Total Number of Packages Writing					
运费 计算		尺码 Measurement				
备注						
通知人		可否转船		可否分批		
		装运期		有效期	提单份数	
		金额				
收货人		银行编号		信用证		
制单日期　　年　　月　　日						

任务三　缮制保险单

任务内容	根据背景资料，缮制海洋货物运输保险单
任务目的	掌握海洋货物运输保险单各栏的填制方法
任务准备	教师提前准备好信用证内容、制单资料、空白保险单，将学生分组，每组5～6人。 各组分别准备保险单的缮制

步骤一，学习海洋货物运输保险的有关知识，并认识保险单范本。

步骤二，根据所给资料，讨论海洋货物运输保险单缮制过程。

1) 信用证内容

发票号码：09WLE0718　　　发票日期：2013年7月18日
发票金额：74 150.00 英镑　　起运港：上海
投保日期：2013年8月3日　　 船名航次：ANDAMAN SEA V.707W
信用证内容：
27：1/1
40A：IRREVOCABLE
20：DC LDI300954
31C：090624
31D：DATE 090624
50：VERSION LIMITED
　　23 COSGROVE WAY
　　LUTON, BEDFORDSHIRE
　　LU1 1XL U.K
51A：HSBC BANK PLC(FORMERLY MIDLAND BANK PLC)LONDON
59：HANGZHOU WANLY IMP. AND EXP. CO., LTD
　　258 MOGANSHAN ROAD
　　HANGZHOU CHINA
PARTIAL SHIPMENT　43P：ALLOWED
TRANSSHIPMENT　　43T：NOT ALLOWED
PORT OF LOADING　44E：CHINA
PORT OF DISCHARGE　44F：FELIXSTOWE
LATEST DATE OF SHIPMENT　44C：090809
DESCRIPTION OF GOODS　45A：
　　　CUSHION COVERS AND RUGS
　　　AS PER S/C NO. SL09E0620 AND VERSIONS' ORDER NO. 599/2009
CIF FELIXSTOWE
DOCUMENTS REQUIRED46A：
+INSURANCE POLICY IN TWO COPIES FOR 110PCT OF INVOICE VALUE COVERING ALL RISKS AND WAR RISK AS PER ICC(A)DATED01/01/1982 INCLUDING W/W CLUSE CLAIM PAYABLE AT DESTINATION IN THE SAME CURRENCY OF THE DRAFTS。
…
ADDITIONAL CONDITION47A：
　　　+APPLICANTS ORDER NO. 599/2009 MUST BE SHOW ON ALL DOCUMENTS
…

2) 其他制单资料
① 发票号码：09WLE0718。
② 发票日期：2013年7月18日。
③ 发票金额：74 150.00 英镑。
④ 起运港：上海。
⑤ 船名航次：ANDAMAN SEA V.707W。

⑥ 投保日期：2013年8月3日。

步骤三，每组学生在规定的时间内填制完成海洋货物运输保险单。

步骤四，选派一、二组代表上台展示填制的保险单；其他组学生分析、评价、补充。

步骤五，教师点评、总结，并提供标准的范例。

【思考与练习】

一、选择题

1. 通常情况下，杂货班轮运输中的收货单由（　　）签署。

　A. 托运人　　　　B. 收货人　　　　C. 船长　　　　D. 大副

2. 世界上最繁忙的航线是（　　）。

　A. 西北欧、北美东岸—地中海、苏伊士运河—东方航线

　B. 南非航线

　C. 巴拿马运河航线

　D. 加勒比海航线

3. 国际海事组织的简称是（　　）。

　A. BIMCO　　　　B. IMO　　　　C. CMI　　　　D. FIATA

4. 班轮运输最基本特点是（　　）。

　A. 规定货物的装卸时间，也计算滞期费和速遣费

　B. "四固定"

　C. 通常要求签订运输合同

　D. "一负责"

5. 货物的积载因数是指（　　）货物在正常堆装时实际所占的容积，单位为立方米/吨。

　A. 2公吨　　　　B. 1立方米　　　　C. 1立方英尺　　　　D. 1吨

二、判断题

1. 船公司一般按货物的毛重计收运费。　　　　　　　　　　　　　　　　（　　）

2. 在海运过程中，被保险货物被海盗劫持造成的损失属于单独海损。　　　（　　）

3. "W/M plus Ad. Val oerm"的含义是货物重量或尺码。　　　　　　　　（　　）

4. 重量吨和尺码吨统称为运费吨。　　　　　　　　　　　　　　　　　　（　　）

5. 载货清单就是通常所称的托运单的底联。　　　　　　　　　　　　　　（　　）

三、简答题

1. 海洋运输方式的特点是什么？

2. 简述定期船运输与不定期船运输的主要区别。

3. 杂货班轮货运业务中涉及哪些单证？

四、案例分析题

1. 2013年1月5日，某散货船在甲板上装载了一台设备，由于绑扎不牢固开船第二天设备便掉入海里。因事故发生太快，保险没来得及办理。若使用班轮条款，请分析船公司要承担责任吗？

2. 2013年9月，某托运人有一批散货通过APL（American President Lines，美国总统轮船公司）出口，托运人所有款都支付给了货代。货代在没有完全支付APL的情况下，先伪造了一份电放提单给托运人。结果目的港船公司发现了伪造的提单，后来尽管货代所有费用都付清了，船公司仍然拒绝放货。要求货代先支付30 000元罚金并登报，才能再放货。请问，作为SHIPPER，其实并无过错，能要求船公司马上放货吗？现在货物已经在目的港，产生了1 000多美元的费用，而且这些费用还在不断增加！请分析托运人和收货人应该如何处理？

五、情境训练题

浙江环亚进出口有限公司拟出口一批货物至香港A公司，采用杂货班轮运输。假设你是货代公司负责这笔业务的业务员小李，请你设计这批货物的货代操作流程。

项目四

集装箱班轮货运代理

JIZHUANGXIANG BANLUN HUOYUN DAILI

【学习目标】

知识目标	技能目标
(1) 了解集装箱的定义、类型、标准、标记 (2) 了解集装箱货运的优点，掌握集装箱货运的基本概念 (3) 掌握集装箱进出口货运代理业务的流程 (4) 掌握集装箱进出口货运代理业务中所涉及的各种单证的内容和作用	(1) 具备集装箱进出口货运代理业务的操作技能 (2) 掌握集装箱进出口货运代理业务单证的填制技巧 (3) 熟练掌握集装箱进出口货运代理业务所涉及单证的处理

 **【案例导入】**

上海一家公司（以下称发货人）出口价值 30 万美元的皮鞋，委托某集装箱货运站装箱出运，发货人在合同规定的装运期内将皮鞋送货运站，并由货运站在卸车记录上签收后出具仓库收据。该批货出口提单记载 CY-CY 运输条款、SLAC（由 货主装载并计数）、FOB 价、由国外收货人买保险。提单是 COSCON 签发给万达国际货运代理公司堆场至堆场交接的整箱货条款下的提单。国外收货人在提箱时箱子外表状况良好，关封完整，但打开箱门后一双皮鞋也没有。此事收货人应怎样处理呢？

分析：收货人不能向承运人提出赔偿要求。当收货人向承运人提出赔偿时，因为提单记载的运输条款是"CY-CY"，即整箱交接，整箱货交接下，承运人承担在箱体完好、封志完整状况下接受，并在相同状况下交付整箱货的责任。既然收货人在提箱时外表状况良好，关封完整，则表面承运人已完成交货；收货人也不能向发货人提出赔偿要求。尽管提单记载由货主装载并计数，但事实上皮鞋并非由货主自行装载，在皮鞋送货运站后，货运站不仅在卸车记录上签收，而且又出具了仓库收据并装箱出运。仓库收据的出具表明货运站已收到皮鞋，对皮鞋的责任已开始，同时也表明货主责任即告终止。因此，收货人应该向货运站提出赔偿要求。

 任务

在集装箱货运业务中选用合适集装箱；集装箱货物的配载；不同集装箱货物交接方式下的货运纠纷的处理；集装箱进出口货运代理业务的一般流程；集装箱进出口货运代理业务中相关单证的填制和流转。

 【必备知识】

知识一　集装箱运输基础知识

一、集装箱

集装箱是从"Container"一词翻译过来的。它是指具有一定强度、刚度和规格，专供周转使用的大型装货容器，又称"货箱"或"货柜"。

【知识链接】

国际标准化组织(ISO)对集装箱的定义

"集装箱是一种运输设备,应满足以下要求。

(1) 具有足够的强度,可长期反复使用。

(2) 适于一种或多种运输方式运送,途中转运时,箱内货物不需要换装。

(3) 具有快速装卸和搬运的装置,特别便于从一种运输方式转移到另一种运输方式。

(4) 便于货物装满和卸空。

(5) 具有1立方米及1立方米以上的容积。集装箱这一术语的含义不包括车辆或传统包装。"

在实际业务中,集装箱又分为 S.O.C.(Shipper's Own Container)和 C.O.C.(Carrier's Own Container)两种。无论是承运人提供的集装箱(C.O.C.)还是货主箱(S.O.C.),都应能满足抵抗海上运输中所会遇到的可预见的风险的条件和能满足货物运输所需要的条件。

1. 集装箱的种类

1) 通用干货集装箱(Dry Cargo Container)

这种集装箱也称为杂货集装箱,用来运输无需控制温度的件杂货。其使用范围极广。这种集装箱通常为封闭式,在一端或侧面设有箱门。这种集装箱通常用来装运文化用品、化工用品、电子机械、工艺品、医药、日用品、纺织品及仪器零件等,是平时最常用的集装箱。不受温度变化影响的各类固体散货、颗粒或粉末状的货物都可以由这种集装箱装运。

2) 散装货集装箱(Bulk Cargo Container)

一般在顶部设有2~3个小舱口,以便装货。底部有升降架,可升高成40°的倾斜角,以便卸货。这种箱子适宜装粮食、水泥等散货。如要进行植物检疫,还可在箱内熏舱蒸洗。

3) 保温集装箱(Keep Constant Temperature Container)

它们是为了运输需要冷藏或保温的货物。所有箱壁都采用导热率低的材料隔热而制成的集装箱,可分为以下3种。

(1) 冷藏集装箱(Reefer Container)。它是以运输冷冻食品为主,能保持所定温度的保温集装箱,是专为运输如鱼、肉、新鲜水果、蔬菜等食品而特殊设计的。目前,国际上采用的冷藏集装箱基本上分两种:一种是集装箱内带有冷冻机的,叫机械式冷藏集装箱;另一种箱内没有冷冻机而只有隔热结构,即在集装箱端壁上设有进气孔和出气孔,箱子装在舱中,由船舶的冷冻装置供应冷气,这种叫离合式冷藏集装箱(又称外置式或夹箍式冷藏集装箱)。

(2) 隔热集装箱。它是为载运水果、蔬菜等货物,防止温度上升过高,以保持货物鲜度而具有充分隔热结构的集装箱。

(3) 通风集装箱(Ventilated Container)。它是为装运水果、蔬菜等不需要冷冻而具有呼吸作用的货物,在端壁和侧壁上设有通风孔的集装箱;如将通风口关闭,同样可以作为杂货集装箱使用。

4) 罐式集装箱(Tank Container)

罐式集装箱是专用以装运酒类、油类(如动植物油)、液体食品以及化学品等液体货物的集装箱。它还可以装运其他液体的危险货物。这种集装箱有单罐和多罐数种,罐体四角由支柱、撑杆构成整体框架。装货时货物由罐顶部装货孔进入；卸货时，则由排货孔流出或从顶部装货孔吸出。

5) 台架式集装箱(Platform Based Container)

台架式集装箱没有箱顶和侧壁，甚至连端壁也去掉而只有底板和四个角柱。这种集装箱可以从前后、左右及上方进行装卸作业，适合装载长大件和重货件，如重型机械、钢材、钢管、木材、钢锭等。台架式集装箱没有水密性，怕水湿的货物不能装运，或用帆布遮盖装运。

6) 平台集装箱(Platform Container)

平台集装箱是在台架式集装箱上再简化而只保留底板的一种特殊结构集装箱。平台的长度与宽度与国际标准集装箱的箱底尺寸相同，可使用与其他集装箱相同的紧固件和起吊装置。这一集装箱的采用打破了过去一直认为集装箱必须具有一定容积的概念。

7) 敞顶集装箱(Open Top Container)

敞顶集装箱是一种没有刚性箱顶的集装箱，但有可折叠式或可折式顶梁支撑的帆布、塑料布或涂塑布制成的顶篷，其他构件与通用集装箱类似。这种集装箱适于装载大型货物和重货，如钢铁、木材，特别是像玻璃板等易碎的重货，利用吊车从顶部吊入箱内不易损坏，而且也便于在箱内固定。

8) 汽车集装箱(Car Container)

汽车集装箱是一种运输小型轿车的专用集装箱，其特点是在简易箱底上装一个钢制框架，通常没有箱壁(包括端壁和侧壁)。这种集装箱分为单层和双层两种。因为小轿车的高度为1.35~1.45米，如装在8英尺(2.438米)的标准集装箱内，其容积要浪费2/5以上，因而出现了双层集装箱。这种双层集装箱的高度有两种：一种为10.5英尺(3.2米)，一种为8.5英尺(2.6米)高的2倍。因此，汽车集装箱一般不是国际标准集装箱。

9) 动物集装箱(Pen Container or Live Stock Container)

这是一种装运鸡、鸭、鹅等活家禽和牛、马、羊、猪等活家畜用的集装箱。为了遮蔽太阳，箱顶采用胶合板覆盖，侧面和端面都有用铝丝网制成的窗，以求有良好的通风；侧壁下方设有清扫口和排水口，并配有上下移动的拉门，可把垃圾清扫出去；还装有喂食口。动物集装箱在船上一般应放置在甲板上，因为甲板上空气流通，便于清扫和照顾。

10) 服装集装箱(Garment Container)

服装集装箱的特点是，在箱内上侧梁上装有许多根横杆，每根横杆上垂下若干条皮带扣、尼龙带扣或绳索，成衣利用衣架上的钩直接挂在带扣或绳索上。这种服装装载法属于无包装运输，它不仅节约了包装材料和包装费用，而且减少了人工劳动，提高了服装的运输质量。

另外，集装箱按制造材料分，有木集装箱、钢集装箱、铝合金集装箱、玻璃钢集装箱、不锈钢集装箱等；按总重分，有30吨集装箱、20吨集装箱、10吨集装箱、5吨集装箱、2.5吨集装箱等。

2. 集装箱主要技术参数和集装箱标准

1) 集装箱主要技术参数

(1) 集装箱外尺寸。包括集装箱永久性附件在内的集装箱外部最大的长、宽、高尺寸。

它是确定集装箱能否在船舶、底盘车、货车、铁路车辆之间进行换装的主要参数。

（2）集装箱内部尺寸。是指集装箱内部的最大长、宽、高尺寸。其高度为箱底板面至箱顶板最下面的距离，宽度为两内侧衬板之间的距离，长度为箱门内侧板量至端壁内衬板之间的距离。它决定集装箱内容积和箱内货物的最大尺寸。

（3）集装箱内容积。是按集装箱内尺寸计算的装货容积。同一规格的集装箱，由于结构和制造材料的不同，其内容积略有差异。集装箱内容积是物资部门或其他装箱人必须掌握的重要技术资料。

常见的集装箱技术规范见表4-1、表4-2和表4-3。

表4-1 常见干货柜装货技术规范

集装箱类型	内容积/(m×m×m)	最大总重/t	体积/m³
20ft柜	5.899×2.353×2.393	24.00	33.2
40ft柜	12.032×2.352×2.393	30.48	67.2
40ft高柜	12.032×2.352×2.698	30.48	76.4
45ft高柜	13.556×2.352×2.698	30.48	86.0
40ft开顶柜	12.029×2.352×2.339	30.48	66.2
20ft平底柜（折叠箱）	5.638×2.210×2.233	30.00	—
40ft平底柜（折叠箱）	12.18×2.230×1.955	45.00	—

表4-2 箱体内容积及载货重量

项目	干货箱		冷冻箱		开顶箱		框架箱	
	内容积/m³	载重量/kg	内容积/m³	载重量/kg	内容积/m³	载重量/kg	内容积/m³	载重量/kg
20英尺	33.1	21 740	27.5	21 135	32.6	21 740	—	27 800
40英尺	67.7	26 630	58.7	26 580	65.8	26 410	—	40 250
40英尺加高	76.3	26 600	66.1	26 380	—	—	—	—

表4-3 单证上常用英文字母简写货柜类型

类型	通用柜	通风柜	散装柜	冷柜	开顶柜	平台式	挂衣柜	超高柜
代码	DC或GP	VH	BK	RF	OT	PF	HT	HQ或HC

2）国际标准集装箱

国际标准集装箱是按照国际标准化组织集装箱技术委员会（ISO/TC 104 International Organization for Standardization——Technical Committee No.104）所制定的各项国际标准来制造和使用的国际通用的标准集装箱。目前，国际集装箱标准有三个系列，规格见表4-4。

表 4-4 国际集装箱尺寸

型号	高(H)/mm		宽度(W)/mm		长度(L)/mm		额定重量 (最大重量)/kg
	尺寸	极限偏差	尺寸	极限偏差	尺寸	极限偏差	
1AA	2 591	0～5	2 438	0～5	12 192	0～10	30 480
1A	2 438	0～5	2 438	0～5	12 192	0～10	30 480
1AX	2 438	—	2 438	0～5	12 192	0～10	30 480
1CC	2 591	0～5	2 438	0～5	6 058	0～6	30 480
1C	2 438	0～5	2 438	0～5	6 058	0～6	30 480
1CX	2 438	—	2 438	0～5	6 058	0～6	30 480
10D	2 438	0～5	2 438	0～5	4 012	0～5	10 000
5D	2 438	0～5	2 438	0～5	1 968	0～5	5 000

【知识链接】

集装箱换算标准

为了便于计算集装箱数量，以20ft的集装箱作为换算标准箱(Twenty-foot Equivalent Unit，TEU)，以此作为集装箱船载箱量、港口集装箱吞吐量、集装箱保有量等的计量单位。其互换关系为：20ft集装箱＝1 TEU，40ft集装箱＝2 TEU，30ft集装箱＝1.5 TEU，10ft集装箱＝0.5 TEU。实践中人们将40英尺集装箱称为FEU(Forty-foot Equivalent Unit)。

3. 集装箱标记

为了便于集装箱在国际运输中的识别、管理和交接，国际标准化组织规定了集装箱标志的项目和位置，即在门的右上角标示集装箱的标志，集装箱的标志应包括三组标记。

1) 第一组标记

(1) 箱主代号。集装箱所有者的代码由4个大写拉丁字母表示：前三位由箱主自己规定，并向国际集装箱管理局登记注册；第四位字母为U，表示海运集装箱代号。如中远集团的集装箱箱主代号是"COSU"。

(2) 顺序号。为集装箱编号，用以区别同一集装箱主的不同集装箱。按 GB 1836—1997 的规定，用6位阿拉伯数字表示，不足6位的，以"0"补之。

(3) 核对数字。是在集装箱数据记录或计算机处理时用于验证箱主代号和顺序号记录的正确性，一般位于顺序号之后，用1位阿拉伯数字表示，有具体的计算方法。

2) 第二组标记

(1) 国籍代号。用3位拉丁字母表示，说明集装箱的登记国。

(2) 尺寸代号。由2位阿拉伯数字组成，用于表示集装箱的尺寸大小。如"20"即为20ft长、8ft高的集装箱。

(3) 类型代号。由2位阿拉伯数字组成,说明集装箱的类型,其中,00—09为通用集装箱,30—49为冷藏集装箱,50—59为敞顶式集装箱。

3) 第三组标记

最大总重(MAX GROSS)。又称额定重量,是集装箱设计的自重和最大允许载货量之和,最大总重单位用公斤(kg)和磅(lb)同时标示。

自重(TARE):是集装箱的空箱重量。

【例】

| MAX GROSS | 24 000 | kg | 52 911 | lb |
| TARE | 2 300 | kg | 5 071 | lb |

4. 集装箱的配载

1) 装载量的掌握

(1) 最大载重(Maximum Pay Load)。最大载重量是指可装在集装箱内的货物最大重量,也就是集装箱的总重量(Rating)减去集装箱的自重(Tare Weight)的重量,把这个重量称为最大载重。该值根据不同的集装箱制造厂和不同类型的集装箱有所差别。集装箱的总重量绝对不能超过标注在集装箱上的最大总重量(国际标准化组织标准中20英尺箱为20 320千克,40英尺箱为30 480千克)。

(2) 最大装载容积(Maximum Capacity)。关于集装箱的容积和内部尺寸,在国际标准化组织的R-1984中虽然规定了最小内部尺寸,但如果采用容积来计算集装箱的最大装载量时,最好以集装箱的内部尺寸和实际货物尺寸对比来计算。

2) 货物密度(Cargo Density)

所谓货物密度是货物单位体积的货物重量,简称单位容重。它以平均每立方英尺或每立方米货物体积的货重作为货物的密度单位,是普通杂货船上常用的货物积载因数(Stowage Factor)的倒数。应用货物密度可以衡量装箱货物是"重货"还是"轻货"。"重货"指货物密度大于集装箱的单位容重;"轻货"指货物密度小于集装箱的单位容重。

对于集装箱来说,把集装箱的最大载货重量除以集装箱的容积,所得便是箱的单位容重。要使集装箱的容积和重量都能满载,就要求货物密度等于箱的单位容重。实际上集装箱装货后,箱内的容积或多或少会产生空隙,因此集装箱内实际利用的有效容积应为集装箱容积乘上箱容利用率。通常在初步计算时,箱容利用率取为80%。不同箱容利用率下的单位容重见表4-5。

表4-5 不同箱容利用率下的单位容重

集装箱种类	最大载货重量/kg	集装箱容积/m³	单位容重/(kg/m³)	
			箱容利用率为100%	箱容利用率为80%
20'GP	21 740	33.1	656.8	821.0
40'GP	26 630	67.7	393.4	491.7
40'HC	26 600	73.3	362.9	453.6

根据货物密度和箱的单位容重可以计算集装箱需要量。计算方法如下。

（1）如果货物密度大于箱的单位容重，这种货一般称为重货，则用货物重量除以集装箱的最大载货重量，即得所需要的集装箱箱数。

（2）如果货物密度小于箱的单位容重，这种货一般称为轻货，则用货物体积除以集装箱的有效容积，即得所需要的集装箱数。

（3）如货物密度等于集装箱的单位容重，则无论按重量计算或容积计算都可求得集装箱的需要量。

装载拼箱货物的集装箱，应该轻重搭配，尽量使用集装箱的装载量和容积都能满载；但是必须注意混装在一起的货物，要求不会引起货损。

【案例应用】

集装箱需要量的计算

有一批出运货物为纸箱包装的服装，体积为 350CUM，重量为 130t，当集装箱箱容利用率为 80% 时，在不允许与其他货混拼情况下，需要多少个 40'HQ 柜？

解：货物密度 = 130 000/350 = 371.4(kg/CUM)

因为一般集装箱箱容利用率为 80%，

40'HQ 的有效容积 = 76.3 × 80% = 61.04(CUM)

所以 40'HQ 的单位容重为 453.6kg/CUM。

因为货物密度 < 40'HQ 的单位容重，所以该批货物为轻货。

因此所需集装箱数 = 货物体积 ÷ 集装箱有效容积 = $\frac{350\ \text{CUM}}{61.04\ \text{CUM}}$ = 5.73。

所以此批货物需要装 6 个 40'HQ。

二、集装箱运输

1. 集装箱货物运输的优越性

1）简化包装，大量节约包装费用

为避免货物在运输途中受到损坏，必须有坚固的包装，而集装箱具有坚固、密封的特点，其本身就是一种极好的包装。使用集装箱可以简化包装，有的甚至无须包装，实现件杂货无包装运输，可大大节约包装费用。

2）减少货损货差，提高货运质量

由于集装箱是一个坚固密封的箱体，集装箱本身就是一个坚固的包装。货物装箱并铅封后，途中无需拆箱倒载，一票到底，即使经过长途运输或多次换装，不易损坏箱内货物。集装箱运输可减少被盗、潮湿、污损等引起的货损和货差，深受货主和船公司的欢迎，并且由于货损货差率的降低，减少了社会财富的浪费，也具有很大的社会效益。

3）提高运输效率

将不同外形、包装的件杂货装入具有标准规格的集装箱内，以集装箱为运输、装卸、搬运的对象，提供了实现高效机械化作业的必要条件。通过提高运输装卸过程中的机械化程度，大大提高了货物的装卸效率，减少了运输船舶在港停泊时间。为适应装卸集装箱的需要，出现了码头的专业化发展趋势，从而解决了船舶大型化、高速化而带来的运输效率被装卸效率过低而抵消的问题，使船舶经营人、货主等各方运输参与人从中受益。

4）减少营运费用，降低运输成本

由于集装箱的装卸基本上不受恶劣气候的影响，船舶非生产性停泊时间缩短，又由于装卸效率高，装卸时间缩短，对船公司而言，可提高航行率，降低船舶运输成本，对港口而言，可以提高泊位通过能力，从而提高吞吐量，增加收入。

5）促进多式联运的发展，实现了"门到门"运输

以集装箱为媒介，将货物从内陆发货人的工厂或仓库装箱后，经由海陆空不同运输方式，可一直运至内陆收货人的工厂或仓库。中途无须倒载，也无须开箱检验。实现"门到门"运输，也促成了国际多式联运的形成和发展。

由于上述特点，大大有利于解决传统运输中久已存在而不能解决的问题，因而，集装箱运输日益成为国际货物运输的主要运输方式，各个国家也下大力气改造或修建更多的集装箱港口，不断扩大集装箱的吞吐量。

2. 集装箱货物运输存在的问题

1）初始投资大

集装箱运输是一种现代化的运输系统，开展集装箱运输需要专门的设施和新的技术装备。如码头要有专业码头、专业装卸设备、专用集装箱堆场；航运公司要有专用集装箱船和大量价格昂贵的集装箱；铁路要有专业的车皮、专用的装卸设备；公路运输要有专用集装箱运输车辆等。专业化的运输方式，必须有全方位专业的运输设备作支撑；否则，各运输环节发展不平衡，仍然无法体现集装箱运输的优越性。

2）管理要求高

集装箱运输是采用现代化大规模生产方式，因此要求有更高的作业效率。这就要求各方参与者针对集装箱运输的要求，在作业流程、作业规范等制度上做出调整。此外，集装箱运输中需要大量的集装箱，而集装箱的价格又很高。如何有效利用集装箱，加速集装箱的周转率，减少回程空箱的调运等，成了集装箱箱务管理的课题。除了依靠计算机系统的帮助，还需要建立一整套完善的集装箱设备交接规范。而上述这些规范都需要管理者的认真贯彻和实施。

3）潜在危险性大

由于集装箱允许在甲板上装载，从而影响了船舶的稳定性、安全性；集装箱船为使集装箱进入舱内，必须把舱口开大，因此集装箱船比普通杂货船纵向变形的适应力小了很多；一般集装箱船没有装卸设备，当发生危险时无法采取抛弃货物自救；由于货物在装箱后处于密闭状态，在运输途中无法发现箱内货物的状况。即使货物处于危险状态下，也无法及时采取处置措施。当运输的货物为危险货物时，情况更为严重。此外集装箱内货物因装载技术不当，或装载方式不妥而造成的货损，同样是因无法及时发现，而采取补救办法所致。在某种程度上，集装箱运输反而增加了货物损坏的可能性。随着新型集装箱的设计、货物装载规范的标准化和科学技术的发展，集装箱运输中存在的危险程度在降低，有的问题已经得到了逐步解决。

三、集装箱货物装箱和交接方式、交接地点

1. 集装箱货物装箱方式

根据集装箱货物装箱数量和方式可分为整箱和拼箱两种。
1) 整箱货(Full Container Load，FCL)

整箱货指由发货人负责装箱、计数、填写装箱单、场站收据并加铅封的集装箱货物，通常只有一个发货人、一个收货人。

2) 拼箱货(Less than Container Load，LCL)

拼箱货指当货主托运的货物数量较少，不足一个整箱时，由承运人的集装箱货运站根据货物性质和目的地分类整理，把不同货主的运往同一目的地的货物拼装在一个集装箱内，填写装箱单并加封志。货到目的地(港)后再由承运人拆箱后分拨给各收货人。对于这种货物，承运人要负责装箱和拆箱作业。拼箱货又习惯理解为几个发货人、几个收货人。

整箱货与拼箱货的不同之处见表4-6。

表4-6 整箱货与拼箱货的比较

项　目	整箱货	拼箱货
货主数量	一个货主	多个货主
装箱人	货主	货运站、集拼经营人、NVOCC
制装箱单加封	货主	货运站、集拼经营人、NVOCC
货物交接责任	箱子外表状况良好、关封良好即可交接	需看货物的实际情况(如件数、外观、包装等)
提单上的不同	加注不知条款，如SLAC(货主装箱、计数)、SLACS(货主装箱、计数并加封)、SBS(具货主称)、STC(据称箱内包括)	SLAC、SLACS、SBS、STC等不知条款无效
流转程序	发货人—装货港码头堆场—海上运输—卸货港码头堆场—收货人	发货人—发货地车站、码头货运站—装货港码头堆场—海上运输—卸货港码头堆场—收货地车站、码头货运站—收货人

2. 集装箱的交接方式

集装箱货运分为整箱和拼箱两种，因此在交接方式上可以大致总结为以下4种。
1) FCL/FCL(整箱交，整箱接)

发货人在其仓库或装运港码头堆场将货物以整箱方式交给承运人，承运人在目的港码头堆场或收货人仓库将整箱货交给收货人。

2) LCL/LCL(拼箱交，拆箱接)

由承运人或其代理人在装运港货运站负责将不同发货人的货物负责拼箱，到目的港后在货运站进行拆箱，各收货人凭提单接收货物。

3) FCL/LCL(整箱交，拆箱接)

发货人在其仓库或装运港码头堆场将同一目的港不同收货人的货物装箱以整箱形式交付给托运人，托运人在目的港货运站拆箱，各收货人凭提单接收货物。

4) LCL/FCL（拼箱交，整箱接）

由承运人或其代理人在装运港货运站负责将不同发货人的货物负责拼箱，运到目的港码头堆场或收货人仓库将同一收货人的货物以整箱形式交付。

3. 集装箱货物的交接地点

货物运输中的交接地点是指根据运输合同，承运人与货方交接货物、划分责任风险和费用的地点。目前在集装箱运输中，集装箱货物的交接地点一般有三类，即发货人、收货人的工厂和仓库、集装箱码头堆场和集装箱货运站。其中工厂和仓库（Door）、码头堆场（CY）是整箱货（FCL）的主要交接地点，货运站（CFS）是拼箱货（LCL）的主要交接地点。

以下为9种具体的交接地点。

1) 门到门（Door to Door）

门到门是指集装箱运输经营人由发货人的工厂或仓库接受货物，负责将货物运至收货人的工厂或仓库交付。在这种交付方式下，货物的交接形态都是整箱交接。

2) 门到场（Door to CY）

门到场是指集装箱运输经营人在发货人的工厂或仓库接受货物，并负责将货物运至卸货港码头堆场或其内陆堆场，在CY处向收货人交付。在这种交接方式下，货物也都是整箱交接。

3) 门到站（Door to CFS）

门到站是指集装箱运输经营人在发货人的工厂或仓库接受货物，并负责将货物运至卸货港码头的集装箱货运站或其在内陆地区的货运站，经拆箱后向各收货人交付。在这种交接方式下，运输经营人一般是以整箱形态接受货物，以拼箱形态交付货物。

4) 场到门（CY to Door）

场到门是指集装箱运输经营人在码头堆场或其内陆堆场接受发货人的货物（整箱货），并负责把货物运至收货人的工厂或仓库向收货人交付。

5) 场到场（CY to CY）

场到场是指集装箱运输经营人在装货港的码头堆场或其内陆堆场接受货物（整箱货），并负责运至卸货港码头堆场或其内陆堆场，在堆场向收货人交付（整箱货）。

6) 场到站（CY to CFS）

场到站是指集装箱运输经营人在装货港的码头堆场或其内陆堆场接受货物（整箱）并负责运至卸货港码头集装箱货运站或其在内陆地区的集装箱货运站，一般经拆箱后向收货人交付。

7) 站到门（CFS to Door）

站到门是指集装箱运输经营人在装货港码头的集装箱货运站及其内陆的集装箱货运站接受货物（经拼箱后），负责运至收货人的工厂或仓库交付。在这种交接方式下，运输经营人一般是以拼箱形态接受货物，以整箱形态交付货物。

8) 站到场（CFS to CY）

站到场是指集装箱运输经营人在装货港码头或其内陆的集装箱货运站接受货物（经拼箱后）负责运至卸货港码头或内陆地区的堆场交付。在这种方式下货物的交接方式同站到门交接方式基本相同。

9) 站到站(CFS to CFS)

站到站是指集装箱运输经营人在装货港码头或内陆地区的集装箱货运站接受货物（经拼箱后）负责运至卸货港码头或其内陆地区的集装箱货运站，（经拆箱后）向收货人交付。采用这种方式的货物的交接形态一般都是拼箱交接。

目前，实践中海运集装箱货物交接的主要方式为：CY/CY，这是班轮公司通常采用的交接方式；CFS/CFS，这是集拼经营人通常采用的交接方式。

知识二 集装箱整箱货出口货运代理业务流程及其相关单证

一、集装箱整箱货出口货运代理业务流程

集装箱整箱货出口货运代理业务流程如图 4-1 所示。

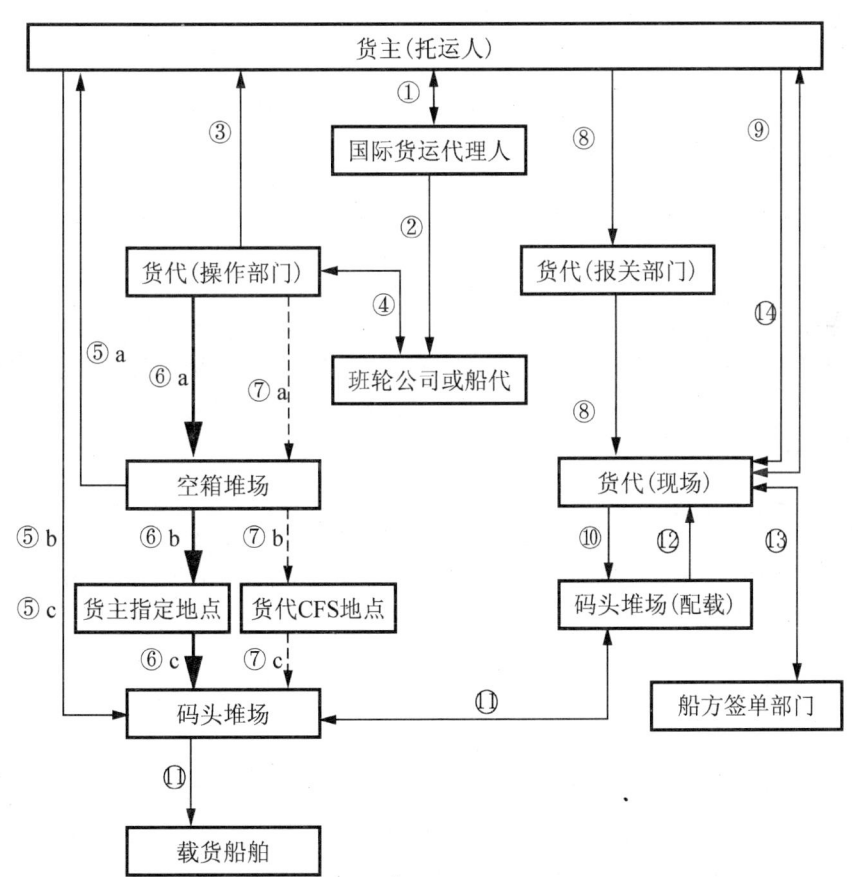

图 4-1 集装箱整箱货出口货运代理业务流程图

流程图说明如下。

① 货主与货代建立货运代理关系。
② 货代填写托运单证，及时订舱。
③ 订舱后，货代将有关订舱信息通过货主或将"配舱回单"转交货主。

④ 货代向班轮公司或船代申请用箱，取得 EIR 后就可以凭 EIR 到空箱堆场提取所需的集装箱。随后的工作是提取空箱、装箱制装箱单(CLP)、交装有货物的重箱，该项工作有以下 3 种方式(分别用单线、双线、虚线表示)，在实践中只选其中一种操作方式。其中每种方式均有 3 步详细步骤，分别用⑤a、⑤b、⑤c、⑥a、⑥b、⑥c、⑦a、⑦b、⑦c 来表示。

⑤ 货主"自拉自送"方式：先从货代处取得 EIR，然后提空箱，装箱后制作 CLP，并按要求及时将重箱送码头堆场，即集中到港区等待装船。

⑥ 货代上门装箱方式：货代提空箱至货主指定地点装箱，制作 CLP，然后将重箱"集港"。

⑦ 货主送货上门，货代装箱方式：货主将货物送到货代 CFS，货代提空箱，并在 CFS 装箱，制作 CLP，然后"集港"。

⑧ 货主委托货代代理报检、报关，办妥有关手续后将单证交货代现场。

⑨ 货主也可自行报关，并将单证交货代现场。

⑩ 货代现场将办妥手续后的单证交码头堆场配载。

⑪ 配载部门制订装船计划，经船公司确认后实施装船作业。

⑫ 实践中，在货物装船后可以取得 D/R 正本。

⑬ 货代可凭 D/R 正本到船方签单部门换取 B/L 或其他单据。

⑭ 货代将 B/L 等单据交货主。

二、集装箱整箱货出口货运代理业务主要环节

集装箱货物运输的出口代理业务与传统的班轮运输的货物出口大体相同，所不同的是增加了集装箱操作环节，出现了发放和接受空箱和重箱、集装箱的装箱作业等环节，改变了集装箱货物的交接方式，制定和采用了适应集装箱作业和交接的单证。所以与前面章节重复的内容在此不再过多介绍，重点介绍与集装箱有关的操作环节。集装箱货物运输出口代理业务的主要环节包括以下内容。

1. 建立委托代理关系

集装箱整箱货出口货运代理业务流程始于货主委托，由货主将出口货运代理委托书连同报关相关单据交货运代理人，在货运代理人核阅委托书及有关报关单据接收委托后，双方货运代理委托关系建立。

2. 订舱配载

货运代理人填制集装箱货物订舱单(场站收据)，向船公司或其代理人在其所营运的船舶的截单期前办理订舱，以得到船公司或其代理人的确认。

船公司或其代理人审核订舱单，确认无误可以接受订舱后，在装货单(场站收据副本)上盖章，以表明承运货物的"承诺"，填写船名、航次、提单号，然后留下船代留底和运费通知(一)、(二)共三联，将其余各联退还给货运代理人作为对该批货物订舱的确认，以备向海关办理货物出口报关手续；而船公司或其代理人则在承诺承运货物后，根据船代留底联缮制集装箱货物清单，分送集装箱装卸作业区的集装箱码头、堆场和货运站，据此准备空箱的发放和货物交运等工作。订舱时，货代还要填制预配清单等单据。

3. 提取空箱

通常，集装箱是由船公司无偿借给货主或集装箱货运站使用的。

船公司或其代理人在接受订舱、承运货物后，即签发集装箱空箱提箱单，连同集装箱设备交接单一并交给托运人或其货运代理人，据此到指定的码头堆场（或内陆场站）提取空箱。而在承运人的集装箱货运站装箱时，则由货运站提取空箱。不论由哪一方提取空箱，都必须事先缮制出场设备交接单。提取空箱时，必须向箱站提交空箱提交单，双方在集装箱设备交接单上签字交接，并各执一份。

【知识链接】

中远集运公司提空箱规定

对于出口业务，指派中远协议车队持在订舱部门开具的订舱联系单，直接到堆场办理提空箱手续。从提空箱之日起到开船止，普箱给予10天免费使用期，特种箱给予7天免费使用期。在堆场提空箱时，请提箱人仔细检查空箱情况，如发现箱体有残损或不清洁可要求堆场换箱。

4. 报验、报关

1）报验

发货人或其货运代理人依照国家有关法规并根据商品特性，在规定的期限内填好申报单，分别向商检、卫检、动植检等口岸监管检验部门申报检验，经监督检验部门审核或查验，视不同情况分别予以免检放行或经查验、处理后出具有关证书放行。如果托运危险品，还需凭危险品清单、危险品性能说明书、危险品包装证书、危险品装箱说明书、危险品准装申报单等文件向港务监督办理申报手续。

2）报关

发货人或其货运代理人依照国家有关法规，于规定期限内持报关单、场站收据五至七联、商业发票、装箱单、产地证明书等相关单证向海关办理申报手续。根据贸易性质、商品特性和海关有关规定，必要时还需提供出口许可证、核销手册等文件。经海关审核后，根据不同情况分别予以直接放行或查验后出具证书放行，并在场站收据五联（装货单）上加盖放行章。

5. 货物装箱

货物装箱可以在发货人的工厂、仓库装箱，或由货主将货物交由货运代理人的集装箱货运站进行。当然，也可以由货主自己安排货物的装箱工作。

由发货人或其货运代理人办理货物出口报关手续，在海关派员监装下自行负责装箱，施加船公司或货运代理集装箱货运站铅封和海关关封。装箱人根据订舱清单的资料、场站收据及货物装箱的情况缮制装箱单，在装箱单上标明装卸货港口、提单号、集装箱号、铅封号、重量、件数、尺码等。

若在内陆（发货人仓库）装箱运输至集装箱码头的整箱货，应由内地海关关封，并应向出境地海关办理转关手续。

6. 交接和签收

港口根据出口集装箱船舶班期，按集装箱货物装船的先后顺序向海上承运人或其代理人发出装船通知，海上承运人应及时通知托运人。托运人或其代理人在收到"装船通知"后，应于船舶开装前5日开始，将出口集装箱和货物按船舶受载先后顺序运进码头堆场，并于装船前24小时截止进港。装箱人应在装船前48小时向海上承运人提供"集装箱装箱单"及有关出口单证。

7. 换取提单

集装箱堆场签发场站收据以后，将装货单联留下作结算费用和今后查询，而将大副收据联交理货人员送船上大副留存。货运代理人收到签署后的场站收据正本，到船公司或其代理人处交付预付运费，要求换取提单。船公司还要确认在场收据上是否有批注，然后在已编制好的提单上签字。

集装箱提单(Combined Transport Bill of Lading)内容上与传统海运提单略有不同，应分别注明收货地点、交货地点、集装箱号和铅封号。因为集装箱运输有其特殊性，即货物的交接一般不在船边，故场站收据换来的提单大多是备运(待装)提单。若要将备运(待装)提单转化为已装船提单，必须在提单上打上船名及"已装船"批注，并经承运人或其代理人签章和加注日期。因此，目前常见的用于集装箱运输的提单，除正面明确表示"Received in apparent good order and condition..."外，还在正面下端设有"Laden on Board the Vessel"装船备忘录栏，以便根据信用证要求，在必要时将备运提单转化为已装船提单。

8. 集装箱转船

集装箱进入港区集装箱堆场后，港务公司根据待装集装箱的流向和装船顺序编制集装箱装船计划，在船舶到港前将待装船的集装箱移至集装箱前方堆场，按顺序堆码于指定的箱位。

集装箱船舶配载应由海上承运人或其代理人负责编制预配图，港口据此编制船舶配载图，并经海上承运人确认。船舶到港后，港口按集装箱装船计划和船舶配载图，组织按顺序装船，装船完毕后，由外轮理货公司编制船舶积载图。

船舶代理人应于船舶开航前两小时向船方提供提单副本、舱单、集装箱装箱单、集装箱清单、集装箱积载图、特殊货物集装箱清单、危险货物说明书等完整的随船单证，并于开航后(近洋航线船舶开行后24小时内，远洋航线船舶开航后48小时内)采用传真、电传、邮寄等方式向卸港或中转港发出必要的有关资料。

三、集装箱整箱货出口货运代理业务相关单证

1. 出口货运代理委托书

出口货运代理委托书，又简称为委托书，它是委托方(出口企业)向被委托方(货运代理人)提出的一种"要约"，被委托方一经书面确认，就意味着"承诺"，双方之间委托关系的成立。因此，委托书应有委托单位签字盖章，使之成为有效的法律文件。委托书详细列出托运各项资料和委托办理事项及工作要求，它是货运代理人的工作依据。

2. 场站收据

我国在 1990 年开始进行集装箱多式联运工业性试验,简称"集装箱工试"。该项工业性试验虽已结束,但其中的三大单证的原理一直使用至今。三大单证是:出口时使用的"场站收据"(Dock Receipt,D/R)联单、进口时使用的"交货记录"联单和进出口时都要使用的"设备交接单"联单。在集装箱货物出口运输业务中,为简化手续就以场站收据作为集装箱货物的托运单。

场站收据经承运人或其代理人签收,就表明承运人已收到货物,责任随之开始,发货人即可凭已签收的场站收据换取提单。现行集装箱货物出口中使用的场站收据由发货人或其代理人填制,并根据业务需要送交相关部门,以取得货物舱位、出口放行、获准装船等。

表 4-7 以在上海口岸进行"集装箱工试"的"场站收据"联单为例,介绍其各联的用途和设计。

表 4-7 场站收据各联的用途和设计

联 号	用 途	设 计
第 1 联	集装箱货物托运单——货主留底	白色
第 2 联	集装箱货物托运单——船代留底	白色
第 3 联	运费通知(1)	白色
第 4 联	运费通知(2)	白色
第 5 联	场站收据副本——装货单(关单联)	白色
第 6 联	场站收据副本——大副联	粉红色
第 7 联	场站收据(正本联)	淡黄色
第 8 联	货代留底	白色
第 9 联	配舱回单(1)	白色
第 10 联	配舱回单(2)	白色

如果货运代理统一缮制提单,第 9 联、第 10 联就不用退还发货人了。一式十联的场站收据联单的流转如图 4-2 所示。

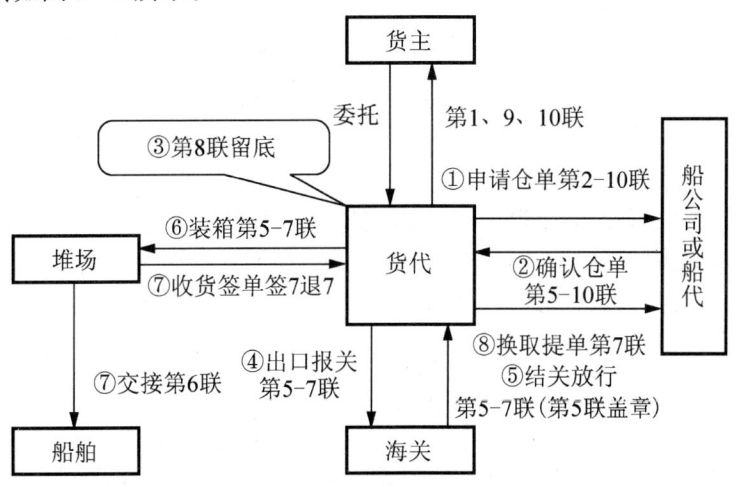

图 4-2 场站收据联单流程图

① 货运代理接受托运人的委托后填制一式十联场站收据，并将第1联由货主留存以备查询，将其余9联送船公司或船代申请订舱。

② 船公司或船代经审核确认接受订舱申请，确定船名航次、给每票货物一个提单号，将提单号填入9联单相应栏目，并在第5联加盖确认订舱章，然后留下第2—4联，其余第5—10联退还托运人或货代。

③ 货代留下第8联用于编制货物流向单及作为留底以备查询。并将第9联退给托运人作为缮制提单和其他货运单证的依据；如果由货代缮制单证，则不需退还给托运人。

④ 货代将第5—7联随同报关单和其他出口报关用的单证向海关办理货物出口报关手续。

⑤ 海关接受报关电报后，经过查验合格、征关税后对申报货物进行放行，在第5联上加盖海关放行章，并将第5—7联退还给货代。

⑥ 货代将退回的第5—7联及第10联随同集装箱或待装货物送装箱地点（货主指定地方、CY或CFS）装箱。

⑦ CY或CFS查验集装箱或货物后，先查验第5联的海关放行章，再检查进场货物的内容、箱数、货物总件数是否与单证相符。若无异常情况则在第7联上加批实收箱数并签字、加盖场站收据签证章，在第10联上签章；如实际收到的集装箱货物与单证不符，则需在第5联、第10联上做出批注，并将其退还货代或货主，而货代或货主则需根据批注修改已缮制的提单等单证。场站留下第5和6联；第5联归档保存以备查询；第5联附页用来向托运人或货代结算费用；第6联连同配载图应及时转交理货部门，由理货员在装船完毕后交船上大副留底；第7联应退回托运人或货代。

⑧ 托运人或货代拿到第7联，并凭此要求船代签发正本提单。但在实际业务中，托运人或货代并不取回第7联，而是在集装箱装船4小时内，由船代在港区和现场人员与港区场站签证组交接将其带回，船代据此签发装船提单。

3. 集装箱预配清单

集装箱预配清单是船公司为集装箱管理需要而设计的一种单据，该清单格式及内容，各船公司大致相同，一般有提单号、船名、航次、货名、件数、毛重、尺码、目的港、集装箱类型、尺寸和数量、装箱地点等。货运代理人在订舱时或一批一单，或数批分行列载于一单，按订舱内容缮制后随同订舱单据送船公司或其代理人；船公司配载后将该清单发给空箱堆存点，据以核发设备交接单及空箱之用。该单据并非各个港口都使用。

4. 集装箱发放通知单

集装箱发放通知单（Container Release Order）又称空箱提交单，是船公司或其代理指示集装箱堆场将空集装箱及其他设备提交给本单证持有人的书面凭证。船公司或其代理根据订舱清单向发货人或集装箱货运站签发发放通知单，并通知集装箱堆场。在货主或集装箱货运站向集装箱堆场领取集装箱时需出示该单证，而集装箱堆场只向持有本单证的人发放空箱。该单证一式三联，由船公司或其代理签发，除自留一联备查外，发货人或集装箱货运站和集装箱堆场各持一联。

5. 集装箱设备交接单

集装箱设备交接单（Equipment Interchange Receipt，EIR）简称设备交接单，是集装箱所有人或其代理人签发的用以进行集装箱及其他设备的发放、收受等移交手续并证明移交时箱体状况的书面凭据。在集装箱出口过程中,用箱人、运箱人先到集装箱所有人指示的堆场提取空箱,装箱后又将装有货物的重箱交到装货港码头堆场;在集装箱进口过程中,用箱人、运箱人先到卸货港码头堆场提取装有货物的重箱,卸箱、拆箱后又将空箱交换到指定的堆场。该单证兼有发放集装箱的凭证功能,所以它既是一种交接凭证,又是一种发放凭证。在集装箱运输各环节交接时均应制作并签收设备交接单,以划分、明确双方各自对集装箱或相关机械设备应承担的责任。

1) 设备交接单的内容

各类管箱人(集装箱船公司、租赁公司等)一般都印刷自己的设备交接单,其内容大同小异。设备交接单的正面填写内容参看样单所示。

【范例】

集装箱发放/设备交接单
EQUIPMENT INTERCHANGE RECEIPT　　　　　　　　OUT 出场

NO.:

用箱人/运箱人 CONTAINER USER/HAULIER		提箱地点 PLACE OF DELIVERY	
发往地点 DELIVERED TO		返回/收箱地点 PLACE OF RETURN	
船名/航次 VESSEL/VOYZGE NO.	集装箱号 CONTAINER NO.	尺寸/类型 SIZE/TYPE	营运人 CNTR. OPTR.
提单号 B/L NO.	铅封号 SEAL NO.	免费期限 FREE TIME PERIOD	运载工具牌号 TRUCK, WAGON, BARGE NO.
出场目的/状态 PPS OF GATE-OUT/STATUS	进场目的/状态 PPS OF GATE-IN/STATUS		出场日期 TIME-OUT
出场检查记录 INSPECTION AT THE TIME OF INTERCHANGE			
普通集装箱 GP CONTAINER	冷藏集装箱 RF CONTAINER	特种集装箱 SPERCIAL CONTAINER	发电机 GEN SET
正常 SOUND 异常 DEFECTIVE	正常 SOUND 异常 DEFECTIVE	正常 SOUND 异常 DEFECTIVE	正常 SOUND 异常 DEFECTIVE

除列明者外,集装箱及集装箱设备交接时应完好无损,重箱应铅封完好。
THE CONTAINER/ASSOCIATED EOUIPMENT INTERCHANGED IN SOUND CONDITION AND SEAL INTACT UNLESS OTHERWISE STATED

用箱人/运箱人　　　　　　　　　　　　码头/堆场值班员签字
CONTAINER USER/HAULIER'S SIGNATURE　　TERMINAL/DEPOTCLERK'S SIGNATURE

设备交接单的背面印有划分管箱人和用箱人之间责任的使用或租用集装箱合同条款。条款的主要内容有：使用方、使用集装箱期间的费用，损坏或丢失时的责任划分，对第三者造成损害时的赔偿责任等。

2）设备交接单的组成及流转

设备交接单共六联，分进场设备交接单（IN）和出场设备交接单（OUT），每种交接单一式三联，分别为船公司或其代理联、码头或堆场联、用箱人或运箱人联。设备交接单的流转过程如图 4-3 所示。

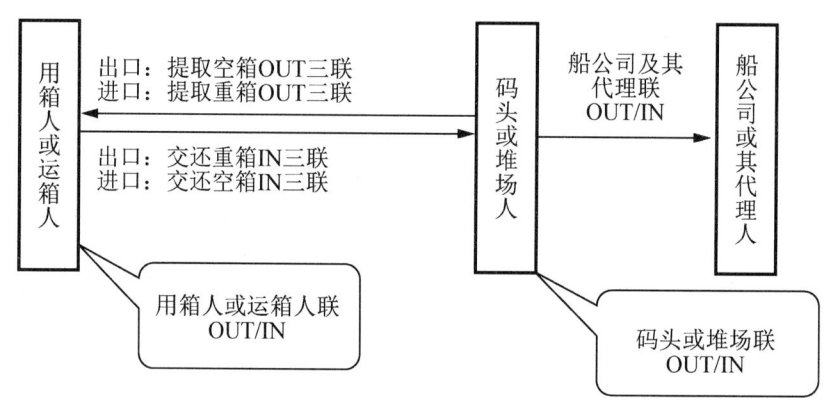

图 4-3　设备交接单流程图

（1）船公司填制 EIR 交用箱人或运箱人。

（2）在集装箱出口业务中，用箱人或运箱人到码头堆场提取空箱时出示 EIR（OUT 联），由经办人员对照 EIR，检查集装箱外表状况后，双方签字。码头或堆场留下第 1 联、第 2 联，将第 3 联退还给用箱人或运箱人。码头或堆场将留下的第 1 联交还给船公司；当用箱人装箱后交还重箱给码头或堆场时出示 EIR（IN 联），由经办人员对照 EIR，检查箱体后，双方签字，码头或堆场留下第 1 联、第 2 联，将第 3 联退还给用箱人或运箱人，码头或堆场将留下的第 3 联交还给船公司。

（3）在集装箱进口业务中，用箱人或运箱人到码头堆场提取重箱时出示 EIR（OUT 联），由经办人员对照 EIR，检查集装箱外表状况后，双方签字，码头或堆场留下第 1 联、第 2 联，将第 3 联退还给用箱人或运箱人，码头或堆场将留下的第 1 联交还给船公司。当用箱人拆箱后交还空箱给码头或堆场时出示 EIR（IN 联），由经办人员对照 EIR、检查箱体后，双方签字，码头或堆场留下第 1 联、第 2 联，将第 3 联退还给用箱人或运箱人，码头或堆场将留下的第 1 联交还给船公司。

6. 集装箱装箱单

集装箱装箱单（Container Load Plan，CLP）是详细记载集装箱内货物名称、数量等内容的单据。每个载货集装箱都要制作这样的单据，它是根据已装进集装箱内的货物制作的。不论是由发货人自己装箱，还是由集装箱货运站负责装箱，负责装箱的一方都要制作装箱单。集装箱装箱单是详细记载每一个集装箱内所装货物详细情况的唯一单据，所以在以集装箱为单位进行运输时，集装箱装箱单是一张极其重要的单据。

1) 集装箱装箱单的主要作用
（1）是发货人、集装箱货运站与集装箱码头堆场之间货物的交接单证。
（2）向船方通知集装箱内所装货物的明细表。
（3）单据上所记载货与集装箱总重量是计算船舶吃水差、稳性的基本数据。
（4）在卸货地点是办理集装箱保税运输的单据之一。
（5）当发生货损时，是处理索赔事故的原始单据之一。
（6）是卸货港集装箱货运站安排拆箱、理货的单据之一。

【范例】

集装箱装箱单
CONTAINER LOAD PLAN

集装箱号 Container No.			集装箱规格 Type of Container			铅封号 Seal No.	
船名 Ocean vessel 航次 Voy. No.			装港 Port of loading			卸港 Port of discharge	
提单号 B/L. No.	件数及包装 Packing & Numbers	毛重 G. W (kgs.)	尺码（立方米）Measurement (CBM)	货名 Description of goods	标志 Shipping Marks	收货人及通知人 Consignee & Notify Party	
Received By Drayman 驾驶员签收及车号	Total packages 总件数	Total Cargo Wt 总货重	Total Meas 总尺码	Remarks 备注			
Received By Terminats/Date of Receipt 码头收箱签收/收箱日期			Cont Tare Wt 集装箱皮重		Cgo/Cont Total Wt 货/箱总重量		
装箱人签名 Packed By			装箱时间和地点 Packing Date And Spot		装箱人名称/地址、电话 Packer's Name/Address、TEL No.		

目前各港口使用的装箱单有的一式四联，也有一式五联甚至一式十联，但是内容上基本大同小异。上海港使用的集装箱装箱单一式五联，由码头联、船代联、承运人各一联、发货人/装箱人共两联组成。

2) 装箱单的流转程序
（1）装箱人将货物装箱，缮制实际装箱单一式五联，并在装箱单上签字。
（2）五联装箱单随同货物一起交付给拖车司机，指示司机将集装箱送至集装箱堆场，在司机接箱时应要求司机在装箱单上签字并注明拖车号。
（3）集装箱送至堆场后，司机应要求堆场收箱人员签字并写明收箱日期，以作为集装箱已进港的凭证。

(4) 堆场收箱人在五联单上签章后,留下码头联、船代联和承运人联(码头联用以编制装船计划,船代联和承运人联分送给船代和承运人用以缮制积载计划和处理货运事故),并将发货人/装箱人联退还给发货人或货运站。发货人或货运站除留一份发货人/装箱人联备查外,将另一份送交发货人,以便发货人通知收货人或卸箱港的集装箱货运站,供拆箱时使用。

7. 特殊货物清单

(1) 危险品清单,是集装箱货物内装危险货物的汇总清单。
(2) 冷藏集装箱清单,是装载冷冻货物或冷藏货物的冷藏集装箱的汇总清单。

知识三 集装箱整箱货进口货运代理业务流程及其相关单证

一、集装箱整箱货进口货运代理业务流程

集装箱整箱货进口货运代理业务流程如图4-4所示。

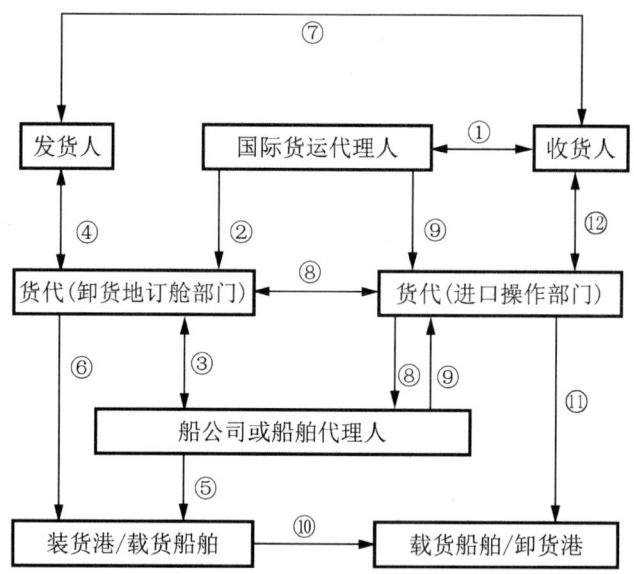

图4-4 集装箱整箱货进口货运代理业务流程图

流程图说明如下。
① 收货人与货代建立货运代理关系。
② 在买方安排运输的贸易合同下,货代办理卸货地订舱业务,落实货单齐备即可。
③ 货代缮制货物清单后,向船公司或船代办理订舱手续。
④ 货代通知发货人及装货港代理人。
⑤ 船公司安排载货船舶抵装货港。
⑥ 发货人将货物交给船公司,货物装船后发货人取得有关运输单证。
⑦ 发货人与收货人之间办理交易手续及单证。
⑧ 货代需掌握船舶动态,收集、保管好有关单证。

⑨ 货代及时办理进口货物的单证及相关手续。
⑩ 船舶抵卸货港卸货，货物入库、进场。
⑪ 在办理了货物进口报关等手续后，就可凭提货单到现场提货，特殊情况下可以在船边提货。
⑫ 货代安排将货物交给收货人，并办理空箱回运到空箱堆场等事宜。

二、集装箱整箱货进口货运代理业务主要环节

在实际操作中，作为收货人、代理人等所处的身份不同以及各国、各港口的操作习惯不同，集装箱货物进口货运代理业务流程也各有差别，主要有以下几个环节。

1. 货运代理人接受委托

货运代理人与货主双方签订《海运进口货物国内进口货运委托代理合同》，双方建立的委托关系可以是长期的，也可以是就某一批货物而签订的。在建立了长期代理关系的情况下，委托人往往会把代理人写在合同的一些条款中，这样，国外发货人在履行合约有关运输部分时会直接与代理人联系，有助于提高工作效率和避免联系脱节的现象发生。

2. 卸货地订舱

如果货物以FOB价格条件成交，货代接受收货人委托后，就负有订舱后租船的责任，并有将船名、装船期通知发货人的义务。特别是在采用特殊集装箱运输时，更应尽早预定舱位。

3. 卸货准备

根据我国有关规定，对进口集装箱货物，海上承运人应在船舶抵港前一定时间（近洋航线船舶在抵港24小时前，远洋航线船舶在抵港7日前），采用传真、电传、邮寄方式向卸货港的船舶代理人提供完整准确的提单副本、舱单、集装箱装箱单、场站收据副本等卸船资料，于24小时内制作船舶预计到港通知书、交货通知单、集装箱舱单等单证，并将这些资料发送港口、外轮理货等单位，港口的装卸公司、集装箱堆场或货运站的经营人接到上述单证，做好卸船接货准备，码头堆场据此安排卸船计划。

【知识链接】

网上货物跟踪步骤

步骤一，利用搜索引擎查询承运人网站。
步骤二，登录承运人网站。
步骤三，查找到货物跟踪界面，输入需要查询货物的提单号或集装箱号。
步骤四，了解货物运输状态信息。

4. 换取提货单

货物到港前，卸货港船代将"到货通知书"寄收货人，通知其做好提货准备，收货人接到到货通知书后，在信用证贸易下应及时向银行付清所有款项，然后取得正本提单等有关单

证；并凭借提单和到货通知书向船代换取提货单，以安排提货。

在实际操作中，一般由收货人委托的货运代理公司安排进口付费换单。货运代理公司在接到客户的全套单据后，提前与船公司或船舶代理部门及场站确认换单费、押箱费、提箱费、装车费等，准备好进口换单手续后，货运代理公司便可凭正本提单到船公司或船舶代理部门换取提货单和设备交接单（与出口业务中使用的相同）。

【知识链接】

到货通知书

到货通知书（Notice of Arrive）是在卸货港的船舶代理人在集装箱卸入集装箱堆场，或移至集装箱货运站，并办好交接准备后，向收货人发出的要求收货人及时提取货物的书面通知。是集装箱进口交货记录联单中的一联。

5. 报验

收货人或货运代理人凭提货单、合同副本、正本提单复印件、商业发票、产地证明书等相关单证，于规定的期限内向商检、卫检、动植检等口岸监管检验机构办理报验手续。这些监管检验机构根据商品特性对申报内容进行审核，对免检商品在提货单上加盖免检章后直接放行；对需查验商品则开出查验通知，经查验或消毒处理后再出具有关证书，并在提货单上加盖查验章后放行。

6. 报关

收货人或货运代理人持提货单、进口货物报关单、贸易合同副本、提单、商业发票、货物明细单、免税证明书、产地证明书等相关单证，于规定期限之内向海关办理申报手续。经海关审核后，根据不同情况分别予以直接放行或查验后出具证书放行，并在提货单上加盖放行章。

7. 卸货接箱

收货人向海关申请并放行后，方可卸船。船舶卸箱时外轮理货公司代表海上承运人与港口交接。一般集装箱货物卸船后先堆放在码头集装箱堆场（CY），然后再将整箱货交给收货人。收货人提取进口重箱时，应持海关放行的"提货单"到集装箱承运人指定地点办理集装箱交接手续。

8. 提货交付

1) 整箱货提运

收货人或货运代理人将整箱货提离码头堆场前，须先向箱子承运人委托的管箱单位办理放箱手续。经管箱单位在设备交接单上加盖放箱单后，收货人或货运代理人再向营业所办理整箱提离手续。通常要求收货人结清所有有关费用，留下提货单，然后签署交货记录。收货人或货运代理人在码头堆场提箱时，要出具船公司或代理人签发的交易记录、设备交接单。经核对无误后，码头堆场才能将集装箱交给收货人或货运代理人，双方应在交货记录上签字交接并进行集装箱交接。

2) 整箱货拆箱提运

当交货地点不具备整箱运输条件而必须拆箱散件运输时，收货人或运货代理人须凭经海关放行的交货记录并填写"整箱拆箱申请单"，向码头陆运机构申请，经审核同意拆箱并加盖认可章后，方可在海关监管下进行拆箱作业。同时，收货方与码头堆场办理箱货交接手续。

若整箱货在货运代理人或其他非承运人集装箱货运站拆箱提货时，可按整箱提运至集装箱货运站，在海关监管下拆箱后进行货运站与收货人的交接，空箱由货运站负责返回。

堆场交付的进口集装箱货物，收货人应于整箱卸入堆场后 10 日内提运。收货人超过规定期限不提货或不按期限向指定地点归还集装箱的，应当按照有关规定或合同约定支付货物、集装箱堆存费及集装箱超期使用费。自集装箱进境之日起 3 个月以上不提货的，海上承运人或港口可报请海关按国家有关规定处理货物，并从处理货物所得的款项中支付有关费用。

货运代理人可根据货主的委托，选择自运或是代运，若自提则由货代办妥手续后交由货主自己提货。若货主委托代运，则与传统进口货物相似，货运代理人可根据整箱货还是拼箱货及交接方式，负责代运工作。

三、集装箱整箱货进口货运代理业务相关单证

1. 货主委托货代办理进口货运业务单证

这些单证主要包括：进口货运代理委托书、进口订舱联系单、提单、发票、装箱单、保险单、进口许可证等单证。同时，还会用到提货通知书、交接记录、集装箱发放/设备交接单等。前面已涉及的单证这里不再赘述。

2. "交货记录"联单

在集装箱班轮运输中普遍采用"交货记录"联单代替杂货班轮运输中的"提货单"。"交货记录"联单的性质实际上与"提货单"一样，仅仅是在其组成和流转过程方面有所不同。

1) "交货记录"标准格式（一套共五联）

(1) 第 1 联：到货通知联。到货通知书是在卸货港的船舶代理人在集装箱卸入集装箱堆场，或移至集装箱货运站，并办好交接准备后，向收货人发出的要求收货人及时提取货物的书面通知。

(2) 第 2 联：提货单联。提货单是船公司或其代理人指示负责保管货物的集装箱货运站或集装箱堆场的经营人，向提单持有人交付货物的非流通性单据。在集装箱运输中，凭到货通知和正本提单换取费用账单两联，盖章后的提货单一联和交货记录一联，共四联，随同进口货物报关单到海关办理货物进口通关。海关核准放行后，在提货单上盖海关放行章，再持单到集装箱堆场或货运站，场站留下提货单和两联费用账单，在交货记录上盖章，收货人凭交货记录提货。

(3) 第 3、4 联：费用账单联。费用账单是场站凭此向收货人结算费用的单据。其主要内容包括：收货人名称、地址、开户银行与账号、船名、航次、起运港、目的港、提单号、

交付条款、到付海运费、卸货地点、到达日期、进库场日期、标记与集装箱号、货名、集装箱数、件数、重量、体积、港务费、装卸费等栏目。

(4) 第5联：交货记录联。船公司或其代理人向收货人或其代理人交货时，双方共同签署的，证明双方间已进行货物交接和载明其交接状态的单据叫交货记录。在集装箱运输中，船公司的责任是从接受货物开始到交付货物为止。因此，场站收据是证明船公司责任开始的单据，而交货记录是证明责任终了的单据。

【知识链接】

提 货 单

提货单(Delivery Order, D/O)又称"小提单"。收货人凭正本提单或副本提单随同有效的担保向承运人或其代理人换取的，可向港口装卸部门提取货物的凭证。发放小提单时应做到如下几点。

(1) 正本提单为合法持有人所持有。

(2) 提单上的非清洁批注应转上小提单。

(3) 当发生溢短残情况时，收货人有权向承运人或其代理获得相应的单证。

(4) 运费未付的，应在收货人付清运费及有关费用后，方可放小提单。

2) 交货记录联单的流转过程

(1) 船舶代理人在收到进口货物单证资料后，通常会向收货人或其代理人发出"到货通知书"。

(2) 收货人或其代理人在收到"到货通知"后，凭正本提单（背书）向船舶代理人换取第2联提货单联及场站、港区的第3、4联费用账单联，第5交货记录联等四联。第2提货单联经船代盖章方始有效。

(3) 收货人或其代理人持第2联提货单联在海关规定的期限内备妥报关资料，向海关申报。海关验放后在第2联提货单联的规定栏目内盖放行章。收货人或其代理人还要办理其他有关手续的，也应办妥手续，取得有关单位盖章放行。

(4) 收货人及其代理人凭已盖章放行的第2联提货单联及第3、4联费用账单联和第5联交货记录联向场站或港区的营业所办理申请提货作业计划，港区或场站营业所核对"提货单"是否有效及有关放行章后，将第2联提货单联，第3、4联费用账单联留下，做放货、结算费用及收费收据。在第5联"交货记录"联上盖章，以示确认手续完备，受理作业申请，安排提货作业计划，并同意放货。

(5) 收货人及其代理人凭港区或场站已盖章的第5联交货记录联到港区仓库或场站仓库、堆场提取货物，提货完毕后，提货人应在规定的栏目内签名，以示确认提取的货物无误。"交货记录"上所列货物数量全部提完后，场站或港区应收回"交货记录联"。

(6) 场站或港区凭收回的第5交货记录联核算有关费用。填制第3、4联费用账单联一式两联，结算费用。经第3联（蓝色）"费用账单"联留存场站、港区制单部门，第4联（红色）"费用账单"联作为向收货人收取费用的凭证。

(7) 港区或场站将第2联"提货单"联及第4联"费用账单"联、第5联"交货记录"联留存归档备查。

3. 集装箱发放/设备交接单

集装箱进口货运过程中也需要使用"设备交接单"。

知识四　拼箱货货运代理流程及单证

集装箱运输的货物分为整箱货和拼箱货两种，有条件的货代公司也能承办拼箱业务，即接受客户尺码或重量达不到整箱要求的小批量货物，把不同收货人、同一卸货港的货物集中起来，拼成一个20英尺或40英尺整箱，这种做法，称为集拼(consolidation)。

【知识链接】

承办集拼业务的货代企业必须具备如下条件。
(1) 具有集装箱货运站装箱设施和装箱能力。
(2) 与国外卸货港货运站有拆箱分运能力的航运或货运企业建有代理关系。
(3) 政府部门批准有权从事集拼业务并有权签发自己的 HOUSE B/L。

集拼业务的操作比较复杂，要求先区别货种，合理组合，待拼成一个20英尺或40英尺箱时，便可以向船公司或其代理人订舱。

一、拼箱货货运代理流程

1) 拼箱货货运流程(图4-5)

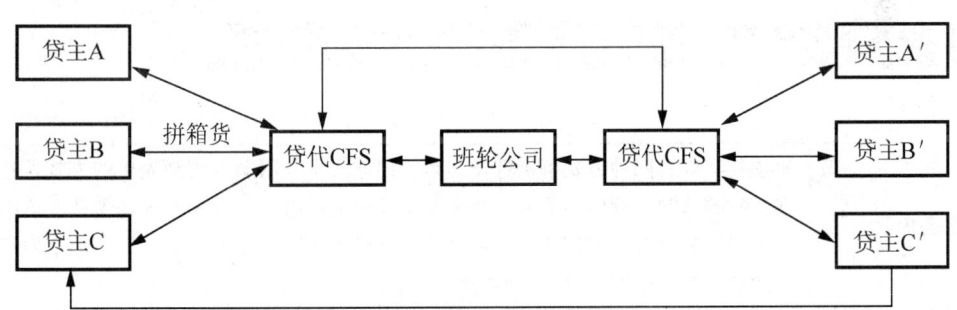

图4-5　拼箱货货运流程图

2) 流程图说明

① 各货主(发货人)将不足一个集装箱的货物交集拼经营人。
② 集拼经营人将拼箱货拼装成整箱货后，向班轮公司办理整箱货物运输。
③ 整箱货装船后，班轮公司签发 B/L 或其他单据给集拼经营人。
④ 集拼经营人在货物装船后，也签发自己的提单(HOUSE B/L)给每一个货主(发货人)。
⑤ 集拼经营人将货物装船及抵达卸货港等信息告知卸货港的代理人，同时将班轮公司的 B/L 及 HOUSE B/L 的复印件等单据交给卸货港代理人，以便向班轮公司提货和向收货人交付货物。
⑥ 货主之间办理包括 HOUSE B/L 在内的有关单证的交接。

⑦ 集拼经营人在卸货港的代理人凭班轮公司的提单等提取整箱货。

⑧ D、E、F 等不同货主(收货人)凭 HOUSE B/L 等在 CFC 提取拼箱货。

二、拼箱货海运单证

拼箱货海运单证主要有托运单、装箱单以及每票货物的提单(HOUSE B/L)。货物拼成箱后形成出口运输所要求的载货清单(M/F)，以及实际承运人签发的整箱货海运提单(Sea B/L)。此外，在流转过程中还有场站收据、设备交接单等。其中托运单是后续单证制定的条件和依据，装货单(报关后)是货物出运的必备条件和要求，装箱单反映了箱内载货情况，场站收据和设备交接单不仅起着交接货物条件和依据的作用，而且也是界定当事人责任的重要凭据。提单则是货物所有权及提货权的凭据。

在拼箱货运实务中会产生分提单，即拼箱货提单(HOUSE B/L)和总提单即整箱货提单(Sea B/L)。HOUSE B/L 是从事集拼业务的国际货运代理企业按每票货物签发给实际发货人的提单(HOUSE B/L)，故签发分提单的货代通常被视为是承运人。如果其只经营海运区段的拼箱业务，则是无船承运人。Sea B/L 是为了便于货运作业或以托运人身份的货代在货物托运后，由实际承运人签发的提单。

HOUSE B/L 样式与内容和一般提单没有多大区别，但在提单正面需有"CFS/CFS""LCL/LCL"字样，以表示在货运站以拼箱货形式交付。Sea B/L 应该是记名提单并清楚地显示箱内每票货物的资料，提单正面一般显示"CY/CY"字样。

【项目任务】

任务一　船公司所属集装箱 LOGO 及类型辨识

任务内容	本项目实训有两种方式可供选择。第一种方式是采用上机填制表格的方式，让学生在反复的填制过程中，掌握集装箱类型及标记；第二种方式是现场考核。可根据教学进度与教学条件选择其中一种，或结合以上两种的实训方式。每位学生根据老师要求认真完成实训项目，并撰写实训报告
任务目的	让学生对常见的集装箱类型缩写及主要参数耳熟能详，以便于今后能顺利地开展工作
任务准备	教师提前准备好船公司所属集装箱 LOGO 及类型辨识表格模板，以便上课时用

1) 参考资料

船公司所属集装箱 LOGO 及类型辨识表格模板

箱型图片	所属船公司	集装箱箱型缩写及俗称

步骤一，让学生参看"船公司所属集装箱LOGO及类型辨识表格模板"。

步骤二，教师示范完成一种国际标准集装箱的类型辨识。

步骤三，让学生下载"船公司所属集装箱LOGO及类型辨识表格模板"，参照教师的示范完成任意5种不同类型的国际标准集装箱的图片，并注明所属船公司，以及集装箱箱型缩写及俗称。

步骤四，学生提交模板的电子文档到老师指定的邮箱或通过其他方式在线提交作业。

2）现场考核

方法一，到学校所在地的集装箱堆场或集装箱货运站。教师任指若干集装箱让学生回答出集装箱的箱型、所属船公司，然后根据学生回答情况打分。

方法二，在教室，教师出示若干集装箱图片让学生回答出集装箱的箱型、所属船公司，然后根据学生回答情况打分。

任务二　根据所附信用证内容，填制集装箱托运单

任务内容	填制集装箱托运单
任务目的	通过缮制空白集装箱托运单，掌握集装箱托运单填制技巧
任务准备	教师提前准备好信用证内容、制单资料、空白集装箱托运单，将学生分组，每组5～6人。各组分别准备集装箱托运单的缮制

步骤一，学习集装箱托运单的相关知识，并认识集装箱托运单范本。

步骤二，根据所给资料，讨论集装箱托运单缮制过程。

1）信用证内容

APPLICANT：THE DAIWA BANK LIMITED

BENEFICIARY：TIANJIN ARTS & CRAFTS I/E CORP. 200，HEBEI ROAD TIANJIN，CHINA

ADVISING BANK：THE INDUSTRIAL AND COMMERCIAL BANK OF CHINA，

TIANJIN MUNICIPAL BRANCH 11 DAONG ROAD HAPING DISTRICT TIANJIN，P R CHINA

DATE OF ISSUE：JUNE 2，2011

EXPIRY DATE AND PLACE：JULY 10，2011 CHINA

AMOUNT：USD13 585.00

PARTIAL SHIPMENTS AND TRANSSHIPMENT IS PROHIBITED

SHIPMENT FROM TIANJIN NOT LATER JUNE 30，2011 TO OSAKA

EVIDENCING SHIPMENT OF：34PCS OF PRECIOUS STONE CARVINGS

AS PER CONTRACT NO. SATI505，CFR OSAKA INSURANCE TO BE EFFECTED BY BUYER.

DOCUMENTS REQUIRED：

SIGNED COMMERCIAL INVOICE IN QUINTUPLICATE

FULL SET OF CLEAN ON BOARD OCEAN BILLS OF LADING MADE OUT TO ORDER OF SHIPPER AND ENDORSED IN BLANK AND MARKED FREIGHT PREPAID AND NOTIFY ACCOUNTEE

2）制单资料

① 航次：12W。

② D/R：NO.0018。

③ 船名：LONGLIN。

④ 100箱机器零件，每箱毛重为19.8公斤，尺寸为60cm×70cm×80cm，装入一个20英尺的标准集装箱。

⑤ 集装箱货物的交接方式为FCL/FCL。

集装箱托运单

Shipper(发货人)				D/R No.(编号)		
Consignee(收货人)				集装箱货物托运单 第 一 联 货主留底		
Notify Party(通知人)						
Pre carriage by(前程运输) Place of Receipt (收货地点)						
Ocean vessel(船名)Voy. No.(航次)Port of Loading(装货港)						
Port of Discharge（卸货港） Place of delivery（交货地点）				Final Destination for Merchant's References(目的地)		
Container No. (集装箱号)	Seal No. (封志号) Mark & Nos. (标记与号码)	No. of Containers or P'kgs.(箱数或件数)	Kind of Packages; Description of Goods (包装种类与货名)	Gross weight 毛重(公斤)	Measurement 呎码(立方米)	
TOTAL NUMBER OF CONTAINERS OR PACKAGES(IN WORDS) 集装箱数或件数合计(大写)						
FREIGHT & CHARGES	Revenue tons 运输吨	Rate 运费率	Per 每	运费预付 Prepaid	到付 Collect	
Ex rate 兑换率	Prepaid at(预付地点)	Payable at(到付地点)		Place of Issue(签发地点)		
	Total Prepaid (预付总额)	No. of Original B(s) /L(正本提单份数)				
Service Type on Receiving □—CY,□—CFS, □—DOOR	Service Type on Delivery □—CY,□—CFS, □—DOOR		Reefer Temperature Required (冷藏温度)		OF	OC
TYPE OF GOODS (种类)	□Ordinary, □Reefer,□Dangerous, □Auto （普通） （冷藏） （危险品） （裸装车辆）			危 险 品	Glass Property IMDG Code Page UN No.	
	□Liquid, □Live Animal, □Bulk （液体） （活动物） （散货）					
Transhipment Permitted(允许)	Partial Shipment Prohibited(阻止)					
Date of Shipment	Period of Validity(有效期)					
Amount(USD)						
制单日期						

步骤三，每组学生在规定的时间内填制完成集装箱托运单。

步骤四，选派一、二组代表上台展示填制的集装箱托运单；其他组学生分析、评价、补充。

步骤五，教师点评、总结，并提供标准的范例。

任务三 模拟货代出口业务流程

任务内容	训练学生熟悉货代出口业务操作过程及其单证的流转。每位学生根据老师要求认真完成实训项目，并撰写实训报告
任务目的	通过采用分组角色模拟的形式，达到熟悉货代出口业务流程的目的
任务准备	教师提前准备好货代出口代理业务中的单据。单据可以用纸条写上单证名称代替，因为本项目目的在于熟悉货代出口业务流程，不在于填制单据

步骤一，将学生分组并指定各组角色。角色主要有发货人、货代、船公司、报关行、集装箱场站经营人等。

步骤二，要求由扮演货代的小组，手持单据到各个小组跑单，直至一趟流程操作完成。

步骤三，各小组角色互换，每个小组每个角色都模拟一遍。

步骤四，教师根据学生模拟情况进行点评，学生撰写实训报告。

【思考与练习】

一、选择题

1. 集装箱长、宽、高的外部尺寸分别是 20 英尺、8 英尺、8 英尺，这种集装箱是（   ）。
A. 1A   B. 1AAA   C. 1C   D. 1B

2. （   ）是集装箱进出港区、场站时，用箱人、运箱人与管箱人或其代理人之间交接集装箱及设备时的关键凭证。
A. B/L   B. D/R   C. CLP   D. EIR

3. 门到门（Door to Door）的集装箱运输最适合于（   ）交接方式。
A. 整箱交，整箱接   B. 整箱交，拆箱接
C. 拼箱交，拆箱接   D. 拼箱交，整箱接

4. 下列（   ）单证在海上货物运输实践中也被称为"下货纸"。
A. 提单   B. 装货单   C. 收货单   D. 提货单

5. 下列哪张单证是海运集装箱进口货运中特有的单证？（   ）
A. 交货记录   B. 场站收据
C. 设备交接单   D. 装箱单

二、判断题

1. 提货单（D/O）也称小提单，是收货人凭以向现场（码头仓库或船边）提取货物的凭证，它与提单的性质完全相同，具有流通的作用。（   ）
2. 集装箱提单背面条款中一般都规定，承运人或其代理人对于事先不知其性质而载运的危险品，途中可任意处置而不负任何责任。（   ）
3. House Bill of Lading 不能换取提货的权利。（   ）
4. 在集装箱班轮运输中，用箱人没有在规定的时间内及时将空箱交还班轮公司，则要向班轮公司支付滞箱费。（   ）
5. 实践中，班轮公司通常采用 CY/CY 的交接方式，而 CFS/CFS 则是集拼经营人通常采用的交接方式。（   ）

三、简答题

1. 集装箱货物运输有何特点？
2. 什么是整箱货和拼箱货？
3. 集装箱装箱单的作用是什么？

四、案例分析题

1. 某发货人以 CFS/CFS 条款托运 1 000 台电视机，船公司受理承运后，发货人将 1 000 台电视机交付国际货运代理企业指定的货运站，为此，货运站向该发货人签发场站收据，注明收到 1 000 台电视机。然后，平均将其装入自己所拥有的 10 个 20 英尺集装箱中。这批集装箱装船后，发货人凭场站收据取得了国际货运代理企业签发的提单。试回答：

（1）假设因国际货运代理企业的过失货物全部落入海中，在提单记载箱内具体的件数和未注明具体件数的两种情况下，国际货运代理企业计算赔偿责任限额的件数时有何不同？

（2）假设该批货物在目的港货运站拆箱时发现其中一箱仅为 99 件，为此，收货人能否依提单向国际货运代理企业索赔？如果国际货运代理企业能证明托运人在装港的确实交 99 件，则国际货运代理企业是否有权依此拒绝向收货人承担责任？为什么？

（3）假设国际货运代理企业向收货人进行了赔偿，则他是否有权向装港货运站或发货人追偿？其法律依据是什么？

2. 我国货主 A 公司委托 B 货运代理公司办理一批服装货物海运出口，从青岛港到日本神户港。B 公司接受委托后，出具自己的 House B/L 给货主。A 公司凭此到银行结汇，提单转让给日本 D 贸易公司。B 公司又以自己的名义向 C 海运公司订舱。货物装船后，C 公司签发海运提单给 B 公司，B/L 上注明运费预付，收发货人均为 B 公司。实际上 C 公司并没有收到运费。货物在运输途中由于船员积载不当，造成服装玷污受损。C 公司向 B 公司索取运费，遭拒绝，理由是运费应当由 A 公司支付，B 仅是 A 公司的代理人，且 A 公司并没有支付运费给 B 公司。A 公司向 B 公司索赔货物损失，遭拒绝，理由是其没有诉权。D 公司向 B 公司索赔货物损失，同样遭到拒绝，理由是货物的损失是由 C 公司过失造成的，理应由 C 公司承担责任。根据题意，请回答：

（1）本案中 B 公司相对于 A 公司而言是何种身份？

（2）B 公司是否应负支付 C 公司运费的义务，理由何在？

（3）A 公司是否有权向 B 公司索赔货物损失，理由何在？

（4）D 公司是否有权向 B 公司索赔货物损失，理由何在？

（5）D 公司是否有权向 C 公司索赔货物损失，理由何在？

五、情境训练题

江苏 A 食品进出口有限公司拟出口一批蘑菇罐头到德国，采用集装箱运输。假设这批货物的运输由你们公司代理，请你设计集装箱货运代理业务流程。

项目五

海运提单

HAIYUN TIDAN

【学习目标】

知识目标	技能目标
（1）掌握提单的定义和种类 （2）了解提单的条款、使用和变更 （3）了解有关提单的国际公约 （4）掌握提单的性质和作用 （5）熟悉提单的业务操作 （6）熟悉提单的正面和背面的内容	具有填制海运提单的能力

【案例导入】

2013年1月，中国华美服装进出口公司与墨西哥亨利外贸公司签订了一份关于出售50 000件运动衫的货物买卖合同。贸易术语为FOB上海。3月15日前交付给墨西哥亨利外贸公司指定的承运人以便运输。2013年3月9日，中国华美公司将生产好的50 000件运动衫分别装在1 000个纸箱中，交付墨西哥亨利外贸公司指定的承运人——香港远洋运输公司的"惠兴"轮运输。"惠兴"轮的船长在对这批货物进行了初步的检查后，向中国华美公司签发了清洁提单。中国华美公司收到清洁提单后到银行议付货款。但运抵墨西哥后，墨西哥亨利外贸公司立即对这批货物进行了检查。结果发现1 000个纸箱中有大约100余个纸箱出现了运动衫数量短少的情况，短少的数量从几件到几十件不等。墨西哥亨利外贸公司随后又立即请一家商品检验机构对这批货物进行了检验，该商品检验机构随即也出具了有关这批货物数量短少的证明。

分析：墨西哥亨利公司应该向谁进行索赔？中国贸促会国际经济贸易仲裁机构在对以上事实进行了分析以后认为，尽管中国华美公司在交付货物后取得了证明这批货物表面状况良好的清洁提单，但是清洁提单只能说明这批货物的表面情况良好，至于这批货物的真实情况如何并不能得到证明。而香港远洋运输公司在无法对每个装有运动衫的纸箱都检查的情况下签发了清洁提单，只要能够证明其在运输途中没有任何过失，就不应当在本案中承担任何责任，最终，中国华美服装进出口公司承担了这批运动衫数量短缺的责任。

任务

根据资料，缮制海运提单。

【必备知识】

知识一　什么是海运提单

一、海运提单的概念

海运提单，简称提单(Bill of Lading，B/L)，是货物的承运人或其代理人收到货物后，向发货人开具的表示收到货物的凭证。

海运提单既是承运人出具的货物收据,又是承运人与发货人之间运输契约的证明,也是代表货物所有权的凭证。《海牙规则》、《海牙-维斯比规则》都没有给提单下定义,而《汉堡规则》鉴于提单在国际贸易和运输中所起的作用概括成提单的定义,我国《海商法》借鉴了这个定义。

提单的合法持有人就是货物的主人,说明了货物运输有关当事人,如承运人、托运人和收货人之间的权利与义务。它在国际班轮运输中既是一份非常重要的业务单据,又是一份非常重要的法律文件。提单是国际海上货运中具有特色的运输单据。

二、提单的性质和作用

提单的性质及作用主要表现为以下几个方面。

(1) 提单是承运人或其代理人签发的货物收据(Receipt for the goods),证明已按提单所列内容收到货物。

(2) 提单是一种物权凭证(Documents of title)。提单的合法持有人凭提单可在目的港向轮船公司提取货物,也可以在载货船舶到达目的港之前,通过转让提单而转移货物所有权,或凭此向银行办理抵押贷款手续。

(3) 提单是托运人与承运人之间所订立的运输契约的证明(Evidence of contract of carrier),是处理承运人与托运人在运输中产生争议的主要依据。另外,提单还可作为收取运费的证明,以及在运输过程中起到办理货物的装卸、发运和交付等方面的作用。

三、提单的种类

1. 按货物是否装船划分

1) 已装船提单(on Board B/L or Shipped B/L)

已装船提单是指整票货物已全部装船后,承运人或其代理人向托运人签发的货物已经装船的提单。该提单必须注明装运船名和货物实际装船完毕的日期。在杂货班轮运输中,收货单(大副收据)换取的就是已装船提单。

2) 收货待运提单(Received for Shipment B/L)

收货待运提单简称待运提单,是指承运人虽已收到货物但尚未装船,应托运人要求向其签发的提单。在跟单信用证的支付方式下,银行一般不接受这种提单。

当货物装船后,则承运人可在待运提单上加注"已装船"(On board)字样,注明船名和装运日期并由承运人签署,这时待运提单便转化为已装船提单。在集装箱班轮运输中,场站收据正本联(大副收据联)换取的提单为待运提单。

2. 按对货物的外表状况有无不良批注划分

1) 清洁提单(Clean B/L)

清洁提单指货物装船时"外表状况良好",承运人在提单上未加任何有关货物受损或包装存在缺陷的不良批注。在正常情况下,信用证要求的提单均为清洁提单,向银行办理结汇时都应提交清洁提单。

【知识链接】

根据UCP500第32条的规定:"清洁运输单据是指未载有明确宣称货物及/或包装状况有缺陷的条款或批注的运输单据"。但清洁提单只说明承运人确认货物在装船时外表状况良好,无破损,并不能保证货物内在品质的完好,更不能排除货物具有无法直接观察到的内在瑕疵。

2)不清洁提单(Foul B/L)

不清洁提单是指承运人在提单上加注了有关货物及包装状况不良或存在缺陷等批注的提单。承运人通过批注声明货物接受时的不良状况,当在目的港交付货物时的不良状况是在这些批注范围内的,承运人可以减轻或免除自己的赔偿责任。在正常情况下,银行将拒绝用不清洁提单办理结汇。

3. 按提单中收货人栏的记载划分

1)记名提单(Straight B/L)

记名提单是指在提单上具体写明收货人名称的提单。记名提单只能由该指定的收货人凭此提货,记名提单不能转让,可以避免转让过程中可能带来的风险,一般用于贵重商品、展品及援外物资的运输。

【案例应用】

1997年4月,上海某公司与一美国代理商签订纺织品出口合同,6月初收到直接买户开出的不可撤销信用证,信用证要求出具记名××公司的提单,并指定货物装运美国某船公司。货物出运后全套单据经通知行寄开证行,正常的结汇时间已过,但货款一直未到账,此时收到开证行的不符点电报,称单据有一处不符点,全套单据由开证行暂为保管。我公司查询货物,却发现已被提走。询问船公司,为何正本提单仍在银行,货物已经提走。船公司认为记名提单不需要正本提单,只需身份证即可,船公司无责。上海公司随后将船公司告上法庭。

分析:在审理中,船公司认为此案适用于美国1936年海上运输法,法院通过研读这份完整美国1936年海上运输法的法律文本,发现此法只适用于往来美国港口的运输业务,此案并未涉及美国港口,故判决:船公司负责赔偿,并且支付相应利息。

启示:必须谨慎使用记名提单,如货物装运到美国的货物就不宜使用记名提单,或在记名提单上加注声明:"此提单适用于中国海商法",以约束承运人必须凭正本提单放货,这样才能保证信用证项下贸易的安全。

2)不记名提单(Blank B/L or Open B/L or Bearer B/L)

不记名提单指在提单的"收货人"栏内不写具体的收货人名称,而仅写"to Bearer"(提单持有人)或将这一栏空出不写的提单。不记名提单不需要任何背书手续即可转让,或提取货物,极为方便。但如果提单遗失或被窃,然后再转让给善意的第三者手中时,或者在无正本提单凭担保提货时,极易引起纠纷。所以在信用证结算方式下,较少使用这种提单。有些国家明文规定不准使用这种来人提单。

3)指示提单(Order B/L)

指示提单是指在收货人栏中有"Order"(凭指示)或"凭某人指示"字样的提单。实务中常见的可转让提单是指示提单。指示提单必须经过背书转让,可以是空白背书,也可以是记名背书。

4. 按不同的运输方式划分

1) 直达提单(Direct B/L)

直达提单是指由承运人签发的，货物从起运港装船后，中途不经过换船直接运达卸货港的提单。直达提单中关于运输记载的基本内容里，仅记载有起运港(Port of Loading)和卸货港(Port of Discharge)，不能带有中途转船的批语。凡信用证规定不许转运或转船者，受益人必须提供直达提单。

2) 转船提单(Transshipment B/L)

转船提单是指货物在起运港装船后，船舶不直接驶往货物的目的港，需要在其他中途港口换船转运往目的港的情况下承运人所签发的提单。

3) 联运提单(Through B/L)

联运提单是指货物由海路、内河、铁路、公路和航空等两种以上不同运输工具共同完成全程运输时所签发的提单，这种提单主要用于集装箱运输。联运提单又分为海上联运提单与多式联运提单。前者是指海海联运签发的一票到底的提单，即转船提单；后者指海河、海陆、海空两种或两种以上运输方式进行联运而签发的一票到底的提单。

5. 按船舶营运方式划分

1) 班轮提单(Liner B/L)

班轮提单指在班轮公司运输中，由班轮公司承运货物后签发给托运人的提单。在集装箱运输中，班轮公司通常为整箱货签发提单。

【案例应用】

A. B. 进出口公司向 D. S. 有限公司出口一批花生仁，以 CIF 伦敦条件成交。信用证规定："150M/Tons of Groundnut Kernels, UCD. ××× per M/Ton net CIF London, Liner out"，A. B. 进出口公司经办照合同条款，认为没什么问题，只是信用证上多了"Liner out"字样，经办人员对此理解为："Liner"解释为"班轮"，"out"解释为"在外""除外"，两词连在一起就是"非班轮"条款。按规定班轮条款的船方要负担装卸费用，那么"非班轮"条款当然就是船方不负担装卸费用。而合同规定 CIF 伦敦的条款并不与信用证规定"非班轮"条款矛盾。前者的装费由卖方负担，卸费由买方负担，也就是船方不负担装卸费。所以 A. B. 进出口公司的经办人员两者没有抵触，接受了上述信用证条款。

A. B. 进出口公司在装运出货后单据遭拒付，开证行拒付理由是：提单上没有表示"Liner out"条款。A. B. 进出口公司随后与英国 D. S. 有限公司以及开证行多方联系，随后发现"Liner out"系卸货费按班轮条款办理，即卸货费由船方负担。A. B. 进出口公司表示愿意单独承担装卸费用，英国 D. S. 有限公司认可。随后联系船公司及开证行解决了此纠纷。

2) 租船提单(Charter Payer B/L)

租船提单指承运人根据租船合同而签发的提单，这种提单受租船合同条款的约束。

6. 按提单的适用效力划分

1) 正本提单(Original B/L)

正本提单是指在法律上和商业上都公认有效的提单。正本提单上有时注明有"Original"字样，提单上有承运人、船长或代理人签字盖章并注明了签发提单的日期。正本提单一般签发一式两份或一式三份，凭其中任何一份提货后，其余各份作废，因此一般买方或银行要求卖方提供全部正本提单，即全套提单。

2）副本提单（Non-negotiable B/L）

副本提单是指仅作为工作上参考之用的提单。副本提单上一般注明"Copy"或"Non-negotiable"字样，提单上没有承运人、船长或其代理人的签字盖章，副本提单没有法律效力。

7. 其他种类的提单

1）倒签提单（Anti-date B/L）

倒签提单是指承运人或其代理人应托运人的要求，在货物装船完毕后，以早于该票货物实际装船完毕的日期作为提单签发日期的提单。也就是说，实际装船完毕日期晚于提单的签发日期。

2）预签提单（Advanced B/L）

预签提单是指在信用证有效期即将届满，而货物尚未装船或尚未装船完毕的情况下，应托运人要求承运人提前签发的已装船提单。即托运人为了能及时结汇而从承运人那里借用的已装船清洁提单。承运人签发这种提单，掩盖了提单签发时的实际情况。许多国家法律的规定和判例表明，一旦货物引起损坏，承运人不但要负责赔偿，而且还会丧失享受责任限制和援用免责条款的权利。

3）顺签提单（Post-date B/L）

顺签提单是指在货物装船完毕后，承运人或其代理人应托运人要求签发的晚于货物实际装船完毕日期的提单。也就是说，实际装船完毕的日期早于提单的签发日期。

【案例应用】

（1）某公司出口一批货物，该批货物于 2013 年 3 月 15 日开始装运，5 天后装船完毕。应托运人的要求，船公司以 2013 年 4 月 4 日作为提单的日期签发提单，则该提单成为顺签提单。

（2）某出口公司一批货物于 2013 年 8 月 3 日装运，并于同日船舶开航。经出口公司要求，船公司签发已装船提单的日期为 2013 年 7 月 28 日，则该提单为倒签提单。

不管是预借提单、倒签提单，还是顺签提单，这些做法掩盖了提单签发时的实际情况。许多国家法律的规定和判例表明，一旦货物引起损坏，承运人不但要负责赔偿，而且要丧失享受责任限制和援用免责条款的权利。

4）舱面货提单（On Deck B/L）

舱面货提单是指货物积载于船舶露天甲板，并在提单上记载"On Deck"字样的提单。

5）过期提单（Stale B/L）

过期提单是指由于出口商取得提单后未能及时到银行议付的提单。在信用证支付方式下，每个信用证都规定了有效期与装运期限，有的信用证还规定了交单期限。出口商必须在规定的交单期内到银行结汇。如果信用证没有规定交单期限，则要求出口商在货物装船日期起 21 天内到银行交单议付，但无论如何也不能晚于信用证的有效期，超过这一期限银行将不予接受。

6）并提单(Omnibus B/L)

并提单是指应托运人要求，承运人将同一船舶装运的相同港口、相同货主的两票或两票以上货物合并而签发的一套提单。也就是将不同装货单上的货物合起来签发相同提单号的一套提单。这样做托运人可以节省运费。

7）分提单(Separate B/L)

分提单是指应托运人要求，承运人将属于同一装货单下的货物分开，并分别签发的多套提单。也就是说将相同装货单号下的货物分开签发不同提单号下的提单。

8）交换提单(Switch B/L)

交换提单是指在直达运输条件下，应托运人的要求，承运人同意在约定的中途港凭签发的提单换发以该中途港为起运港的提单。

 知识二　提单的内容

一、提单正面记载的内容

通常海运提单正面都记载了有关货物和货物运输的事项。这些事项有的是有关海关提单的国内立法或国际公约规定，作为运输合同必须记载的事项，如果漏记或错记，就可能影响提单的证明效力；有的则属于为了满足运输业务需要而由承运人自行决定，或经承运人与托运人协议，认定应该在提单正面记载的事项。前者称为必要记载事项，后者称为任意记载事项。提单正面的内容包括下列各项。

1. 提单编号

提单编号(B/L No.)一般列在提单右上角，以便于工作联系和查核。发货人向收货人发送装船通知(Shipment Advice)时，也要列明船名和提单编号。

2. 托运人

托运人(Shipper)一栏填写托运人的名称、地址，必要时也可以填写代码。托运人一般为信用证中的受益人(出口商)。

3. 收货人

收货人(Consignee)一栏填写收货人的名称、地址，必要时可以填写电话、传真或代码。如要求记名提单，此栏可填上具体收货人的名称，如属指示提单，则填"To order"或"To order of ×××"。

4. 通知方

通知方(Notify Party)一栏填写船公司在货物到达目的港时发送到货通知的收件人，有时为进口商。在信用证项下的提单，如信用证上对提单通知方有具体规定，则必须严格按照信用证要求填写。如果是记名提单或收货人指示提单，且收货人又有详细地址的，则此栏可以不写。如果是空白指示提单或托运人指示提单,则此栏必须填写通知方的名称与详细地址,否则船方就无法与收货人联系,收货人也不能及时报关提货。通知方一般为预定的收货人或收货人的代理人。

5. 船名

船名(Name of Vessel)一栏填写装运货物的船名及航次。若是已装船提单,必须填写船名;如是待运提单,待货物实际装船完毕后记载船名。

6. 接货地

接货地(Place of Receipt)一栏在多式联运方式下填写,表明承运人接收到货物的地点,其运输条款可以是:门—门、门—场、门—站。

7. 装货港

装货港(Port of Loading)一栏应填写实际装船港口的具体名称。

8. 卸货港

卸货港(Port of Discharge)一栏应填写实际卸下货物的港口具体名称。如属转船,第一程提单上的卸货港填转船港,收货人填第二程船公司;第二程提单上的装货港填上述的转船港,卸货港填最后的目的港,如由第一程船公司签发联运提单(Through B/L),则卸货港即可填写最后目的港,并在提单上列明第一和第二船名。如经某港运转,要显示"via××"字样。填写此栏要注意同名港口问题,如属选择港提单,要在此栏中注明。

9. 交货地

交货地(Place of Delivery)一栏在多式联运方式下填写,表明承运人交付货物的地点,其运输条款可以是:门—门、场—门、站—门。

10. 货名

在信用证项下,货名(Description of Goods)必须与信用证上规定的货名一致。

11. 件数和包装种类

件数和包装种类(Number and Kind of Package)一栏按箱子的实际包装情况填写。在集装箱整箱货运输下,此栏通常填写集装箱的数量、型号(如 1×20 ft DC);如果是在拼箱货运输下,此栏应填写货物件数(如 10 Cases machinery)。

12. 唛头

唛头(Shipping Marks)一栏,信用证上有规定的,必须按规定填写;否则,可按发票上的唛头填写。

13. 毛重、尺码

毛重、尺码(Gross Weight,Measurement)一栏,信用证上有规定的,必须按规定填写;

否则，一般以千克为单位列出货物的毛重，以立方米列出货物的体积。

14. 运费与费用

运费与费用（Freight and Charges）一栏一般填写预付（Freight Prepaid）或到付（Freight Collect）。如为CIF或CFR出口，一般均填写"运费预付"字样，千万不可漏填，否则收货人会因为运费未清问题而晚提货或提不到货；如为FOB出口，则填写"运费到付"字样，除非收货人委托发货人垫付运费。

15. 温度指示

温度指示（Temperature Control Instructions）一栏填写冷藏箱运输时所要求的温度，应尽量避免标明具体温度。

16. 提单的签发地点、日期和份数

提单发货的地点（Place of Issue）一栏原则上填写装货地点，一般是在装货港或货物集中地签发。提单的签发日期（Date of Issue）一栏应该填写提单上所列货物实际装船完毕的日期，也应该与收货单上大副所签发的日期是一致的。如果是在跟单信用证项下结汇，提单上说签发的日期必须与信用证或合同上所要求的最后装船期一致或先于装船期。提单份数一般按信用证要求出具，通常为正本提单一式三份，每份都有同等效力，收货人凭其中一份提取货物后，其他各份自动失效。副本提单的份数可视托运人的需要而定。

17. 承运人或船长，或由其授权的人签字或盖章

提单必须由承运人或船长，或由其授权的人签发，并且明确表明签发人的身份。一般表示方法有"Carrier""Caption"或"As Agent for the Carrier：×××"等。提单必须经过签署手续后才能生效。

二、提单正面和背面的印刷条款

1. 提单正面的印刷条款

在提单的正面通常会有以下印刷条款。

1）确认条款

确认条款是指承运人表示在货物或集装箱外表状况良好的条件下接受货物或集装箱，并同意承担按照提单所列条款，将货物或集装箱从装货港或起运地运往交货地，把货物交付给收货人的责任条款。

2）不知条款

不知条款是指承运人表示没有适当的方法对所接受的货物或集装箱进行检查，所有货物的重量、尺码、标志、品质等都由托运人提供，并不承担责任的条款。但是，"不知条款"并不一定有效。

3）承诺条款

承诺条款是指承运人表示承认提单是运输合同成立的证明，承诺按照提单条款的规定承

担义务和享受权利,而且也要求货主承诺接受提单条款制约的条款。由于提单条款是承运人单方拟定的,该条款为表明货主接受提单也就接受了提单条款的制约,所以该条款也称代拟条款。

4）签署条款

签署条款是指承运人表明签发提单(正本)的份数,各份提单具有相同效力,其中一份完成提货后其余各份自行失效,以及提取货物必须交出经背书的一份提单以换取提货单的条款。

2. 提单背面的印刷条款

提单背面条款可以分为两类,一类是强制性条款,另一类是任意性条款。强制性条款的内容不能违反有关国际公约、国内法律或港口的规定,违反或不符合这些规定的条款无效;任意性条款,即上述法规、国际公约没有明确规定的,允许承运人自行拟定的条款,这些条款适用于某些特定港口或特种货物,或托运人要求加列的条款。所有这些条款都是表明承运人与托运人、收货人或提单持有人之间承运货物的权利、义务、责任与免责的条款,是解决他们之间争议的依据。虽然各种提单背面条款多少不一,内容不尽相同,但通常都有下列主要条款。

1）定义条款（Definition Clause）

对与提单有关术语(如托运人、承运人)的含义和范围做出明确规定的条款。

2）首要条款（Paramount Clause）

首要条款是用于明确提单所适用法律的条款。即如果发生纠纷,应按哪一国家的法律和法庭裁决。

3）承运人责任条款（Carrier's Responsibility Clause）

承运人责任条款是用于明确承运人承运货物过程中应承担的责任的条款。

4）承运人责任期间条款（Carrier's Period of Responsibility Clause）

承运人责任期间条款是用于明确承运人对货物运输承担责任的开始和终止时间的条款。

5）承运人责任限额条款（Limit of Liability）

承运人责任限额条款规定承运人对货物的灭失和损坏所造成的损失所付的赔偿限额,即每一件或每一计算单位货物赔偿金额最多不超过若干金额。各航运公司规定的限额不同。

6）包装和标志条款（Packages and Marks）

包装和标志条款要求托运人对货物提供妥善包装和正确清晰的标志。如因标志不清或包装不良所产生的一切费用由货方负责。

7）运费和其他费用条款（Freight and Other Charges）

预付运费应在起运时连同其他费用一并支付,如装运易腐货物、动植物、舱面货等,其运费和其他费用必须在起运时全部付清。到付费用在目的港连同其他费用一起支付。另外,承运人有权对货物的数量、重量、体积和内容等进行查对,如发现实际情况与提单所列情况不符,而且所付运费低于应付运费,承运人有权收取罚金,因此而引起的一切费用和损失应由托运人负担。

8）留置权条款（Lien Clause）

留置权条款规定如果货方未交付运费、空仓费、滞期费、共同海损分摊的费用及其他一切与货物有关的费用，承运人有权扣押或出售货物以抵付欠款，如仍不足以抵付全部欠款，承运人仍有权向货方收回差额。

9）转运或转船条款（Transshipment Clause）

由于客观需要，承运人有权将货物转船或改用其他运输方式，或间接运至目的地。由此引起的费用由承运人承担，但风险由货方负担。承运人的责任只限于其本身经营船舶所完成的那段运输。

10）卸货和交货条款（Discharging and Delivery Clause）

卸货和交货条款说明船到卸货港后，收货人应及时提货，否则承运人有权将货物卸到岸上或卸在其他适当场所，一切费用和风险应由货方承担。

11）动植物和舱面货条款

根据《海牙规则》，动植物不包括"货物"的范围之内，因此，承运人对这些货物的灭失或损坏负赔偿责任。但是只有对运输合同载明并且实际装载舱面的"舱面货"，承运人才可免责。

12）共同海损条款（General Average Clause）

共同海损条款规定若发生共同海损，按照什么规则理算。国际上一般采用1974年《约克·安特卫普规则》理算。在我国，一些提单常规定按照1975年《北京理算规则》理算。

13）美国条款（America Clause）

美国条款规定来往美国港口的货物运输只能适用美国1936年《海上货运法》。运费按联邦海事委员会登记的费率本执行，如提单条款与上述法则有抵触时，则以美国法为准。此条款也称"地区条款"。

另外还有管辖权条款、错误申报条款和新杰森条款等。

三、提单的使用

1. 提单的签发

1）提单签发人

提单必须经签署才产生效力。有权签发提单的人包括承运人本人、载货船舶船长或经承运人授权的代理人。

承运人与托运人订立海上货物运输合同，承运人是合同的当事人，当然有权签发提单。各国法律都承认载货船舶船长是承运人的当然代理人，而不必经过承运人的特别授权。代理人签发提单必须经承运人特别授权，否则代理人无权签发提单。

2）提单的签发地点和日期

提单的签发地点应当是货物的装船港。提单签发日期应是货物实际装船完毕的日期，并且与大副签署的收货单签发的日期相一致。

货物装船完毕，大副应根据货物外表状况签署收货单，提单签发人应将收货单与提单记载的各项内容核对无误后签发提单，如收货单上有批注，则提单签发人就应如实转批在提单上。

集装箱班轮运输中，为了给承运人签发提单提供方便，实践中大多以船舶开航（Sailing Date）作为提单签发日期。但是，应该注意的是，Sailing Date 并不一定是 on Board Date。

3）提单的份数

提单有正本提单和副本提单之分，通常所说的提单都是指正本提单。副本提单只用于日常业务，不具有法律效力。

为了防止提单遗失、被窃或在转递过程中发生意外事故造成灭失，各国海商法和航运习惯都允许为一票货物签发一套多份正本提单，并且各份正本提单都具有同等效力，但其中一份提货后，其他各份自动失效。这样做的原因如下。

（1）使提单的合法受让人了解全套正本提单的份数，防止流失在外而引起的纠纷，保护提单受让人的利益。

（2）信用证通常都规定必须以全套正本提单向银行办理结汇。

（3）在变更卸货港交付货物时必须提交全套正本提单。

副本提单的份数视需要而定。虽然它没有法律效力，不能据以提货，但却是装运港、中转港及目的港的代理人和载货船舶不可缺少的补充货运文件，可以补充舱单上不完整的内容和项目。

2. 提单的更正和补发

1）提单的更改

（1）提单签署前的更正。在实际业务中，提单通常是在托运人办妥托运手续后，货物装船前，在缮制有关货运单证的同时缮制的。在货物装船后，这种事先缮制的提单在下列原因下可能需要更正。

① 事先缮制的提单，与实际装载情况不符需要更正。

② 货物装船后，发现托运人申报材料的错误而需要更正。

③ 信用证要求的条件有所改变。

④ 由于其他原因，托运人提出更正提单内容的要求。

（2）提单签署后的更正。货物已装船、提单已签署，托运人提出提单更正的要求，这时，承运人或其代理人要考虑各方面的关系，在不妨碍其他提单利害人利益、不影响承运人交货的前提下，征得有关方面同意，更改并收回原提单。因更改提单内容而引起的损失和费用，则应由提出更改要求的托运人负担。如果提出提单更改时船舶已开航，应电告船长作相应更改。

2）提单的补发

如果提单签发后遗失，托运人提出补发提单，承运人会根据不同情况进行处理，一般是要求提供担保或者保证金，而且还要依照一定的法定程序将提单声明作废。《中华人民共和国海事诉讼特别程序法》第100条规定："提单等提货凭证持有人，因提货凭证失控或者灭失，可以向货物所在地海事法院申请公示催告。"

3. 提单的背书与转让

提单是物权凭证，不论是何种提单，在提单转让，凭提单提货或换取提货凭证时，收货人都应在提单的背面签字，盖章。

通常所说的背书，是转让人（背书人）在提单背面写明或不写明受让人并签名的手续。实践中，背书可分为记名背书、指示背书和不记名背书等几种方式。

1) 记名背书

记名背书也称完全背书,是指背书人在提单背面写明被背书人(受让人)的名称,并有背书人(出让人)签名的背书形式。经过记名背书的提单,只能由指定的被背书人提货,不能再行转让或流通。即经过记名背书的指示提单成为记名提单。

2) 指示背书

指示背书是指背书人(出让人)在提单背面写明"凭××指示"字样,同时由背书人签名的背书形式。经过指示背书的指示提单还可以继续进行背书,但背书必须连续。

3) 不记名背书

不记名背书也称空白背书,是指背书人(出入人)在提单背面由自己签名,但不记载任何背书人(受让人)的背书形式。经过空白背书的提单和不记名提单一样,不需要连续背书只凭交付就可转让。

关于提单的转让规定是:记名提单不得转让;不记名提单无须背书即可转让;指示提单须经背书或空白背书才可转让。

4. 提单的回收

根据国际公约和各国法律的规定,承运人在交付货物时必须收回提单,并在提单上作"作废"的批注。提单的回收和注销表明承运人已经完成运输合同,提单项下的债权债务因而得以解除,但并不代表提单可能代表的物权终止,因为回收和注销的提单可能是全套提单中未经授权转让的其中一份。

【范例】

表 5-1 海运提单样本

BILL OF LADING			
1) SHIPPER			10) B/L NO. CARRIER: COSCO 中国远洋运输(集团)总公司 CHINA OCEAN SHIPPING (GROUP) CO. ORIGINAL COMBINED TRANSPORT BILL OF LADING
2) CONSIGNEE			
3) NOTIFY PARTY			
4) PLACE OF RECEIPT		5) OCEAN VESSEL	
6) VOYAGE NO.		7) PORT OF LOADING	
8) PORT OF DISCHARGE		9) PLACE OF DELIVERY	
11) MARKS 12) NOS. & KINGS OF PKGS.	13) DESCRIPTION OF GOODS	14) G. W.	15) MEAS(M³)
16)			

17) TOTAL NUMBER OF CONTAINERS OR PACKAGES (IN WORDS)					
FREIGHT&CHARGES	REVENUE TONS	RATE	PER	PREPAID	COLLECT
PREPAID AT	PAYABLE AT			21) PLACE AND DATE OF ISSUE	
TOTAL PREPAID	18) NUMBER OF ORIGINAL B (S) L				
LOADING ON BOARD THE VESSEL 19) DATE 20) BY				22)	

在实际业务中，海运提单是有船公司的代理依据发货人或发货人的货运代理人提供的装货单（俗称下货纸）制作的。因此，作为发货人或货运代理人，除了应掌握装货单的制作，更应该掌握如何审核提单的内容，并判断提单是否符合信用证或合同的要求。

知识三　有关提单的国际公约与中国《海商法》

由于提单的利害关系人常分属于不同国籍，提单的签发地或起运港和目的港又分处于不同的国家，而提单又是由各船公司根据本国有关法律规定自行制定的，其格式、内容和词句并不完全相同，一旦发生争议或涉及诉讼，就会产生提单的法律效力和适用法规的问题，因此，统一各国有关提单的法规，一直是各国追求的目标。当前已经生效，在统一各国有关提单的法规方面起着重要作用的有关国际货物运输的国际公约有3个：《海牙规则》《海牙-维斯比规则》和《汉堡规则》。我国有《海商法》。

一、《海牙规则》(Hague Rules)

1. 制定《海牙规则》的背景

20世纪初在美国、澳大利亚及加拿大相继制定约束国际海上货物运输合同——提单的国内法时，国际上并无统一的法规，各航运公司扩大提单免责范围，减轻自己义务，滥用"合同自由"原则的现象普遍存在。关于明确承运人最低义务和责任的要求已成为当时国际贸易有关方面深切关注的问题。国际法协会于1921年9月在荷兰海牙召开会议，制定了提单规则，提供各方选择适用。随之以该规则为基础，于1924年8月25日在比利时召开的由26国代表出席的外交会议上制定了《关于统一提单若干法律规定的国际公约》（International Convention for the Unification of Certain Rules of Law Relating to Bills of Lading），又称《海牙规则》（Hague Rules）。《海牙规则》于1931年6月2日起生效。我国未加入该公约，但如同很多非缔约国一样，目前在提单运输方面，我国也参照这一公约规定，制定了《海商法》有关承运人责任基础的规范，规定国际海上货物运输承、托双方的权利义务。

2.《海牙规则》的主要内容

《海牙规则》共16条，明确规定了承运人的最低限度的义务和责任，制止了公共承运人利用合同自由的原则扩大免责范围、任意降低承运人责任和义务的现象，使国际海上件杂货运输有一个统一的法律规定，便利了国际贸易的发展。《海牙规则》的主要内容如下。

1) 承运人最低限度的义务

(1) 提供适航船舶。《海牙规则》第 3 条第 1 款规定："承运人有义务在开航前和开航当时恪尽职责，以便使船舶适航；妥善地配备船员，装备船舶和配备供应品；使货舱、冷藏舱和该船其他载货处 所能适于并能安全收受、载运和保管货物。"

承运人提供适航船舶的义务是指不但船舶本身要适于航行，证书齐全，符合安全航行和各项技术要求；而且船员要配备齐全，配足燃料供应品等；货舱也要适货。做到上述三项，才能称为船舶适航。

上述规定中提到的适航不是指任何时候都要做到，而是指在开航前和开航当时。开航前一般理解为装货开始时，即在装货开始时要适货，当时船员可能不会全部到齐，但在开航当时必须做到适航。

(2) 妥善管理货物。《海牙规则》第 2 条规定，承运人应妥善和谨慎地装载、操作、配载、运送、保管、照料与卸载货物。亦即在海运全过程中对货物要妥善管理。

2) 承运人的货物运输责任期间

按照《海牙规则》第 1 条"货物运输"的定义，货物运输期间为从货物装上船起至卸完船为止的期间。所谓"装上船起至卸下船止"，一般可理解为：在使用船舶吊杆装卸货物时则为"钩到钩"期间，亦即货物挂上船舶吊杆的吊钩时起到脱离吊钩时为止。如果使用岸上吊杆或起重机装卸，则以货物越过船舷为界，亦即"舷至舷"期间。

至于装船之前，即承运人在码头仓库接管货物至装上船这一段时间，以及货物卸船后到向收货人交付货物这一段时间，可由承运人与托运人订立协议，规定双方的责任和义务。

3) 承运人的免责规定

《海牙规则》实行的是不完全过失责任制。关于承运人免责的规定共有 17 项，包括两类：一类是过失免责，另一类是无过失免责。

国际海上货物运输责任制度中最受人指责的是《海牙规则》的"过失免责"，即按第 4 条第 2 款第 1 项规定：由于船长、船员、引航员或承运人的雇佣人在航行或管理船舶中的行为、疏忽或过失所引起的货物灭失或损坏，承运人可以免除赔偿责任。这种过失免责条款是其他运输方式运输责任制度所没有的，不但对受害者不公平，而且对统一国际运输责任制度的建立和完善也是不利的。

第二类是承运人无过失免责。这类免责条款与其他运输方式差别不大，只是增加一些海运特色而已。包括：①不可抗力或承运人无法控制的事项方面，如海上危险、天灾、战争、公敌行为、暴动和骚乱、政府扣押船舶、检疫限制、罢工等；②托运人或货方的行为或过失方面，如货物包装不良、货物标志不清或不当等；③特殊免责条款，如火灾、"救助或企图救助海上人命或财产"、谨慎处理仍不能发现的潜在缺点等；④总的无过失免责条款，即属于不列明的承运人无过失免责条款。承运人要援引这一项的免责权利时，必须举证证明有关货物的灭失或损坏既非由于承运人的实际过失所致，又非承运人的代理人或雇佣人的过失或疏忽所造成。

【知识链接】

理解《海牙规则》的免责条款,应掌握以下两种情况。

第一,承运人必须谨慎处理提供适航船舶,或者如果船舶不适航,也就是由此引起货物的灭失或损害,承运人就不可能援引前述免责规定。

第二,船长、船员在管理船舶中的行为和过失,往往与承运人管理货物的要求不易分清,有时看来管理船舶实际是管理货物,而后者的过失是不能免责的。一般说来,划分船长船员管理船舶还是管理货物的行为,应以进行某项操作的意图或直接目的为准,如二者兼有,则一般作为管理货物处理,以保护货方的利益。

4) 赔偿责任限制

《海牙规则》第4条第5款规定,承运人对货物的灭失或损坏的赔偿责任,在任何情况下每件或每单位不得超过100英镑,但托运人交货前已就该项货物的性质和价值提出声明,并已在提单上注明的则不在此限。

5) 运输合同无效条款

运输合同中的任何条款或协议,凡是解除承运人按《海牙规则》规定的责任或义务,或以不同于《海牙规则》的规定减轻这种责任的,一律无效。这是国际公约约束提单条款和运输合同条款的重要规定。

6) 托运人的义务和责任

《海牙规则》对托运人的义务和责任的规定如下。

(1) 托运人应被视为已在装船时向承运人保证,由他书面提供的标志、件数、数量或重量正确无误,否则应赔偿因此对承运人造成的损失;如果承运人有合理依据怀疑托运人提供的上述资料,或者无适当核对方法,便无须在提单上注明。

(2) 对于装运易燃、爆炸或危险货物,托运人应如实申报,否则承运人可以在卸货前的任何时候将其卸在任何地点,或将其销毁,或使之无害而不予赔偿,该项货物的托运人应对于装载该项货物而直接或间接引起的一切损失负责。但如有共同海损,则不在此限。

(3) 对于任何非因托运人或其代理人、雇佣人的过失所引起的使承运人或其船舶遭受的损失,托运人不负责任。

7) 索赔和诉讼时效

货物如有灭失或损坏,收货人应在接收货物之前或当时,将货损通知书面交给承运人或其代理人,否则,就应被视为货物已按提单所述情况交付给收货人的初步证据(Preliminary Evidence)。如果损坏不明显,则货损通知应在交付货物3天内提交。如果货物交付时已经联合检验,就无需提出书面通知。

除非从货物交付之日或应交付之日起1年内提起诉讼,否则承运人在任何情况下,都应免除对灭失或损坏所负的一切责任。

8)《海牙规则》的适用范围

《海牙规则》第10条规定:"《海牙规则》的各项规定,应适用于在任何缔约国内所签发的一切提单。"第5条规定:"《海牙规则》的各项规定不适用于租船合同,但如果提单是根据租船合同签发的,则它们应符合《海牙规则》的规定。"

3. 存在的问题

《海牙规则》概括起来存在以下几个问题。

（1）比较有利于承运人。

（2）随着海运技术的发展，海运危险已能相应得到控制，驾驶和管理船舶的免责日益受到攻击。

（3）海运件杂货已进入集装箱运输时代，《海牙规则》没有对集装箱运输作相应规定。

（4）赔偿责任限额太低。

（5）适用范围不够广泛。

（6）承运人的代理人或雇佣人的法律地位及善意受让提单的持有人的法律地位需要予以明确。

二、《海牙-维斯比规则》(Visby Rules)

1. 制定《海牙-维斯比规则》的背景

《海牙规则》自 1931 年生效实施后，得到了国际航运界普遍接受，它的历史作用在于使国际海上货物运输有法可依，统一了海上货物运输中的提单条款，对提单的规范化起到了积极作用，促进了国际贸易和海上运输事业的发展。但随着国际政治、经济形势的变化，以及航海、造船技术日新月异的进步，海上运输方式发生了重大变革，特别是集装箱运输方式迅猛发展，《海牙规则》的内容已不适应新形势发展的需要，要求修改《海牙规则》的呼声日渐强烈。

基于上述这种形势，国际海事委员会(CMI)的小组委员会于 1963 年草拟了修改《海牙规则》的议定书草案，于 1968 年 2 月在比利时的布鲁塞尔召开的、由 53 个国家和地区代表参加的第十二届海洋法外交会议上通过，全称是《关于修订统一提单若干法律规定的国际公约的议定书》(Protocol to Amend the International Convention for the Unification of Certain Rules of Law Relating to Bill of Lading)，简称为《1968 年布鲁塞尔议定书》(The 1968 Brussels Protocol)。由于该议定书草案在斯德哥尔摩讨论期间，其成员到过哥特兰岛的维斯比城，故将该议定书称为《维斯比规则》。维斯比规则只对海牙规则中明显不合理或不明确的条款作局部的修订和补充，目前已有英、法、丹麦、挪威、新加坡、瑞典等 20 多个国家和地区参加了这一公约。

2. 《维斯比规则》的主要内容

1）明确了提单的证据效力

《海牙规则》第 3 条第 4 款规定，提单上载明的货物主要标志、件数或重量和表面状况应作为承运人按其上所载内容收到货物的初步证据。至于提单转让至第三人的证据效力，未作进一步的规定。《维斯比规则》在此后补充规定："……但是，当提单转让至善意的第三人时，与此相反的证据将不予采用。"这表明对于善意行事的提单受让人来说，提单载明的内容具有最终证据效力。这就是说，《维斯比规则》确立了一项在法律上禁止翻供的原则，即当提单背书转让给第三者后，该提单就是货物已按上面记载的状况装船的最终证据。承运人不得借口在签发清洁提单前货物就已存在缺陷或包装不当来对抗提单持有人。

这一补充规定，有利于进一步保护提单的流通与转让，也有利于维持提单受让人或收货人的合法权益。一旦收货人发现货物与提单记载不符，承运人只能负责赔偿，不得提出任何抗辩的理由。

2）诉讼时效的延长

《海牙规则》规定，货物灭失或损害的诉讼时效为一年，从交付货物或应当交付货物之日起算。《维斯比规则》补充规定，诉讼事由发生后，只要双方当事人同意，这一期限可以延长，明确了诉讼时效可经双方当事人协议延长的规定。对于追偿时效则规定，即使在规定的一年期满之后，只要是在受诉讼法院法律准许期间之内，便可向第三方提起索赔诉讼。但是准许的时间自提起诉讼的人已经解决索赔案件，或向其本人送达起诉状之日起算，不得少于三个月。

3）提高了承运人对货物损害赔偿的限额

《维斯比规则》第2条则规定，每件或每单位的赔偿限额提高到10 000金法郎，同时还增加一项以受损货物毛重为标准的计算方法，即每公斤为30金法郎，以两者中较高者为准。1979年，通过了将金法郎改为特别提款权(Special Drawing Right，SDR)的决定，以15个金法郎等于1个特别提款权为标准，从而使承运人的赔偿限额变为666.67个特别提款权或者每公斤2个特别提款权，以高者为准，凡不能使用特别提款权的国家仍然可以使用金法郎为计算单位。

这一规定不但提高了赔偿限额，而且创造了一项新的双重限额制度，不但维护了货主的利益，而且这种制度也为以后《汉堡规则》和我国《海商法》所接受。

4）增加了"集装箱条款"

适应国际集装箱运输发展的需要，《维斯比规则》增加"集装箱条款"，该规则第2条第3款规定："如果货物是用集装箱、托盘或类似的装运器具集装时，则提单中所载明的装在这种装运器具中的包数或件数，应视为本款中所述的包数或件数；如果不在提单上注明件数，则以整个集装箱或托盘为一件计算。"该条款的意思是，如果提单上具体载明在集装箱内的货物包数或件数，计算责任限制的单位就按提单上所列的件数为准；否则，则将一个集装箱或一个托盘视为一件货物。

5）强调了承运人及其受雇人员的责任限制

《维斯比规则》规定："本公约规定的抗辩和责任限制，应适用于就运输合同所涉及的有关货物的灭失或损坏对承运人提出的任何诉讼，不论该诉讼是以合同为根据还是以侵权行为为根据。""如果诉讼是对承运人的受雇人员或代理人(该受雇人员或代理人不是独立订约人)提起的，该受雇人员或代理人也有权援引《海牙规则》规定的承运人的各项抗辩和责任限制。"显然，《维斯比规则》的这一规定有利于保护船东的利益。

6）扩大了规则的适用范围

《海牙规则》的各条规定仅适用于缔约国所签发的提单。《维斯比规则》扩大了其适用范围，其中的第5条第3款规定：①在缔约国签发的提单；②货物从一个缔约国的港口起运；③提单载明或为提单所证明的合同规定，该合同受公约的各项规则或者使其生效的任何一个国家的立法所约束，不论承运人、托运人、收货人或任何其他有关人员的国籍如何。该规定的意思只要提单或为提单所证明的运输合同上有适用《维斯比规则》的规定，该提单或运输合同就要受《维斯比规则》的约束。

《维斯比规则》对《海牙规则》作了一些有益的修改，使之在一定程度上有利于承托双方而走向利益的均衡，并适应集装箱运输的发展提出要求。但是，在承运人的运输责任方面仍保持《海牙规则》体系，对船长船员的航海和管理船舶过失免责的规定丝毫没有触动，因此发展中国家仍迫切要求《海牙规则》进行根本性的修改。

三、《汉堡规则》(Hamburg Rules)

1. 制定《汉堡规则》的背景

汉堡规则是《1978年联合国海上货物运输公约》(United Nations Convention of the Carriage of Goods by Sea, 1978)，1976年由联合国贸易法律委员会草拟，1978年经联合国在汉堡主持召开有71个国家参加的全权代表会议上审议通过。汉堡规则可以说是在第三世界国家的反复斗争下，经过各国代表多次磋商，并在某些方面做出妥协后通过的。汉堡规则全面修改了海牙规则，其内容在较大程度上加重了承运人的责任，保护了货方的利益，代表了第三世界发展中国家意愿，这个公约已于1992年生效。但因签字国为埃及、尼日利亚等非主要航运货运国，因此目前汉堡规则对国际海运业影响不是很大。

2. 《汉堡规则》的主要内容

1）承运人的责任原则

《汉堡规则》确定了推定过失与举证责任相结合的完全过失责任制。规定凡是在承运人掌管货物期间发生货损，除非承运人能证明自己已为避免事故的发生及其后果采取了一切可能的措施，否则便推定：损失系由承运人的过失所造成，承运人应承担赔偿责任。

2）承运人的责任期间

《汉堡规则》规定了承运人的责任期间从承运人接管货物时起到交付货物时止。与《海牙规则》的"钩至钩"或"舷至舷"相比，其责任期间扩展到"港到港"。

3）承运人赔偿责任限额

《汉堡规则》第6条第1款规定："承运人对货物灭失或损坏的赔偿，以每件或其他装运单位的灭失或损坏相当于835特别提款权或毛重每公斤2.5特别提款权的金额为限，两者之中以其较高者为准。"

4）迟延交付货物的责任

《汉堡规则》第5条第2款规定："如果货物未能在明确议定的时间内，或虽无此项议定，但未能在考虑到实际情况对一个勤勉的承运人所能合理要求时间内，在海上运输合同所规定的卸货港交货，即为迟延交付。"对此，承运人应对因迟延交付货物所造成的损失承担赔偿责任。而且在第3款还进一步规定，如果货物在第2款规定的交货时间满后连续60天内仍未能交付，有权对货物灭失提出索赔的人可以认为货物已经灭失。

《汉堡规则》第6条第1款还规定："承运人对迟延交付的赔偿责任，以相当于迟延交付货物应支付运费的2.5倍的数额为限，但不得超过海上货物运输合同规定的应付运费总额。"

5）承运人和实际承运人的赔偿责任

《汉堡规则》中增加了实际承运人的概念。当承运人将全部或部分货物委托给实际承运人办理时，承运人仍需按公约规定对全部运输负责。如果实际承运人及其雇用人或代理人的疏忽或过失造成的货物损害，承运人和实际承运人均需负责的话，则在其应负责的范围内，承担连带责任。这种连带责任托运人既可向实际承运人索赔，也可向承运人索赔，并且不因此妨碍承运人和实际承运人之间的追偿权利。

6）托运人的责任

《汉堡规则》第12条规定："托运人对于承运人或实际承运人所遭受的损失或船舶遭受的损坏不负赔偿责任。除非这种损失或损坏是由于托运人、托运人的雇用人或代理人的过失或疏忽所造成的。"这意味着托运人的责任也是过失责任。但需指出的是托运人的责任与承运人的责任不同之处在于承运人的责任中举证由承运人负责，而托运人的责任中，托运人不负举证责任。这一规定，被我国《海商法》所接受。

7）保函的法律地位

《汉堡规则》第17条对保函的法律效力做出了明确的规定，托运人为了换取清洁提单，可以向承运人出具承担赔偿责任的保函，该保函在承、托人之间有效，对包括受让人、收货人在内的第三方一概无效。

8）索赔通知及诉讼时效

《汉堡规则》规定，收货人可在收到货物后的第一个工作日将货物索赔通知送交承运人或其代理人，当货物灭失或损害不明显时，收货人可在收到货物后的15天内送交通知。同时还规定，对货物迟延交付造成损失，收货人应在收货后的60天内提交书面通知。

关于诉讼时效：第一，将时效从一年扩展为两年；第二，被要求赔偿的人，可在时效期限内的任何时间，向索赔人提出书面声明延长时效期限，并可再次声明延长。

9）管辖权和仲裁的规定

《汉堡规则》第21条规定，原告可在下列法院选择其一提起诉讼：①被告的主要营业所所在地，无主要营业所时，则为其通常住所所在地；②合同订立地，而合同是通过被告在该地的营业所、分支或代理机构订立；③装货港或卸货港；④海上运输合同规定的其他地点。

除此之外，海上货物运输合同当事人一方向另一方提出索赔之后，双方就诉讼地点达成的协议仍有效，协议中规定的法院对争议具有管辖权。

《汉堡规则》第22条规定，争议双方可达成书面仲裁协议，由索赔人决定在下列地点之一提起：①被告的主要营业所所在地，如无主要营业所，则为通常住所所在地；②合同订立地，而合同是通过被告在该地的营业所、分支或代理机构订立；③装货港或卸货港。

四、中国《海商法》

1993年7月1日，第七届全国人民代表大会常务委员会会议通过的《中华人民共和国海商法》正式生效。这是我国第一部在海上运输和船舶方面的专门立法。它从我国国情出发，以我国四十多年来海上运输和经贸实践为基础，并充分考虑到国际海运立法中追求统一的趋势，广泛吸收了目前国际通行的国际公约和惯例的一部立法。

《海商法》既包括海上货物运输、旅客运输的内容，又有对海上运输管理、船舶经营、建造、抵押、买卖、海上碰撞、海上救助等多方面的规定。其中，有关提单的部分主要遵循了《海牙-维斯比规则》的精神，并合理吸收了《汉堡规则》中的合理部分。具体而言，《海商法》中关于承运人适航责任，妥善和谨慎管理货物的责任，不做不合理绕航责任以及承运人免责,责任限制的规定与《海牙-维斯比规则》相一致;承运人责任期间,活动物和甲板货运输,货物迟延交付等事项则参照了《汉堡规则》。

【知识链接】

海 运 单

海运单是证明海上货物运输合同和货物已经由承运接管或装船以及承运人保证将货物交给指定收货人的一种不可转让的单证。

1. 海运单产生的背景

海运单与电放提单产生的根源是提单危机。提单,是船方或其代理人在收到承运货物后签发给托运人的货物收据,是托运人与承运人之间运输契约的证明,法律上有物权证书的效用。提单自公元 1500 年问世以来,一直是国际海运中最重要的单据。但近些年来,其优势遭到冲击,危机重重。20 世纪 80 年代以来,随着海运业的发展,集装箱运输广泛使用,高速船舶大量涌现,中途港大量减少,装卸设备不断改进,海运时间大大缩短。因此,经常会出现货到而提单未到,货等单的情形,从而引起延迟卸货或码头拥挤现象。货物大量滞留不仅给港口带来了压力,也给买方带来不便或增加了额外的费用。在此情况下,海运单与电放提单便应运而生。国际海事委员会于 1990 年 6 月颁布了《1990 年国际海事委员会海运单统一规则》,进一步促进了海运单的发展。

2. 海运单的作用

(1)它是承运人和托运人之间订立海上货物运输合同的证明。

(2)它是承运人收到货物或者货物已装船后签发给托运人的货物收据。

3. 使用海运单的程序

(1)船公司签发海运单给托运人。

(2)船公司在船舶到卸货港前向收货人发出到货通知。

(3)收货人签署完到货通知并退还给船代理。

(4)船代理据以签发提货单给收货人。

(5)船抵港后,收货人凭提货单提货,船方查明收货人已将运费付清,办理结关手续,船方就可放货。

由于海运单不具有转让流通性,避免单据遗失和伪造提单所产生的后果。安全性较好;同时,提货便捷、及时、节省费用,收货人提货无需出示海运单,既解决了货到而提单未到的常见问题,又避免了延期提货所产生的滞期费、仓储费等,因此得到了广泛使用。

【项目任务】

任务 缮制海运提单

任务内容	货物装船完毕,根据资料缮制海运提单
任务目的	掌握海运提单的必要知识
任务准备	了解海运提单的作用,准备海运提单的有关材料

步骤一,学习海运提单的相关知识,并认识海运提单范本。

步骤二，根据所给某信用证的信息，讨论如何缮制提单。
1）提单缮制相关信息

ISSUING BANK：NATIONAL BANK，NAGOYA NO.145 FIRST ROAD NAGOYA，JAPAN
L/C NO.：E-06777 DATE：JAN.15，2012
BENEFIGIARY：ZHENGJIANG DONGFANG FOOD CO.，LTD.
　　　　　　NO.124 QINGCHUN ROAD HANGZHOU，CHINA
APPLICANT：JEANS CO. NAGOYA
　　　　　　NO.111 AVENUE，NAGOYA，JAPAN
SHIPMENT：FROM NINGBO TO NAGOYA，NOT LATER THAN JAN.25TH，2002
PARTIAL SHIPMENT：ALLOWED
TRANSSHIPMENT：ALLOWED
COVERING：3 000 CANS CANNED MEAT
SHIPPING MARKS：N/M
THE GOODS ARE PACKED IN 210 CASES
GROSS WEIGHT：3 300KGS
MEASUREMENT：76.43M^3
OCEAN VASEEL：YURONG VOY. NO.：E244
DOCUMENTS REQUIRED：
…
+FULL SET OF CLEAN ON BOARD OCEAN BILLS OF LADING MADE OUT TO ORDER OF ISSUING BANK AND BLANK ENDORSED MARKED FREIGHT PREPAID AND NOTIFY ISSUING BANK.

2）其他制单材料
货物装运日期 2012-01-25
步骤三，根据讨论结果填制海运提单。
步骤四，教师点评、总结，并提供标准的范例。
任务所需的文件样本见表5-1。

【思考与练习】

一、选择题

1. 经过背书可以转让的海运提单是（　　）。
   A. 不记名提单　　　B. 记名提单　　　C. 联运提单　　　D. 指示提单
2. 海运提单的抬头是指提单的（　　）。
   A. Shipper　　　B. Consignee　　　C. Notify Party　　　D. Voyage No.
3. 各种运输单据中，能同时具有货物收据、运输合同和物权凭证作用的是（　　）。
   A. 铁路运单　　　B. 航空运单　　　C. 海运提单　　　D. 海运单
4. 根据《UCP500》，受益人超过提单签发日期后21天才交到银行议付的提单称为（　　）。
   A. 过期提单　　　B. 倒签提单　　　C. 预借提单　　　D. 转船提单
5. 下列不属于提单的主要作用是（　　）。
   A. 物权凭证　　　B. 装船依据　　　C. 货物收据　　　D. 运输合同的证明

二、判断题

1. 不清洁提单是指承运人在签发提单时,对货物的包装等状况加注不良批注的提单。（　）

2. 提单的收货人栏在填写"To order of shipper"内容情况下,提单需要作背书。（　）

3. 海运提单的签发日期应早于保险单的签发日期。（　）

4. 正本提单如出具一式几份,则每份具有的效力相同,但只要其中一份凭以提货,其他各份立即失效。（　）

5. 提单的签发者必须要表明身份。（　）

三、简答题

1. 简述海运提单的性质和作用。
2. 说明联运提单与多式联运提单的区别。
3. 在国际贸易运输业务中,什么情况下使用倒签提单?

四、案例分析题

2013年3月,国内某公司(以下简称甲方)与加拿大某公司(以下简称乙方)签订一设备引进合同。根据合同,甲方于2013年4月30日开立以乙方为受益人的不可撤销的即期信用证。信用证中要求乙方在交单时,提供全套已装船清洁提单。2013年6月12日,甲方收到开证银行进口信用证付款通知书。甲方业务人员审核议付单据后发现乙方提交的提单存在以下疑点。

A. 提单签署日期早于装船日期。

B. 提单中没有已装船字样。

请问:

(1) 这是什么提单?

(2) 甲方可采取什么措施来处理这种提单?

五、情境训练题

浙江天兴进出口有限公司业务部张经理,安排C5112356号信用证项下出运事宜,希望将货物及时交给江苏美联货代公司办理装运,装运时间是2014年7月10日。假设你是货代公司单证部从事单证岗位的小徐,请你根据相关业务信息缮制提单。

装船日:2014年7月2日

装运港:宁波港

目的港:KOBE

船名与航班号:WORLDTRADER/ V.123

提运单号:Y6667865

提单签发日:2014年7月3日

签发地点:宁波

项目六

租船货运业务

ZUCHUAN HUOYUN YEWU

【学习目标】

知识目标	技能目标
(1) 了解租船市场的概念和航次租船合同的主要条款	(1) 具有熟练掌握租船业务操作程序的能力
(2) 掌握租船业务操作程序	(2) 具有完整掌握船舶买卖业务流程的能力
(3) 掌握滞期费和速遣费的计算方法	(3) 具有能根据资料计算滞期费和速遣费的能力
(4) 了解定期租船合同的主要条款	

【案例导入】

某航运公司 A(原告)与某进出口贸易公司 B(被告)签订一份航次租船合同，合同约定：由 A 公司承运 B 公司从俄罗斯进口的木材；B 公司有义务在装货港提供 6 000m³ 的木材装船；运费为 20 美元/m³，滞期费率为 3 000 美元/天。B 公司在装货港实际提供了木材 4 000m³，致使轮船未能满舱，由此产生亏舱费 30 000 美元；在装货港因滞期发生滞期费 10 000 美元；以上两项费合计 40 000 美元，B 公司一直拖欠未付。

分析：经查明事实，船舶亏舱是由 A 公司"远航"轮本身稳定性和安全问题所致，而非 B 公司备货不齐，因此 B 公司不应赔偿亏舱费。对于滞期费，需要先计算实际装卸时间，再与合同约定装卸时间比较，按超期时间和滞期费率计算滞期费。最后法院判决：驳回原告关于亏舱费的诉讼请求；被告 B 公司应承担滞期费 4 500 美元。

任务

按装卸时间平均计算的方法计算滞期费和速遣费。

【必备知识】

 知识一　租船运输的特点和方式

租船运输又称不定期运输，没有固定的航线和挂靠港口，也没有预先制定的船期表，船舶经营人与租船人通过洽谈运输条件、签订租船合同来安排运输，租船人按约定的运价或租金支付运费的商业行为，是相对于定期船运输的另一种海上运输方式。

一、租船运输的特点

（1）属不定期船运输，没有固定的航线、装卸港及船期，没有固定的运价。

（2）国际租船市场行情影响租金或运费水平的高低。租船运输的租金相对班轮运输而言较低，适用于国际贸易中大宗交易的货物。

（3）租船运输业务需依据租船人和船舶所有人签订的载有当事人双方权利和义务的租船合同来安排运输。

（4）船舶营运中有关费用的分担取决于不同的租船方式，并在租船合同中订明。

二、租船运输的方式

租船运输的主要方式有：航次租船、定期租船、光船租船和包运租船 4 种。其中最基本的租船运输的经营方式是航次租船。

1. 航次租船

航次租船又称为定程租船，是以航程为基础的租船方式。它是船舶所有人按双方事先议定的运价与条件向租船人提供船舶全部或部分仓位，在指定的港口之间进行一个或多个航次运输的租船业务。其特点表现如下。

（1）船长及船员由船舶所有人指派并听从船舶所有人的指挥。

（2）船舶所有人负责船舶的营运（装货、卸货）。

（3）以出租整船或部分舱位的形式从事货物运输，并按实际装船的货物数量或整船包干计收运费。租金由双方商定，一般在租约中订有装卸及滞期和速遣条款。

（4）租船运输主要适于大宗货物的运输，如谷物、矿石、煤炭等。

2. 定期租船

定期租船又称期租船，是以租赁期限为基础的租船方式。由船舶所有人按租船合同的约定，将一艘特定的船舶在约定的期间，交给承租人使用的租船方式。在这期限内，承运人可以利用船舶的运载能力来安排货运。其特点如下。

（1）船舶所有人负责船舶的维修和机械的正常运转，配备船员并负责船员的工资、给养。

（2）在租赁期内，船舶由租船人负责经营和管理（租船人享有船舶的调动权和经营权，承担燃料、淡水等费用）。

（3）不规定装卸率和滞期速遣条款，租金按租期每月（或 30 天）每载重吨计算，船东和租船人双方的权利和义务以合同为依据。定程租船与定期租船的区别见表 6-1。

表 6-1 定程租船与定期租船的比较

项 目	定程租船	定期租船
租船方式	按航程租用船舶	按期限租用船舶
经营管理	船船方负责船舶的经营管理	租船方负责调度和运营
运费、租金	运费按照数量计算	租期内每月每吨若干金额
是否计算滞期费和速遣费	计算滞期费和速遣费	不计算滞期费和速遣费

3. 光船租船

光船租船是一种比较特殊的租船方式，也是按一定的期限租船。与期租不同的是船东不提供船员，只提供一艘空船交租船人使用；租船人自行配备船员，负责船舶的经营管理和航行各项事宜。在租赁其间，租船人实际上对船舶有支配权和占有权。

4. 包运租船

包运租船是指船舶所有人向承租人提供一定吨位的运力,在确定的港口之间按事先约定的时间、航次周期和每航次较为均等的运量,完成合同规定的全部货运量的租船方式。

知识二　租船业务流程

一、世界主要租船市场

租船市场是需求船舶的承租人和提供船舶运力的出租人协商洽谈租船业务,订立租船合同的主要场所。它通常设立在世界上货主和船东汇集、外贸和运输繁荣发达的地方。世界上各种租船场所有专门在城市内设集中场所当面洽谈的,也有不设专门集中场所而分散在城市内由各个经纪人凭借互联网、电传、传真等一系列通信设施进行洽谈的。世界几个主要的租船市场如下。

1. 英国伦敦租船市场(London Market)

英国伦敦的波罗的海商业航运交易所是公认的世界上历史最悠久、租船业务最多的散杂货租船市场。其主要业务包括租船、船舶买卖、粮食、油料作物和种子交易。它有一个固定的集中场所,供船东、租船经纪人和租船代理人聚集面谈租船业务,其成交量约占世界租船总成交量的30%,是其他租船市场的晴雨表。这里的租船交易一般是通过租船经纪人进行的。交易完全公开,其成交租约最终也将被船东和租船知悉,只有个别洽谈的业务对外保密。交易所的租船活动可以代表世界各地船货供求状态,也可反映世界航运市场的状况。这里供应的船舶主要是希腊船东的船舶或受其控制的方便旗船,还有美国船东实际控制的方便旗船。希腊是世界上最大的经营不定期船的国家,所以在伦敦市场供应的船舶最多。

2. 美国纽约租船市场(NewYork Market)

美国纽约租船市场是仅次于伦敦租船市场的世界第二大租船市场。其主要地点虽然设在纽约,并命名为航运交易所;但是,它没有专门的场所,而是通过电话、电传、传真、计算机通信等方式进行租船业务洽谈。成交的船舶主要是油船、散装粮船和干散货船。船舶总成交量约占世界租船市场总成交量的25%左右。

3. 北欧租船市场

北欧租船市场分布在奥斯陆、斯德哥尔摩、汉堡、鹿特丹,均属于地区性的租船市场。该市场以租赁特殊的高技术船舶为主,如冷藏船、液化石油气船等。在租船方式上,以长期期租为主。

4. 亚洲租船市场

亚洲租船市场包括：日本东京，我国的香港、上海和东南亚的新加坡等租船市场，也属于地区性的租船市场。该租船市场上成交的主要是短程近洋运输船舶的租赁。

二、租船程序

国际租船业务是在承租人和出租人之间展开的，双方在租船市场上通过双方反复洽商，最后达成交易，签订租船合同。其程序和手续与国际贸易成交程序基本一致。租船业务的具体流程如图 6-1 所示。

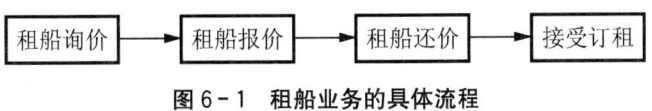

图 6-1　租船业务的具体流程

1. 租船询价

询价又称询盘。通常是指承租人根据自己对货物运输的需要或对船舶的特殊要求通过租船经纪人在租船市场上要求租用船舶。询价主要以电报或电传等书面形式提出。

承租人所期望条件的内容一般应包括：需要承运的货物种类、数量、装货港和卸货港、装运期限、租船方式或期限、期望的运价（租金）水平以及所需用船舶的详细说明等内容。询价也可以由船舶所有人为承揽货载而首先通过租船经纪人向租船市场发出。由船舶所有人发出的询价内容应包括出租船舶的船名、国籍、船型、船舶的散装和包装容积、可供租用的时间、希望承揽的货物种类等。

2. 租船报价

报价又称发盘。当船舶所有人从船舶经纪人那里得到承租人的询价后，经过成本估算或者比较其他的询价条件，通过租船经纪人向承租人提出自己所能提供的船舶情况和运费率或租金率。报价的主要内容，除对询价的内容作出答复和提出要求外，最主要的是关于租金（运价）的水平和选定的租船合同范本及对范本条款的修改、补充条款。

3. 租船还价

还价又称还盘。在条件报价的情况下，承租人与船舶所有人之间对报价条件中不能接受的条件提出修改或增删的内容，或提出自己的条件称为还价。还价意味着询价人对报价人报价的拒绝和新的报价开始。

4. 接受订租

接受订租又称受盘，指一方当事人对实盘所列条件在有效期内明确表示承诺。至此，租船合同即告成立。原则上，接受订租是租船程序的最后阶段。接受订租后，一项租船洽商即告结束。

1）订租确认书

接受订租是租船程序的最后阶段，一项租船业务即告成功。通常的做法是，当事人之间还要签署一份"订租确认书"（Fixture Note）。"订租确认书"无统一格式，但应详细列出船舶所有人和承租人在洽租过程中双方承诺的主要条款。订租确认书经当事人双方签署后，各保存一份备查。

2）租船合同

正式的租船合同实际是合同已经成立后才开始编制的。双方签认的"订租确认书"实质就是一份供双方履行的简式的租船合同。签认"订租确认书"后，船东按照已达成协议的内容编制正式的租船合同，通过租船经纪人送交承租人审核。如果租船人对编制的合同没有什么异议，就可签字。租船合同又称租约。

3）标准租船合同范本

标准租船合同范本指租船实务中双方谈判时所参照的范本。

为了简化签订租船合同的手续，加快签约的进程和节省为签订租船合同而发生的费用，也为了能通过在合同中列入一些对自己有利的条款，以维护自己一方的利益，在国际航运市场上，一些航运垄断集团、大的船公司或货主垄断组织，先后编制了供租船双方选用，作为洽商合同条款基础的租船合同范本。这样在洽定租船合同的过程中，只需在函电中列明所选用的范本的代码，指明对第×款第×行的内容增、删、改的意见，就能较快地拟就双方同意的条款。

【知识链接】

几种租船合同的标准格式

1. 航次租船合同的标准格式

国际航运界通用的有以下几种标准格式。

（1）统一杂货租船合同。统一杂货租船合同(Uniform General Charter)简称"金康格式"，租约代号"金康"（GENCON）。此格式由国际船东组织波罗的海国际航运工会制定，先后经过 1922 年、1976 年和 1994 年 3 次修订，目前国际上普遍适用的仍然是 1976 年的格式，"金康"条款比较明显地维护了出租人的利益，它适用于不同航线和不同货物的航次租船运输，我国各大航运公司也常用"金康格式"。

（2）波尔的摩 C 式(Baltime Berth Charter Party Steamer, Form C)。此格式广泛适用于北美地区整船谷物运输。

（3）澳大利亚谷物租船合同(Australian Grain Charter Party)，租约代号为"AUSTRAL"。

（4）油轮航次租船合同(Tanker Voyage Charter Party)，租约代号为"AS BATANKVOY"。此格式由美国船舶经纪人和代理人协会于 1977 年制定，专门适用于油轮航次租船合同。

2. 定期租船合同的标准格式

国际航运界常用的定期租船合同格式如下。

（1）波罗的海航运公会制定的《统一定期租船合同》(Uniform Time Charter)，租约代号"波尔的摩"（BALTIME）。此格式经过 1909 年、1911 年、1912 年、1920 年、1939 年、1950 年和 1974 年的修订。目前适用的是 1974 年 7 月的格式。此格式在很大程度上维护出租人的利益。

（2）纽约土产交易所制定的《定期租船合同》(Time Charter)，租约代号"土产格式"(Produce Form)。此格式制定于 1913 年，航运界常称此格式为"NYPE"和"纽约格式"。此后经过五次修订。此格式经美国政府批准使用，故又称为"政府格式"。实践中普遍使用的是 1993 年 9 月 14 日的修订版，租约代号为"NYPE93"。此格式在船舶出租人和承租人双方利益的维护上显得比较公正。

（3）英国伦敦壳牌石油公司制定的《液体货物定期租船合同》(Shell Time)；中国租船公司于 1980 年制定的《定期租船合同》(Time Charter Party)，租约代号"中租 1980"（SINOTIME1980），此格式较多地维护承租人的利益。

3. 光船租船合同的标准格式

光船租船合同一般要求以书面形式订立。光船租船合同适用于光船租船这一不定期船的营运方式同航次租船合同和定期租船合同一样，双方当事人在选定的合同格式基础上对此格式加以修改、补充后达成。

国际航运界使用较为广泛的光船租船格式是波罗的海航运公会制定的《标准光船租船合同》(Standard Bareboat Charter)，租约代号"贝尔康89(BARECON)"。

知识三 租船合同

一、租船合同条款的性质和分类

1. 租船合同条款的性质

租船合同是一种运输契约，本质上是船舶所有人与承租人双方自愿接受法律约束的协议，双方有义务遵守。如果履行合同发生了纠纷，则合同的解释以及有关问题的处理，要受法律的约束。

为方便事后法律问题的处理，一般在租船合同中应对适用的规则、规定、法律予以明确。当租船合同对适用法律没有明确规定时，可根据海事国际私法的原则具体适用船籍国、签约地国、合同所用文字国等法律。

2. 租船合同条款的分类

租船合同中所列的条款很多，其中有些条款在合同中起着重要的和决定性的作用，有些则起着附属和次要的作用。当合同一方违反了合同中的某一条款时，受害方所得到的补救是不一样的。根据英美合同法的原理，租船合同中的条款基本上可分为以下三类。

1) 条件条款(Condition Clause)

条件条款是指合同中那些履行与否对实现合同的商业目的有着密切关系的条款。如果合同中未列入这些条款，或虽被列入但未履行，或一方擅自取消，就会使合同双方协议的商业目的无法实现。对此，受害方有权拒绝履行合同中规定的义务，取消合同，并可提出赔偿要求。

条件条款不都是明显的、典型的、本质性的合同条款。在租船合同中以明确的措辞规定的内容，也可作为条件条款，如解除合同条款明确规定船舶必须在某月某日前到达装货港，否则承租人有权选择是否解除合同。

对于条件条款的判断标准如下。

(1) 成文法中明文规定作为条件的义务责任之类的条款。

(2) 合同中明显指出作为条件的义务责任。

(3) 判例中被视为条件的条款(但也可能会改变)。

(4) 根据合同条款、合同背景所表示的双方的意图确定。

例如，船名、船型、船舶所处的位置、船级、船旗等船舶概述的规定、船长签发提单条款、承租人应该提供的约定货物、船舶预计装货日等条款是比较典型的条件条款。

2) 保证条款(Warranty Clause)

保证条款是指合同中次要的、非本质性的条款，对履行合同不产生决定性影响。即使合同的一方违背了这些条款，也不至于影响合同的商业目的的实现；受害方只能提出赔偿要求，而不能以此取消合同或拒绝履行合同中的义务。

保证条款的确定要视合同的条款、双方的意图及法院或仲裁的判决或裁决而定。例如：航次租船合同中的安全港口和泊位、定期租船合同中的船速及燃油消耗、船舶的维修保养以及剩余燃油的数量的规定等一般都属于保证条款。

3) 中间性条款(Intermediate Clause，in Nominate Clause)

中间性条款是指介于条件条款和保证条款之间的合同条款。它既不是条件，也不是保证。合同当事人一方违反这种条款时，受害方究竟是按违背条件条款处理，还是按违背了保证条款处理，要视违约程度和后果而定。例如：关于船舶适航保证的条款中一般规定船舶在到达装货港时应适航，如果船舶有严重的"适航缺陷"，承租人有权解除合同并要求赔偿；但是，如果船舶仅存在着轻微的"适航缺陷"，承租人就只能要求赔偿，而无需解除合同。因此，这里所说的"适航保证"，只不过是船舶所有人对使用船舶的适航做出的保证，并不可以理解为就是保证条款。

二、航次租船合同

航次租船合同的内容因具体业务的货类、航线、贸易条件等不同，使用的标准租船合同格式的条款也不同，可以根据具体情况和对双方有利的原则，对标准合同格式中的若干条款进行删减或增加，对于没有明确规定的事项可以依照法律或商业习惯处理。航次租船合同的主要条款如下。

1. 合同当事人

租船合同的当事人是指对租船合同的履行承担责任的人。航次租船合同的当事人应该是船东和承租人。为此租船合同中须列明船东和承租人的名称、住址和主要营业所地址。以代理人身份在委托人授权范围内行事的租船经纪人不能被认定为合同当事人。

同时，根据我国合同法的规定，法人的办事处和驻外营业部门不具有法人资格，不具备订约能力。在这种情况下，这些办事处和驻外营业部门必须取得具有主体资格的上级公司的授权。

2. 船舶状况

在合同中，对船舶状况的说明或陈述使船舶特定化，它是承租人决定是否租用船舶的重要依据，构成合同的重要条款。

1) 船名(name of vessel)

船名是航次租船合同中十分重要的一项内容。选择什么样的船舶完成航次租船合同所规定的运输任务，是双方当事人，特别是承租人极其关心的问题。目前，对于一般具体船舶的确定，通常有3种办法可供当事人选择。

(1) 指定船名。所谓"指定船舶"(named vessel)，实际上就是在航次租船合同中，明确地记述一艘特定的船舶,如"M/V Gloria"。一旦在合同中确定了船舶,就必须由该艘船舶执行合同规定的航次运输任务,船舶所有人无权擅自以其他船舶替代。

(2) 代替船舶。在实践中,为能顺利地履行合同以及避免因原指定船舶发生意外事故而导致合同解除,通常在指定船名的情况下,在航次租船合同中加入"代替船条款"(substituted vessel),如"M/V Gloria or substitute at owner's option",赋予船舶所有人"选择权"。

船舶所有人在指定替代船时,必须在船级、船型、载重吨、位置等方面与原定船舶相符,否则,承租人有权取消合同,并要求损害赔偿。替代船一经选定,须在合理时间内通知承租人,且不能更改,即不能进行二次替代。

(3) 船舶待指定。在缔结航次租船合同时,关于船舶的指定,通常以"指定船舶"为主。当因某些原因致使无法在航次租船合同中确定船舶时,经双方当事人约定在开始履行航次租船合同前的适当时间内,由船舶出租人指定具体船舶,并将船名通知承租人,这就是所谓的"船舶待指定"(vessel to be named)。双方当事人在合同中一般明确约定"待指定船舶"的具体技术条件、性能及规范。在这种情况下,航次租船合同中不再订立"代替船条款"。这是因为法律所承认的给予船舶出租人的选择权只有一次。

2) 船籍

船籍(nationality of vessel)是指船舶所属的国籍,它是通过船旗来表现的。船舶所有人在合同履行期间擅自变更船舶国籍,更换船旗,构成违约行为。

船籍涉及法律适用、货物保险、港口使用费等方面的问题。一般来说,船舶在海上航行时不得同时悬挂两个国家的国旗,也不能不悬挂任何国旗,否则会被视为海盗船处理。需要注意的是在中国香港登记注册的船舶,同时悬挂中华人民共和国国旗和香港特别行政区区旗,以区别于在内地注册登记的悬挂中华人民共和国国旗的船舶。

3) 船级

船级(classification of vessel)是船舶检验机关认定的船舶技术状态的指标,其主要目的是为了保证船舶的适航性能。租船合同中的船级是指双方在订立合同时,船舶应实际达到的技术状态的指标,并不意味着船舶出租人有义务在整个合同履行期间保持这一船级。

4) 船舶吨位

船舶吨位(tonnage of vessel)是船舶规范资料之一,除表示船舶的大小与装载货物的数量关系外,也是港口费用、运河通行费、代理费、吨税等征收的基本参数,所以租船合同中要记名船舶的登记吨(registered tonnage)和载重吨(deadweight tonnage)。登记吨是按船舶容积折算的吨位,故又称容积吨,有总登记吨(Gross Registered Tonnage,GRT)和净登记吨(Net Registered Tonnage,NRT)之分,简称总吨和净吨。

载重吨又称载货能力(deadweight tonnage of vessel),表明船舶实际装载货物的能力。合同中载明的数字通常是指实际可装载的最大货物数量,不包括船舶燃料、物料、淡水、备用品、船舶常数等。这个载重量是航次租船中计算运费的基础。

【知识链接】

关于"宣载"

所谓"宣载",是指根据本航次所需的物料、淡水等因素,由船长在装货港宣布可以装载的货物数量。

由于在洽谈租船业务或缔结航次租船合同时，船舶所有人对航次中所需的燃料、物料、备品、淡水、食品等的消耗难以估计准确，所以对本航次实际可以装载货物的数量难以定出确切的数字。因此，通常航次租船合同中只规定一个装载货物的大概数字和可增减的百分比。记为"大约×××吨货物，×%的增减数量(about××× tons of deadweight of cargo×%more or less, at the master's or owner's option)。"可增减的百分比由双方当事人根据不同种类的货物在合同中予以确定。在具体装货之前，船长根据本船的实际装货能力及港口吃水限制等，在该百分比范围内选择船舶能够装载货物的实际数量，并以书面的形式向承租人进行"宣载"(declaration of cargo)。宣载书一般包括：船舶名称、船舶的载重吨、货物载重量、货舱舱容、燃料数量、淡水数量、船舶常数、船长签名、宣载日期等。

如果船长未在船舶正式开始装货之前进行"宣载"，则被认为自动放弃了合同中"数量增减条款"所赋予船舶所有人的货物数量选择权。

3. 船舶位置

船舶位置(vessel's present position)是指订立合同时船舶所处的位置或状态。因为它直接影响船舶能否按期抵达预定的装货港；而承租人也要按照有关船舶位置或状态的说明，在船舶到港前备货和安排货物装运的准备，所以，必须在租船合同中正确地记载船舶的位置。

提供船舶位置的准确情况是船舶出租人的一项义务，因此这一条款在英美法国家都被认定为条件条款。如果船舶出租人所提供的船舶位置不准确，不论是故意还是过失，都构成船舶出租人的违约。对此，承租人有权解除合同并要求船舶出租人赔偿由此造成的损失。

4. 预备航次

所谓的预备航次(preliminary voyage)是指相对于为完成航次租船合同约定的货物运输的航次，船舶前往装货港准备装货的航次。

航次租船运输合同在"预备航次"阶段就开始执行了，即预备航次是租船合同规定的船舶出租航次的一部分，合同中关于船舶所有人权利和义务的规定，同样适用于预备航次。预备航次根据租船合同的具体规定不同，其履行的义务也不同。如果合同规定船舶必须在某一固定日期之前开始预备航次，则船东有绝对的义务履行合同。

5. 装卸港口

1) 装卸港口或地点

在航次租船运输中，装卸港和泊位通常由承租人指定或选择，航次租船合同中也将具体港口名称予以记载。目前国际上约定装卸港的方法有以下几种。

(1) 明确指定具体的装货港和卸货港，而没有确定该港的具体泊位，泊位按该港的习惯决定。

(2) 规定某个特定的装卸泊位或地点，即在租约中注明某港某泊位。

(3) 由承租人选择货港：这种方法通常在合同中注明两个或两个以上的装货港，或卸货港名，或某个区域并规定承租人在其范围内选择其中的一个或两个。这个范围必须是在一条连续的海岸线上。对于卸货港而言，这种选择权，必须在船东签发提单之前或者抵达第一个被选港之前若干小时内行使，否则，船长可以从约定的选卸港自行选择一港卸货，而因为承租人未及时"宣港"而给出租人造成延误损失，承租人应负责赔偿。

2)安全港口和安全泊位

为了保证船舶进出港口和在港内装卸作业的安全,承租人所指定的港口或泊位都必须是能使船舶安全进出,并进行装卸货物的"安全港口"和"安全泊位"。

安全港口或安全泊位是指一个港口或泊位能使船舶在抵达、进港、在港停泊和离港的整个相关期内,在未出现某些非常事件的情况下,不会处于运用了良好的航海技术和船艺仍不能避免的危险中。具体说,可以从自然条件、港口设施、航海、装卸货物、政治局势等方面理解。实际业务中,有关"安全港口"和"安全泊位"的问题,时常发生争议。实际承担港口和泊位是否安全,其责任还要视具体情况而定。

如果在租船合同中明确了装/卸港口或泊位,即在列明港口和泊位条件下,除非合同另有约定,否则承租人没有保证港口的安全性的义务。港口和泊位的安全风险和责任由船舶人承担。这是因为在洽谈租约时,承租人已经将具体的装港和卸港告知船舶所有人,而相比之下,船舶所有人由于航行经验十分丰富,对具体的港口的情况一般比承租人更为清楚,所以船舶所有人没有对所指定港口的安全性提出任何异议,即被认为船舶所有人默认所指定的港口是安全的。即使是在洽谈租约之后,港口或泊位突然变得不安全起来,也是由船东承担责任,因此船东在航次租船合同中经常加有"附近港口条款"以及"罢工条款""战争条款""冰冻条款"等。

【知识链接】

关于租约中的"附近港口条款"(the Near Clause)

"附近港口条款"的内容是:"船舶必须开往某港或所能安全抵达的附近地"(the Vessel shall proceed to ×× port or so near thereto as the way safely get and lie always afloat),这一条款包括两方面的含义:当原定港口变得不安全时,承租人应当指定或重新指定临近的港口;若承租人不指定或不重新指定时,出租人有权将货物卸于这种邻近地点。当港口不安全仅仅是因为暂时的障碍造成时,船东不能依此条款将货物卸掉,必须等待至障碍消除,当然以合理等待时间为准。

6. 受载期与解约日

受载期是船舶在租船合同规定的日期内到达约定的装卸港,并做好装货准备期限。解约日是船舶到达合同规定的装港,并做好装货准备的最后一天。如果受载期是以"某年某月某日至某月某日"的形式表示的,解约日往往就是这段时间的最后一天。如果受载期是以具体规定某一天的形式表示的,解约日通常就会定在这一天之后的10~20天中的某一天。航次租船合同中将该条款用"LAYCAM"来表示。

1)受载期

受载期是指船舶在这一段时间内的任意一天到达装港都是租约允许的,无论是受载期的第一天还是最后一天,船舶抵达装港并做好装货准备即可。根据租约中的规定:如是港口合同,则船舶到达港口区域;如是泊位合同,船舶靠抵泊位;船舶所有人即可递交"装货准备就绪通知书"。经过通知时间后,就可以起算装卸时间,因此承租人就必须在受载期之前,将货物运到码头泊位,以备装船,否则,如果装卸时间已起算,而货物仍未备妥;所耽搁的时间就是通过滞期费或滞期损失的形式由承租人承担的。

2）解约日

由于买卖合同下的规定，一艘迟到的船舶对承租人已经没有意义了，因此租约中往往会规定解约日。它赋予承租人这样一种权利：如果船舶未能在这天到达装港，承租人可以解约合同，从本租约项下免除自己的义务，但是否能够向船舶所有人进行索赔，还需要看其他条款，考虑船舶所有人能否免责。对于解约日条款，承租人不得过晚提出解除合同的要求，因此经过一定时间，承租人不予行使该权利，就会被视为弃权，从而被禁止反供。实践中，承租人一旦接受了船舶装卸通知书，就不得再行使该解约权利。

而且该条款赋予承租人的权利是直到解约日这一天来临时，才可以解除合同，这一权利的行使，承租人不得提早也无义务提早。如船舶已经不可能在解约日之前或当天赶到装港，船舶所有人也必须依然将船舶继续开往装港，而且船舶所有人如向承租人进行询问是否开这条船，承租人也无义务回答，其有权命令船舶开到装港。等到实际开到装港之后，承租人再根据当时的租船市场的行情，决定是否取消租约。所以，为了减少船期损失，船舶所有人往往会在合同中定有"询问条款"。其含义是，当承租人收到船长关于船舶不能如期到达装货港，并询问是否解约或同意新的解约日的通知后，应在一定时间内做出是否解除合同的答复；否则视承租人放弃解除合同的权利。

【案例应用】

某船公司于2012年4月10日至4月20日到达装货港，并做好了装货准备，则4月10日至4月20日为受载期；而4月20日则是解约日，解约日是船舶到达合同规定的装港，并做好装货准备的最后一天。

7. 货物

货物的航次运输需求是承租人提出的，所以，承租人享有货物选择权。但另一方面，承租人提供货物也必须满足合同的要求。

1）货物的种类

货物的种类与运算率、舱容或吨位的利用及船舶的适航能力等密切相关。承租人为完成某种特定货物的运输，以航次租船的形式，签订租船合同。在租船合同中记载的特定的货物被称为"契约货物"。而其他任何货物被称为"非契约货物"。

船舶抵达装货港后，承租人只能提供"契约货物"，而不能提供其他货物；否则，船长有权利拒绝装船，船舶所有人还可以因承租人的违约行为而要求赔偿损失。

2）货物的数量

在航次租船运输的情况下，如果在租船合同中规定了货物的数量，那么承租人所提供的货物的数量必须达到船舶的货物装载能力，即重货按照满载（考虑载重吨）的要求，轻货按照满舱（考虑船舶的载货容积）的要求。同时，船舶所有人也有义务尽可能提供载货空间。

在租船合同中一般会规定"伸缩条款"或"最多最少条款"，在这两种情况下，应该由船长进行"宣判"，即根据本航次所需要的物料、油水等因素，由船长在装港向承租人发送"宣载通知书"，宣布可以承载的货物数量，宣载的具体吨位必须在合同中订明的范围之内。如果超过了这个范围，则承租人并无义务提供；如果不足，则是船舶所有人违反合同规定，通常船舶所有人必须支付短装损失，包括货物的退关费、仓储费和回运费。

8. 装卸费用分担

装卸费用是指将货物从岸边装入舱内和将货物从舱内卸至岸边的费用。如果租船合同中没有做出约定，则由船舶所有人负担。但一般租约中都会做出约定。常见的约定方法有如下几种。

1）班轮条款

班轮条款又称"泊位条款"。根据这一条款，承租人把货物交到船边船舶的吊钩下，船方负责把货物装进舱内，并整理好；卸货时，船方负责把货物从舱内卸到船边，由承租人或收货人提货。所以，责任和费用的划分以船边为界，是船边所有人负责雇用装卸工人，并负担货物的装卸费用的条款。

2）舱内收货条款

舱内收货条款即船舶所有人不负担装货费条款，在装货港由承租人负担装货费用。如果船舶所有人仅就装货费不负责，其他费用，如卸货港的卸货费用等仍由船舶所有人承担的话，可用"FILO"条款，这是 FI 条款的变形。

3）舱内交货条款

舱内交货条款即船舶所有人不负担装卸费条款，装货港由船舶出租人负担装货费，在卸货港由承租人负担卸货费。如果船舶所有人仅就卸货费不负责，其他费用仍承担的话，可用"LIFO"条款，这是 FO 条款的变形。

4）舱内收交货条款

舱内收交货条款简称为 FIO 条款，或称船舶出租人不负担装卸费条款。根据这一条款，在装、卸两港由承租人雇用装卸工人，并负担装卸费用。

5）舱内收交货和堆舱、平舱条款

与班轮条款相反，本条款规定船舶所有人不负担有关装卸的所有费用，装卸费、平舱费和堆舱费全部由承租人负担。按此定义，装运重大件货物时，绑扎所需的绑扎材料费用也应由承租人负担，为明确起见，在合同中注明"FIOS，LASHED"。

6）总装卸费或总装货费，或总卸货费条款

船舶所有人负责与装卸、搬运、卸货有关的全部费用。与班轮条款不同，本条款是指船舶所有人除了要负担装卸费用以外，还要承担货物积载、平舱等费用。该条款在实践中很少使用。

7）限额条款

船舶所有人负责一定限额的装卸费，超出部分由承租人自行负担。除非合同另有约定外，即使是由承租人负担装卸费用，船长对船舶的安全装卸作业也依然负有监管之责。而本条款仅仅是对装卸中的费用在船舶所有人和承租人之间做出分配。

9. 装卸时间

1）装卸时间的定义

按照"波罗的海国际航运公会"等国际航运组织联合制定的《1980 年租船合同装卸时间定义》的解释，所谓装卸时间是指"合同当事人双方约定的船舶所有人使船舶并且保证船舶适于装卸货物，无需在运费之外支付附加费的时间。"也可以说是承租人和船舶所有人约定的，承租人保证将合同货物在装货港全部装完和在卸货港全部卸完时间之和。

2）装卸时间的规定方法

（1）不规定装卸日数。不规定装卸日数有两种情况。若在合同中，未提及装卸时间，那么按英美法律，其他法律地位就如同按港口习惯尽快装卸。当船舶所有人对装港或卸港的装卸较为了解时，他可能在合同中订入按港口习惯尽快装卸。另一种不规定具体装卸天数的写法是订明按照船舶能够收货或交货的速度装货或卸货。

（2）订明装卸日数。

① 连续日，或净日、日历日。是指按时钟连续走过 24 小时为一天，即按自然日计算，有一天算一天，其中没有任何扣除。以这种日表示装卸时间，从装卸或卸货开始至卸货或装货完毕时止所经过的日历日数就是总的装卸或卸货时间。

② 工作日。是指不包括周日和法定节假日的港口可以进行工作的日数。工作日的正常工作时间，按港口的习惯规定。

③ 晴天工作日。是指工作日或部分工作日中，不受天气影响，可以进行装货或卸货的时间。也就是说，除周日和节假日外，因天气不良而不能进行装卸作业的工作日不能计入装卸时间。

④ 24 小时晴天工作日。这是不考虑港口规定的时间工作日是多少小时，以累计港口晴天工作 24 小时作为一晴天工作日的表示装卸时间的方法。如果港口的工作时间为每天 8 小时，那么一个 24 小时晴天工作日就相当于三个正常工作日。这种规定对出租人极为不利。

⑤ 连续 24 小时晴天工作日。指除去星期日、节假日、天气不良影响作业的工作日或工作小时后，其余所有时间从午夜至午夜连续以 24 小时为一日的表示装卸时间的方法。在使用这个用语时，不论港口规定的正常工作日是几个小时，均按 24 小时计算。例如，周一是好天气，从上午 8 点开始计算许可时间，则到周二 8 点才是一个工作日。如果此间有 4 小时无法作业，则到周二 12 点才算作一个工作日。这样做法比较合理，双方均能接受。目前采用较多。

【知识链接】

租约中"晴天工作日"的变形条件

"晴天工作日"的变形条件，主要包括以下几种。

（1）晴天工作日，周日和节假日除外(W WD Sunday Holiday Excepted)。

（2）晴天工作日，周日和节假日除外，除非已使用(W WD Sunday Holiday Excepted, unless used)。

（3）晴天工作日，周日和节假日除外，即使已使用(W WD Sunday Holiday Excepted, even if used)。

（4）晴天工作日，周日和节假日除外，除非已使用，但仅按照实际使用时间计算(Sunday Holiday Excepted, unless used, but only time actually used to count)。

对于这些变形条件，须严格按照规定执行。

3）装卸时间的起算和止算

装卸时间的起算时间通常要按租船合同的约定办理。一般在租船合同中都规定船长或出租人或其代理人向承租人或其代理递交"装卸准备就绪通知书"以后，经过一定的时间（称为"通知时间"）后才开始计算。

【知识链接】

准备就绪通知

准备就绪通知（Notice Of Readiness，NOR）是船方通知租船人船舶已准备就绪，可以开始装货或卸货的通知。准备就绪包括两方面的含意：第一，船舶在物理上准备就绪，指货舱适合装载合同中指定的货物；第二，船舶在法律上准备就绪，指已办完了各项法律上的手续。

递交《装卸准备就绪通知书》必须准备以下三个条件。

（1）船舶抵达。船舶必须是抵达合同中指定的港口或指定的泊位，即船舶必须是一艘到达船舶。如在合同中只规定船舶应到达规定的港口，则船舶一经到达港口，不论是否靠泊，即视为到达船舶。

（2）船舶已在各方面做好装卸货物的准备。这主要是指船舶在各个方面做好装货或卸货的准备，即在配备船员，使在舱后机器的各个传送部分、吊杆以及其他装卸工具随时处于可供使用状态，以及使船舶随时处于可立即装卸货物的状态等方面都已为装卸货物做好准备。

（3）船舶还需要通过各项检查，办妥各项进出港的手续。即必须通过海关、边际或移民局，以及卫生检疫部门检查。船舶具备了上述三个条件，办完了必要的手续，取得了必要的证书和文件后，船长才可以递交"装卸准备就绪通知书"。

我国港口一般规定递交"装卸准备就绪通知书"的时间是 10：00—17：00，星期日及节假日前一天是 10：00—12：00。但是，如果租船合同另有约定，则按合同规定办理。递交和接受"装卸准备就绪通知书"后，经过一段时间才起算装、卸时间。这个时间就是"通知时间"。这段"通知时间"的长短，完全由当事人在合同中约定。

航次租船合同中，一般没有规定装/卸时间的止算时间，但是，习惯上都以货物装完货卸完的时间作为装/卸时间的止算时间。

4）装卸时间的计算方法

在航次租船合同中，装卸时间的计算方法有分别计算和统算等方法。

（1）分别计算。在英美法下，装卸时间是由装港和卸港分别进行计算的，即分别规定"lay time for loading" and "lay time for discharge"，用满之后便进入滞期时间，单独核算。

（2）统算。统算有 3 种约定方法。

① 装卸共用时间。这是一种表明装货港和卸货港的装/卸时间可以统算的一种用语。只要装卸两港实际使用的总时间不超过合同规定的合计时间，可不算滞期时间。但如果在装货港已将两港合计的可用时间用完，则在装货港已进入滞期，按照"一旦滞期，永远滞期"的原则，当船舶抵达卸货港后，立即连续计算滞期时间。

② 可调剂使用装卸时间。可调剂使用装卸时间又称"装卸时间抵算"，是指承租人有权选择将约定的装货时间和卸货时间加在一起计算。它是一种可以用卸货港的允许使用时间调剂，或抵算发生在装货港的速遣或滞期时间的一种装卸时间的统算方法。

按照这种约定，承租人可将装货港的速遣时间计入卸货港的允许使用时间，而使卸货港的允许时间增加，或将装货港的滞期时间在卸货港的可用时间中扣除，而使卸货港的允许时间减少。

采用这种方法时，应分别规定装货时间和卸货时间，并单独编制装/卸时间表，而在卸货港卸货完毕后算出装/卸两港总的滞期时间或速遣时间。即将装货港装货所节省的时间或滞期时间，计入卸货港的允许使用时间，然后再用卸货港实际使用的时间，与经过调整后的允许使用时间相比较，从而最终算出滞期时间或速遣时间。这是，必须将已在装货港用于装货的是时间记录于根据租船合同签发的提单上，使收货人能明确知道还有多少允许使用的卸货时间。

③ 装卸时间平均计算。装卸时间平均计算，又称"装卸时间均算"，是指分别计算装货时间和卸货时间，用一个作业中节省的时间抵消另一作业中超用的时间。它与"可调剂装卸使用时间"不同，虽然也分别单独编制装货时间计算表和卸货时间计算表，但并不以装货港的节省时间和滞期时间来调整原规定的卸货港的可用时间，而是单独根据卸货港的时间表，计算出卸货港产生的滞期时间或节省时间。所以这一方法旨在以装货港节省的时间抵补卸货港滞期的时间，从而减少通常须以速遣费的加倍费率支付滞期费的情况。

10. 滞期费与速遣费

1）滞期费

如果承租人未能在租船合同约定的装/卸时间内将货物全部装完或卸完，为了完成货物的装/卸，船舶还需在港停泊而延误了出租人的船期，承租人应按照合同约定的滞期费率向出租人支付滞期费。

滞期费率通常以本船定期租船的日租金率为基础，在考虑本船的燃料费、港口费和其他营运费用及营运损失之后，按每天每载重吨或每天每艘的费用商定，按船舶滞期的天数计收。不足一天，则按时间比例计收。

滞期时间的计算方法通常有两种。

（1）滞期时间连续计算，或称一旦滞期，永远滞期，是指进入滞期后，即使遇到周日、假日、天气不良等原因停止工作时间，也应记为滞期时间，直到货物装/卸完毕。

（2）滞期时间非连续计算，或称按同样日，是指计算滞期的"日"与计算装卸时间的"日"相同，即滞期时间与装卸时间一样计算。

虽然在发生滞期后，承租人需向出租人支付滞期费，但是滞期时间过长可能使出租人遭受更大损失，有时在租船合同中还规定了允许滞期的时间。在允许滞期的时间内，承租人依约支付滞期费，若船舶滞期超过了允许滞期时间，承租人应当向出租人支付延期损失赔偿，或称为"滞留损失"。滞留损失按出租人实际遭受的损失计算，如果合同另行约定，按约定处理。

2）速遣费

速遣费是指为了鼓励承租人尽快装卸，合同常常约定，如果承租人在约定的时间内提前结束货物的装/卸作业，因减少了船舶在港的停留时间，承租人从船舶出租人那里取得的报酬。通常速遣费率为滞期费率的一半。速遣费的计算方法是以船舶速遣的时间乘以速遣费率，速遣等于合同规定的装卸时间和实际使用的装卸时间之差。

速遣时间的计算也用两种方法。

（1）按节省的全部时间计算速遣费。

（2）按节省的全部工作时间计算速遣费。

【案例应用】

滞期费和速遣费的计算

某船6月5日抵达装货港,并于当天16时30分递交了N/R,6月6日8时开始装货,6月12日12时装货完毕,期间,6月7日零点至4点,因下雨停工;6月10日是星期天。该船于6月24日抵达卸货港,并于6月25日星期五8时开始卸货,6月26日星期六20时卸完。租船合同规定:"许可装货、卸货时间分别为3天平均时间",滞期费每天3 000元,速遣费每天1 500元。请按装卸时间平均计算的方法计算滞期费和速遣费。

解:装货时间=6天+4小时
扣除下午停工4小时　星期日(6月10日)一天
实际装货时间=6天+4小时-4小时-1天=5天
实际卸货时间=1天+12小时=1.5天
按照装卸时间平均计算方法:
实际卸货时间节省3天-1.5天=1.5天
实际装货超用时间3天-5天=-2天
二者相抵装卸时间(滞期时间)=1.5天-2天=-0.5天
实际应支付滞期费=3 000元/天×0.5天=1 500元

11. 运费及其支付

在租船合同中要明确货物运费的费率、计算标准、计算币种和支付时间等。

1) 运费的计收方法

航次租船的运费按所装运货物的数量计收时,应注明运费率,或按包干运费支付。包干运费是指提供的船舶,商订一笔整船运费,不论实际装货多少,一律照付。但出租方必须保证船舶的载重量和装货容积。

当按运费率计算运费时,在合同中应明确计算运费的货物运费吨的标准。特别是以重量为准时,既可约定为装货数量,也可约定为卸货数量。

装货数量是指由发货人在装货港提供并计入提单,经船长核定后签字,即提单货量。通常租船合同规定的载货量多为提单货量。卸货数量是由收货人在卸货港对货物称量后确定的货量。由于这种计量方式由收货人或承租人负担称重费用,因此,租船合同一般规定承租方选择按卸货量计付运费。"金康"合同订为"按货物的卸货量"计算运费。

2) 运费的支付

运费的支付方法有预付和到付两种。

在实际业务中,预付运费已形成习惯的做法。但在合同中仍需对此作出规定,明确运费的支付时间。预付运费的预付时间有:装货完毕时支付;签发提单时支付;装货完毕后若干天支付等。预付运费分全部预付和部分预付。按照有关的法律和国际惯例,预付运费不论船货是否灭失,船东概不退还。

在约定运费到费支付时,一般也会有3种情况:船货到达卸货港时支付;卸货完毕时支付;交付货物后支付。运费到付时,为了支付些经常的费用,如港口费、燃料费、船员给养费用等,通常船舶出租人可以要求承租人预付一部分费用。

航次租船合同中，除要订明运费的支付方式外，还要订明支付的币种、方法以及受益人和银行账户。

12. 出租人的责任条款

因为航次租船合同也是一种海上货物运输合同，出租人的责任应与提单的规定相似，但航次租船合同并不受提单国际公约的约束，在洽订租船合同时对船舶出租人责任条款的拟定采取了两种方式。

第一，是在合同中订入首要条款，规定对货物的运输安全责任，适用《海牙运输》《海牙-维斯比规则》或其他相应的国内法。

第二，合同直接拟定责任条款，主要应包括以下三方面的内容：①提供适航的船舶，船舶在开航前和开航时应恪尽职守使船舶适航，配备适当的船员，使所有货舱适于装载约定货物，以达到适货的要求；②对货物安全负责，对装卸不善、管货失职所造成的货物灭失和损坏要负责；③及时把货物运到目的港交给收货人。

13. 代理人条款

本条款主要是约定由船舶出租人委托船舶代理人，还是由承租人委托船舶代理人，代办船舶在港业务。船舶出租人和承办人为了维护各自的利益，都争取自己取得指定的船舶代理人的权利。"金康"格式规定在任何情况下，由船舶所有人指定自己在装货港和卸货港的代理人。

由于一些大的国际贸易商在装货港或卸货港有自己的分支机构或相对稳定的代理人。因此，在租船合同中也常约定由承租人或指定船舶代理人。

14. 佣金条款

当有船舶经纪人介入租船合同的签约时，船舶出租人应向经纪人支付佣金。原则上佣金应在收取运费后支付，但根据约定，也可规定在签订租船合同或装货完毕后支付。并且还可能规定，不论合同是否履行，也不论船舶是否灭失，均需支付佣金。

佣金通常都按照运费的一定百分比计算。但根据约定，也可以按运费、亏舱费，甚至滞期费总额的一定百分比计算。在连续航次租船情况下，一定要明确规定佣金要按已收取的运费支付，因为这样可以防止没有完成所有约定的航次时，经纪人要求按运费总额支付。

租船人佣金与经纪人佣金不同，租船人佣金实际上是出租人在运费上的让步或减低。有时出租人在运费下跌时，不愿租船人压低运价，而采用多给佣金的办法来维持原来的运费水平。这种佣金大多为运费的2.5%。

15. 留置权与免责条款

本条款包含两层含义：①出租人对货物享有留置权；②承租人被免除履行合同的责任。其具体含义是承租人在货物装船并支付运费、亏舱费和装港费的滞期费后，即可被免除进一步履行租船合同的责任，但出租人为了获得运费、亏舱费、滞期费和共同海员分摊费用等，对货物享有留置权。

承租人在合同中订入这一条款的原因在于：在CIF或CFR等贸易条件下，承租人对船舶在卸货港的卸货作业无法控制，因而试图通过订入这一条款，对船舶卸货作业不予负责，但是，除订单订有并入条款外，非租船合同当事人的提单受让人或收货人，不受租船合同中此种条款的约束。因此，如果根据提单或卸货港所适用的法律，出租人无权就应由承租人负担的运费、亏舱费、滞期费和共同海损分摊费用等，而对非租船合同当事人的提单受让人或收货人的货物实行留置权；或者出租人虽有留置权，但不能有效行使，则承租人履行租船合同的责任，并不因此而终止。

16. 赔偿条款

赔偿条款指在合同中，除免责事项外，因未履行或部分履行合同，违约一方对另一方的损失，给予赔偿的限额的规定。在租船合同中一般都规定，不论开航前还是开航后，对受损一方所承受损害的赔偿是以运费额为其最高限额。

如果承租人提出解约，船舶出租人当然要设法与其他货主签订新的合同。这时，船舶出租人向提出解约的承租人所提出的赔偿要求，大都只是前后两个租船合同的运费差额、滞期损失以及其他损失的赔偿，其差额一般不会超过原来估算的运费总额。

17. 免责条款

航次租船合同中还列有战争条款、罢工条款、冰冻条款等几项免责条款。

18. 其他条款

租船合同中还会列入其他一些条款，如绕航条款、仲裁和法律适用条款、互有过失碰撞责任条款等。

三、定期租船合同

1. 定期租船合同的概念与特点

1）定期租船合同的概念

定期租船合同又称期租合同。《海商法》规定，定期租船合同是指船舶出租人提供约定的由出租人配备船员的船舶，由承租人在约定的期间内按照约定的用途使用，并支付租金的合同。

2）定期租船合同的特点

从定期租船合同的概念可以看出，定期租船合同有以下特点。

（1）出租人负责提供配备船员的船舶。这一点是定期租船合同与光船租船合同主要区别的地方。

（2）承租人在约定的租期内取得约定的船舶舱位使用权，并由其安排船舶的营运，负责燃油费、港口使用费、货物装卸费等营运费用。而在约定的最后日期将所租船舶归还给出租人。

（3）船舶租金按船舶租用的时间的长短来计算，承租人按约定租期支付租金。准时、全额支付每一期租金是租船合同人承租人的首要义务，承租人违反该义务，出租人有权撤船并要求赔偿损失。

（4）承租人按约定用途使用船舶。承租人应当按照合同约定的承运货物的范围及航行区域限制来使用船舶。否则，出租人有权撤船并对造成的损害要求赔偿。

2. 定期租船合同的内容

我国《海商法》规定,定期租船合同的内容主要包括出租人和承租人的名称、船名、船籍、船级、吨位、容积、船速、燃料消耗、航区、用途、租船时间、交船和还船时间和地点以及条件、租金、支付以及其他有关事项。

1）出租人和承租人

出租人和承租人是租船合同的双方当事人,对于他们来说,在签订租船合同时弄清楚双方的真实身份是非常重要的。出租人是提供约定船舶的人,但他并不一定就是船舶的真正拥有人,即船东。他可能是从船东手里将船舶期租过来,然后再以出租人身份将船舶转租出去的二船东,他本身并不拥有船舶。在签订期租合同时,应确定对方的身份,尽量与真正船东或声誉较好的二船东签约。

2）船舶说明

船舶说明是指出租人对船舶的情况所做的陈述。它是承租人决定是否租用这条船舶的依据。船舶说明主要包括船名、船籍、船级、吨位、容积、船速、燃料消耗等。

3）租期

租期是承租人租用船舶的期限,起算时间为交船之时,租期届满,承租人将船舶还给出租人。

由于海上运输的特殊性,还船的时间很难与合同规定的还船时间完全一致,所以,除非合同中用非常明确的字眼来限定期限,否则合同中租期应解释为可以作适当的延展,承租人在此期间还船将不视为违反合同。

4）转租

合同中通常规定,承租人有权在租期或租期的一段时间内将船舶转租出去,但是承租人仍负有履行原租合同的义务,且应当将转租的情况及时通知出租人。

5）交船

（1）交船时间。出租人应当按照合同约定的时间交付船舶,否则,承租人有权解除合同。出租人将船舶延误情况和船舶预期抵达交船港的日期通知承租人,承租人应当自接到通知时 48 小时内,将解除合同或者继续租用船舶的决定通知出租人。

（2）交船地点。双方当事人通常在合同中约定,交船地点为承租人指定的某一具体的港口,或港口的某一泊位,也有规定船舶到达引航站或引航员登船地点视为交船。

（3）交船时船舶的状态。出租人交付船舶时,应当做到谨慎处理,使船舶适航。交付的船舶应当适用于约定的用途。否则,承租人有权解除合同,并有权要求赔偿因此遭受的损失。

6）货物

通常双方当事人会在合同中约定,承租人租用船舶只能从事合法贸易,运输合法货物。所谓合法货物,就是指货物符合装货港、中途挂靠港、卸货港所在地法律、船旗国法律或合同使用的其他法律的货物,否则船长有权拒绝装运。承租人在运输活动物或者危险品时,应事先征得出租人同意。

7）航行区域与安全港口

《海商法》第 134 条规定,"承租人应当保证船舶在约定航区内的安全港口或者地点之间从事约定的海上运输。承租人违反这一义务时,出租人有权解除合同,并要求赔偿损失。"

8) 出租人和承租人应提供的物品和支付的费用

出租人和承租人通常在合同中订明双方在履行合同过程中产生的各项费用的承担。一般来说,与船舶本身及船舶管理有关的费用由出租人承担,如船舶的保险费、修理费、检验费、船长和船员的工资、伙食以及船舶的备用品等;与船舶营运有关的费用由承租人承担,如船舶航行所需的燃料、淡水、装载货物所需的垫舱物料、防移板、货物的装卸费用、港口使用费、代理费等。

9) 支付租金与撤船

(1) 租金的支付。支付租金是承租人在租船合同中承担的一项重要的义务。承租人必须按照合同规定的数额、货币种类、支付方式支付,不得扣减地向出租人支付租金。租金通常要求以现金支付的形式支付。全额支付租金是承租人的一项重要的义务,但并不是说租金绝对不可以扣减。租金通常是以预付的方式支付半个月或 30 天的租金。

(2) 撤船。合同中规定,在承租人没有准时、全额支付租金的情况下,承租人有权撤船。出租人行使撤船权后,我国《海商法》规定出租人仍可以向承租人索赔。

10) 使用与赔偿条款

合同中通常会规定,船长虽然是由出租人任命,但他应该按照承租人的命令与指示行事,就像它是由承租人雇用或作为承租人的代理人一样。

11) 留置权条款

定期租船合同中通常规定,承租人未向出租人支付租金或者合同约定的其他款项,出租人对船舶所载承租人的货物和财产以及转租收入有留置权。出租人在行使留置权时,留置的货物只能是属于承租人的,而不能留置船上不属于承租人的第三方货物。留置船上承租人的财产通常指船上的燃油以及承租人提供的垫舱物料。

12) 停租

停租是指船舶在租期内,非由于承租人的原因,不能被承租人按合同规定有效地进行使用,承租人对这段时间可以不支付租金。

通常合同中规定停租的情况有以下几种。

(1) 由于船员的数量不足,不履行职务或船员的罢工造成的时间损失,以及船用物料不足造成的时间损失。

(2) 由于火灾、船舶损坏、船舶被扣押或者船、货遭遇海损事故所造成的时间损失。船舶损坏包括船体、船机或设备的损坏。

(3) 由于入干坞进行检查或油漆船底而损失的时间。除非是由于承租人应负责的原因引起的。

13) 还船

(1) 还船的时间。承租人应在租期届满时将船舶还给出租人。但由于承租人对最后航次结束的准确时间不易把握,还船时通常出现两种情况,即提前还船和延期还船。提前还船是指承租人在租期届满之前将船舶交还出租人。在这种情况下,出租人应接受还船,但可以对因此造成的损失向承租人索赔;延期还船是指承租人在租期届满之后将船舶交还出租人。

当承租人指定最后一个航次时,《海商法》第134条明确规定:"经合理计算,完成最后航次的日期约为合同规定的还船日期,但可以超过合同规定的还船日期的,承租人有权超期用船以完成航次。此时的最后航次即为英美法中所规定的合法航次。此情况下，在超期期间，承租人应当按合同约定的租金率支付租金，市场的租金率高于合同约定的租金率的，承租人应当按照市场租金率支付租金。"

而若当承租人指定最后一个航次时，不是经过合理估算，而是故意明知履行该航次会导致延迟船期，而仍然履行该航次的则为非法的最后航次。此时，船长有权拒绝此最后航次的指示。

（2）还船的地点。还船地点通常为双方约定的几个港口或一个范围，最后由承租人选择。承租人为了最后航次有较大的选择性，通常就会要求约定一个较大的范围。

（3）还船时船舶的状况。通常合同中规定，还船时船舶应处于与交船时相同的良好状态，自然的损耗除外。

14）出租人的责任与免责

合同中通常规定，出租人应提供适航的船舶，包括交船时船舶的最初适航和租期内维持船舶的适航状态两方面，如果船舶在租期内丧失适航性，出租人应付费恢复其适航性。

四、光船租船合同

1. 光船租船合同的定义及特征

《海商法》第144条将光船租船合同定义为：光船租船合同是指船舶出租人向承租人提供不配备船员的船舶，在约定的期间内由承租人占有、使用和营运，并向出租人支付租金的合同。

光船租船合同与定期租船合同相比较，具有如下特征。

（1）其出租人只向承租人提供适航船舶并备有船舶文书，而不承担其他义务。于此相对应，承租人在租期内配备合格的船长和其他船员。

（2）承租人于租期内承担船舶在营运中所发生的风险和责任，亦负担一切费用开支。为此，承租人有义务为船舶投保相应的保险，否则，出租人有权撤船。

（3）出租人在租期内将出租船舶的占有权和使用权转移给承租人，而所有权仍归属于出租人。

2. 光船租船合同的主要内容

《海商法》第145条规定："光船租船合同的内容，主要包括出租人和承租人的姓名、船名、船籍、吨位、容积、航区、用途、租船期间、交船和还船的时间和地点以及条件、船舶检验、船舶的保养维修、租金及其支付、船舶保险、合同解除的时间和条件，以及其他有关事项。"光船租船合同在内容上有很多与定期租船合同相同。

1）船舶说明

合同中通常规定船名、船旗与船舶登记国、船舶呼号、船型、登记吨、载重吨、建造日期与地点、船级、船舶证书有效期限等。

2）交船

出租人应当在合同约定的港口或者地点，按照合同约定的时间，向承租人交付船舶以及船舶证书。出租人在交船之前和交船时应合理谨慎使船舶适航，并在船体、机器和设备各方面适于约定的服务，并以具备通常的文件及证书。

在交船时，双方当事人应对船舶的各种设备、备用品、器具及物料列出清单。对于船上的燃料、润滑油、淡水、食品等消耗性物品，承租人应按当地价格购买。

3）检验

在交船和还船时，出租人和承租人应各自指定一名验船师对船舶的状况进行检验。通常规定，出租人应承担交船检验的费用，包括时间损失；承租人应承担还船检验的费用，如有时间损失，按日支付租金，不足一日按比例支付租金。

4）检查

合同中通常规定，出租人有权随时检查或检验船舶，或授权验船师代为检验，从而来确定船舶的状况，并确定船舶在租期内得到适当的维修和保养。

承租人应当允许出租人随时检查船舶的航海日志，随时按出租人的要求提供全部与船舶发生海损事故或损害有关的资料。

5）船舶的维修与保养

《海商法》第147条规定："在光船租赁期间，承租人负责船舶的保养、维修。"

6）租金

《海商法》第152条规定："承租人应当按照合同约定支付租金。承租人未按照合同约定的时间支付租金连续超过七日的，出租人有权解除合同，并有权要求赔偿因此遭受的损失。"

7）船舶抵押

《海商法》第151条规定："未经承租人事先书面同意，出租人不得在光船租船期间对船舶设置抵押权。"

8）保险

《海商法》第148条规定："在光船租船期间，承租人应当按照合同约定的船舶价值，以出租人同意的保险方式为船舶进行保险，并负担保险费用。"如果承租人没有按约定方式对船舶进行保险，出租人通知承租人在一定的时间内进行更正，若承租人仍不更正，则出租人有权撤船且并不影响其赔偿的请求权。

9）还船

承租人应当在租期届满时，在合同规定的港口将船舶还给出租人。还船时，船舶应当处于交船时相同的状态、结构和船级，自然损耗除外。在还船时双方应各自指定验船师，对船舶进行检验，造成的费用及时间损失一般由承租人承担，出租人还应当按照承租人还船时当地的市场价格，购买承租人还船时船上剩余的燃料、润滑油、淡水、食品等物品。

10）船舶租购合同

船舶租购合同是光船租船合同的一种特殊形式，指船舶出租人向承租人提供不配备船员的船舶，在约定的期间内由承租人占有、使用和营运，并在约定期间届满时将船舶的所有权转移给出租人，而由承租人支付租购费用的合同。

由于光船租购合同的特殊性，决定了光船租购合同有不同于光船租船合同的特殊规定。

（1）船舶所有权及风险的转移。《海商法》第151条规定："订有租购条款的光船租船合同，承租人按照约定向出租人付清租购费时，船舶的所有权即归于承租人。"在租期届满之前，船舶及属于船舶的一切财产的所有权及其风险由承租人承担，但是，一经船舶交接，船舶及属于船舶的财产的所有权及其风险转移至出租人。

（2）船舶无债务担保。出租人应当保证船舶在买卖交接时，除由于承租人行为产生的债务和已告知承租人的船舶抵押权外，船舶没有依附由船舶优先权或其他担保物权保证清偿的债务。

（3）船舶文书。在承租人支付最后一期租金时，出租人应向承租人提供一份经过公证的船舶买卖文件。在船舶买卖交接时，出租人应向承租人提供船舶已注销登记的证明书，以及出租人持有的船级证书和其他船舶文件与图表。

【项目任务】

任务　航次租船合同中装卸费的计算

任务内容	计算滞期费或速遣费及装卸时间的规定
任务目的	掌握计算滞期费、速遣费的必要知识
任务准备	将学生分组，每组 5～6 人。各组分别准备装卸费的计算

步骤一，学习滞期费或速遣费及装卸时间的相关知识。

步骤二，根据所给相关出口公司资料，讨论滞期费、速遣费的计算过程。

某公司出口饲料 10 000 公吨，租用一艘承租船装运，租船合同中有关的装运条件如下。

（1）每个晴天工作日（24 小时）装货定额为 1 000 公吨，星期日和节假日除外，如果使用了，按半数时间计入。

（2）星期日和节假日前一日 18 时以后至星期日和节假日后一日的 8 小时以前为假日时间。

（3）滞期费和速遣费费每天（24 小时）均为 USD2 000。

（4）凡上午接受船长递交的"装卸准备就绪通知书"（Notice of Readiness），装卸时间从当日 14 时起算，凡下午接受通知书，装卸时间从次日 8 时起算。

（5）如有速遣费发生，按"节省全部工作时间"（All Working Time Saved）计算。

（6）装货记录如下表所示。

装货记录

日　　期	星　　期	说　　明	备　　注
4.27	三	上午 8 时接受船长递交的通知书	
4.28	四	0 时—24 时	下雨停工 2 小时
4.29	五	0 时—24 时	
4.30	六	0 时—24 时	18 小时以后下雨 2 小时
5.1	日	0 时—24 时	节假日
5.2	一	0 时—24 时	节假日
5.3	二	0 时—24 时	节假日
5.4	三	0 时—24 时	8 小时以前下雨停工 4 小时
5.5	四	0 时—14 时	

请计算租船人的使用时间、允许装卸时间、非工作时间、滞期费或速遣费。

步骤三，每组根据上述资料，讨论计算过程。

步骤四，选派一、二组代表上台讲述计算过程及计算结果；其他组学生分析、评价、补充。

步骤五，教师点评、总结，并提供正确答案。

【思考与练习】

一、选择题

1. LI 由（ ）付装船费。
   A. 租船人　　　　B. 船东　　　　C. 货主　　　　D. 第三方
2. LO 由（ ）付卸船费。
   A. 租船人　　　　B. 船东　　　　C. 货主　　　　D. 第三方
3. 滞期费由（ ）支付。
   A. 租船人　　　　B. 船东　　　　C. 货运代理人　　D. 船务代理人
4. 速遣费由（ ）支付。
   A. 租船人　　　　B. 船东　　　　C. 货运代理人　　D. 船务代理人
5. 对于选择卸货港的货物，可以选择卸货港的是（ ）。
   A. 海关　　　　　B. 船舶代理人　　C. 货主　　　　D. 港方

二、问答题

1. 租船运输有哪些具体方式？其特点是什么？
2. 航次租船合同有哪些主要条款？
3. 什么是滞期费？什么是速遣费？合同中为什么要规定滞期、速遣条款？

三、判断题

1. 在定程租船方式下，对装卸费的收取办法是船方只负担装货费，而不负担卸货费。（　）
2. 租船合同中的装运期是指船舶到港装货日期。（　）
3. 在规定装卸时间的办法中，使用最普遍的是 24 小时良好天气工作日。（　）
4. 航次租船合同下签发的提单是运输合同。（　）
5. 解约日是船舶到达合同规定的装港，并做好装货准备的最后一天。（　）

四、情境训练题

上海海悦进出口有限公司有一批货物需要办理租船运输，于是负责这批货物的业务员小李找到 ABC 上海船务公司联系租船事宜，请你草拟一份租船合同并做好相关准备工作。

项目七

国际航空货运代理

GUOJI HANGKONG HUOYUN DAILI

【学习目标】

知识目标	技能目标
(1) 了解开展航空货物运输的基本条件 (2) 熟悉航空货物运输的业务类型 (3) 掌握航空运价与运费等基本概念 (4) 熟悉航空货物运价体系 (5) 掌握普通货物运价、指定商品运价和等级货物运价的相关知识 (6) 掌握空运货物进出口业务程序相关知识 (7) 了解航空公司货物进出港业务知识 (8) 掌握航空货运单的性质和作用 (9) 掌握航空货运单的主要内容和填制方法	(1) 具备航空货物进出口业务的操作技能 (2) 能处理空运货物进出港的操作 (3) 具有航空货运单填写的能力 (4) 能计算航空运价及其他相关费用 (5) 能计算航空飞行时间

【案例导入】

A公司委托某货运代理公司空运部将一台损坏的红外线测距仪空运到香港修理。货运代理按正常的业务程序，向A公司签发了航空分运单，并按普通货物的空运费率收取了运费。货运代理将此票货物交由香港B公司驻广州办事处办理中转。然而由于工作疏忽，致使该货物在运输途中遗失。经货运代理和香港B公司协助多方查询，终无下落。案发后，B公司要求货运代理赔偿货物损失。

分析：空运单即为双方签订的运输合同，是对双方权利、责任及义务的规定，任何一方均应受其约束。同时，依据相关条款规定，凡是贵重货物需办理保险；否则，遇到丢失则按普通货物赔偿。上述案件说明，航空货运代理对其承办的快件是要承担一定的风险和责任的。作为货运代理公司为最大限度地维护自身利益，在接受货主委托时，应明确所接货物是否为贵重物品，如属贵重物品，需要求货主按规定办理保险；如货主不同意办理保险，则必须在空运单上注明属普通货物，以防发生事故后赔偿无依据。同时，应明确告诉货主每件赔偿的最高限额，以使自己在发生纠纷时处于主动状态。

 任务

完成航空进出口货运代理业务；填制航空货运单；计算航空货物运价和运费。

【必备知识】

知识一 国际航空货物运输基础知识

一、航空运输概述

航空货运虽然起步较晚，但发展极为迅速，因其速度快，航线不受地形条件限制，安全准确，可节省各项运杂费用，而且手续简便，所以较其他运输方式更为优越。测算表明，航空货运虽然只占全球贸易运输量的2%，但由于运输对象多是高附加值产品，其货物总价值超过了全球贸易货运总值的40%。从地区间国际空运看，亚太至北美、亚太至欧洲和欧洲到北美是最大的3个航空货运区域。

1. 国际航空货物运输组织

（1）国际航空运输协会（International Air Association，IATA）。国际航空运输协会（简称国际航协），是各国航空运输企业之间的联合组织，会员必须是由国际民用航空组织的成员国颁发的定期航班运输许可证的航空公司。

国际航空运输协会总部在加拿大的蒙特利尔，执行总部在日内瓦。它的目标是调节有关商业飞行上的一些法律问题，简化和加速国际航线的客货运输，促进国际航空运输的安全和世界范围内航空运输事业的发展。

（2）国际民用航空组织（International Civil Aviation Organization，ICAO）。国际民用航空组织是联合国所属专门机构之一，也是各国政府间的国际航空运输机构，1947年成立，总部在蒙特利尔，主要负责国际航空运输的技术、航行及法规方面的事宜，它通过的文件具有法律效力，成员国必须严格遵守。其常设领导机构是理事会，由大会选出的成员国组成。我国是该组织的成员国，也是理事国之一。

2. 航空货运的特点

（1）运送速度快。飞机的飞行时速在每小时 600～800 千米，比其他运输工具快得多，适合运输海鲜、活动物等鲜活易腐的商品。另外，产品的订单生产对交货时间要求比较严格，也需要航空运输来支持。

（2）货物破损率低，安全性好。航空货运的地面操作比较严格，货物破损情况比较少，装上飞机后在空中也不易损坏，因此安全性较好。有些机械设备、精密仪器往往采用空运，以减少货物受损。

（3）单位时间内空间跨度大。现有的宽体机一次可飞 7 000 千米左右，从中国到美国西海岸只需 13 小时左右，是所有运输方式中单位时间内空间跨度最大的。

（4）节约企业的相关费用。航空运输可以提高商品流通速度，节约仓储费用、保险费用和利息支出，加快企业资金周转，提高资金的利用率。

（5）运价较高。由于航空运输技术要求高，运输成本大，因此运价较高，空运价格至少是海运价格的 10 倍。

（6）载量有限。由于飞机载重容积的限制，航空货运的货量较少。如与海运船舶动辄几千只集装箱相比，空运货机的载重量有时只有 100 多公吨。例如：载重最大的民用飞机 B747 全货机，货物最大载重 119 吨，相对于海运几万吨、十几万吨的载重量，两者相差很大。

（7）易受天气影响。如遇到大风大雨有雾等恶劣天气，航班就没有保证。

【知识链接】

1. 航线

民航从事运输飞行，必须按照规定的线路进行，这种线路称为航空交通线，简称航线。航线不仅确定了航行的方向、经停地点，还根据空中管理的需要，规定了航路的宽度和飞行的高度层，以维护空中交通秩序，保证飞行安全。

航线按飞机飞行的路线分为国内航线和国际航线。线路起降、经停点均在国内的称为国内航线。跨越本国国境，通达其他国家的航线称为国际航线。

飞机由始发站起飞，按照规定的航线经过经停站至终点站所做的运输飞行，称为航班。

2. 航空运输区划

IATA 将全球划分为三个航空运输业务区，即 Area TC1、Area TC2、Area TC3 三个大区，简称 TC1、TC2、TC3，如图 7-1 所示。每个大区又有若干次区：一区(TC1)由北美、中美、南美、格陵兰、百慕大和夏威夷群岛组成；二区(TC2)由整个欧洲大陆（包括俄罗斯的欧洲部分）及毗邻岛屿，非洲大陆和毗邻岛屿，亚洲的伊朗及伊朗以西地区组成；三区(TC3)由整个亚洲大陆及毗邻岛屿，澳大利亚、新西兰及毗邻岛屿，太平洋岛屿组成。

3. 时区的划分

国际上规定，以经过英国格林尼治天文台原址的本初子午线（即零经线）为起始经线，分别向东、向西各 7.5°包含的范围划分为中时区（或零时区）。从中时区向东每隔经度 15°依次划分东 1 区、东 2 区、……、东 12 区；向西亦同样依次划分西 1 区、西 2 区、……、西 12 区。其中东 12 区和西 12 区各占经度 7.5°，它们之间的经线为 180°经线，东、西 12 区合为一个整时区。这样全球划分为 24 个时区，每个时区占经度 15°，如图 7-1 所示。

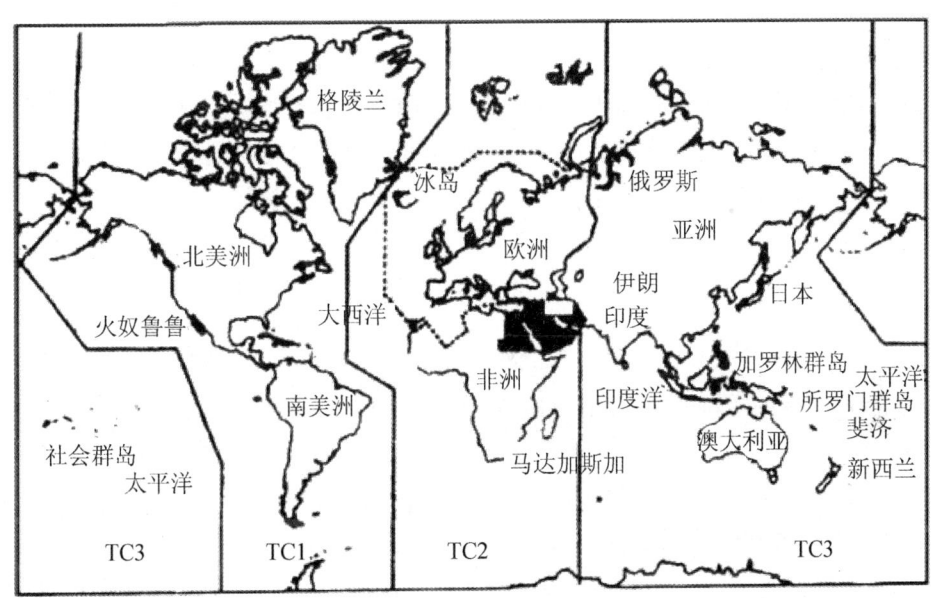

图 7-1 世界航空运输分区图

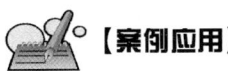【案例应用】

飞行时间的计算

计算的方法和步骤如下。

(1) 查出始发地与目的地的标准时区。
(2) 将始发地与目的地的时间换算成同一时间。
(3) 用到达时间减去起飞时间。

【例】某旅客乘飞机从北京去华盛顿。1 月 28 日乘国航班机从北京启程，北京时间是 09：44。到达华盛顿时，当地时间为 1 月 28 日 15：30。计算该旅客的飞行时间。

解：

第一步，从 International time calculator 中找出始发站和目的站的标准时间。

PEK＝GMT＋0800　（Standard Time）

WAS＝GMT－0500　（Standard Time）

第二步，将起飞和到达的当地时间换算成世界标准时(GMT)。

因为北京提前 GMT 8 个小时，把北京当地时间减去 8 换算成 GMT。

PEK 9：44－0800(GMT)＝GMT 1：44

因为华盛顿落后 GMT 5 个小时，把华盛顿当地时间加上 5 换算成 GMT。

PEK 15：30＋0500(GMT)＝GMT 20：30

第三步，用到达时间减去起飞时间，即是飞行时间。

20：30－1：44＝18：46(18 小时 46 分钟)

二、航空运输方式

1. 班机运输

班机运输指具有固定开航时间、航线和停靠航站的飞机。一般航空公司都使用客货混合型飞机，在搭乘旅客的同时也承揽小批量货物的运输。但一些较大的航空公司在一些航线上开辟定期的货运航班，使用全货机运输。班机运输的特点是货舱容量较小，运价较贵，但由于航期固定，固定停靠港和定期开航，有利于客户确切掌握货物起运和到达的时间，安排鲜活商品或急需商品的运送。这对市场上急需商品的运送是非常有利的。但由于舱位有限，不能使大批量的货物及时出运，往往需要分期分批运输，这是班机运输不足之处。

2. 包机运输

包机是指租用整架飞机或飞机的一部分完成一票货物的运输，可分为以下两类。

1) 整架包机

整架包机是指航空公司或包机代理公司按照事先约定的条件和费率，将整架飞机租给一个或若干个租机人(租机人指发货人或航空货运代理公司)，从一个或几个航空港装运货物至指定目的地的运输方式。

它适合大批量货物运输，运费随国际航空运输市场供需情况而变化，原则上包机运费，是按每一飞行公里固定费率核收费用，并按每一飞行公里费用的 80％收取空放费。因此，大批量货物使用包机时，均要争取来回程都有货载，这样费用比较低。只使用单程，运费比较高。

2) 部分包机

部分包机是指多家航空货运代理公司(或发货人)联合包租一架飞机，或者是由航空公司将一架飞机的舱位分别卖给几家航空货运代理公司，装载货物的运输方式。这种包机方式适用于重量在 1 吨以上但又不足整机的货物。部分包机较班机运输而言，运费低廉但运送时间长。

3. 集中托运

1) 集中托运的概念

将若干票单独发运的、发往同一方向的货物集中起来作为一票货，填写一份总运单发运到同一到站的做法。

2）集中托运的具体做法

（1）将每一票货物分别制订航空运输分运单，即出具货运代理的运单 HAWB(House Air Waybill)。

（2）将所有货物区分方向，按照其目的地相同的同一国家、同一城市来集中，制订出航空公司的总运单 MAWB(Master Air Waybill)。总运单的发货人和收货人均为航空货运代理公司。

（3）打出该总运单项下的货运清单(Manifest)，即此总运单有几个分运单，号码各是什么，其中件数、重量各多少等。

（4）把该总运单和货运清单作为一整票货物交给航空公司。一个总运单可视货物具体情况随附分运单（也可以是一个分运单，也可以是多个分运单）。例如，一个 MAWB 内有 10 个 HAWB，说明此总运单内有 10 票货，发给 10 个不同的收货人。

（5）货物到达目的地站机场后，当地的货运代理公司作为总运单的收货人负责接货、分拨，按不同的分运单制订各自的报关单据并代为报关、为实际收货人办理有关接货送货事宜。

（6）实际收货人在分运单上签收以后，目的站货运代理公司以此向发货的货运代理公司反馈到货信息。

图 7-2 所示为集中托运流程图。

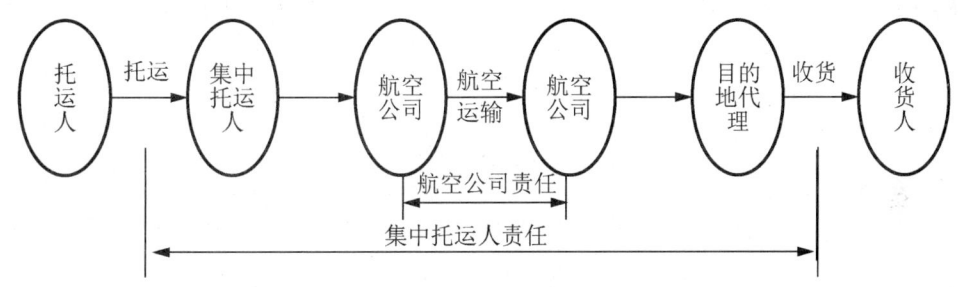

图 7-2 集中托运流程图

3）集中托运的限制

（1）不是所有货物都可以集中托运。对于航空公司来讲，对待主单上的货物的方式一定是一样的，不可能两种货物采用两种不同的操作方法。集中托运只适合办理普通货物，对于等级运价的货物，如贵重物品、活体动物、尸体骨灰、外交信袋、危险物品以及文物等均不适宜。

（2）目的地相同或临近的可以办理，如某一国家或地区；其他则不宜办理，如不能把运往日本的货物发到欧洲。

集中托运与直接运输的区别见表 7-1。

表 7-1 直接运输与集中托运的区别

两种航空运输方式	货物交付	货运单签发和使用
直接运输	货物由货主或航空货运代理人交付给承运人（航空公司）	货物由货主交付给集中托运商，然后再由集运商交付给承运人（航空公司）

两种航空运输方式	货物交付	货运单签发和使用
集中托运	货运单由航空货运代理人填开,并列明真正的货主(托运人和收货人) 只使用航空公司的货运单	货运单由集中托运商填开,航空公司货运单(主运单)上记载的货物收货人、发货人分别为集中托运商和分拨代理人,集运商的货运单(分运单)上记载的货物收货人、发货人分别为真正的货主(托运人和收货人) 使用主运单和分运单

4)集中托运的特点

(1) 节省运费。航空货运公司的集中托运运价一般都低于"航空协会"的运价,发货人可得到低于航空公司的运价,从而节省费用。

(2) 提供方便。将货物集中托运,可使货物到达航空公司到达地点以外的地方,延伸了航空公司的服务,方便了货主。

(3) 提早结汇。发货人将货物交与航空货运代理后,即可取得货物分运单,可持分运单到银行尽早办理结汇。

集中托运方式已在世界范围内普遍开展,形成较完善、有效的服务系统,为促进国际贸易发展和国际科技文化交流起了良好的作用。集中托运成为我国进出口货物的主要运输方式之一。

4. 航空快递

1) 航空快递的概念

航空快递是指具有独立法人资格的企业将进出境货物或物品,从发件人(Consignor)所在地通过自身或代理网络运达收件人(Consignee)的一种快速运输方式。

快件业务从所发运快件的内容看,主要分成快件文件和快件包裹两大类。快件文件以商务文件、资料等无商业价值的印刷品为主,但也包括银行单证、合同、照片、机票等;快件包裹又叫小包裹服务,包裹是指一些贸易成交的小型样品、零配件返修及采用快件运送方式的一些进出口货物和物品。

2) 航空快递的特点

(1) 快递公司有完善的快递网络。快递是以时间、递送质量区别其他运输方式的。它的高效运转只有建立在完善的网络上才能进行。这种网络要求无论始发地、中转地、到达地都能以服务于网络这个目的进行,同时网络有相当强的整合能力。

(2) 以收运文件和小包裹为主。从收运范围来看,航空快递以收运文件和小包裹为主。文件包括银行票据、贸易合同、商务信函、装船单据、小件资料包括机器上的小零件、小件样品等。快运公司对收件有最大重量和体积的限制。

(3) 特殊的单据。从运输和报关单来看,航空快运业务中有一种其他运输形式所没有的单据,即交付凭证(Proof of Delivery,POD)。POD 是航空快运中重要的单据,由多联组成,一般有发货人联、随货同行联与结算联、收货人签收联等,其上印有编号及条形码。POD 类似于航空分运单,但比航空分运单的用途更为广泛。

（4）流程环节全程控制。从服务层次来看，航空快运因设有专人负责，减少了内部交接环节和衔接时间，因而运送速度快于普通航空货运业务和邮递业务，这是快运业区别于其他运输形式的最本质、最根本的一点。

（5）高度的信息化控制。从服务质量来看，航空快件在整个运输过程中都处于电脑的监控之下，每经一个中转港或目的港，电脑都要输入其动态（提货、转运、报关），派送员将货送交收货人，让其在POD上签收（日期、姓名）后，电脑操作将送货情况输入电脑。这样，信息很快就能反馈到发货方。一旦查询，立即得到准确的回复。这种运输方式使收、发货人都感到安全、可靠。

3) 航空快递业务的主要操作形式

（1）机场到机场的快递服务。发货人在航班始发站将货交给航空公司，然后发货人目的地的收货人到机场取货。

（2）门到门（也称桌到桌）的快递服务，是航空快递最主要的业务种类。发货人需要发货时通知快递公司，快递公司立即派人到发货人的办公室取货，然后将所有收到的快件集中到一起，根据目的地分拣、制单、报关，发往世界各地。到达目的地后，再由当地的分公司办理清关、提货手续，并分送至收件人手中。

（3）派专人送货。由快递公司派人随机同行，直至安全送达收货人手中。这种服务方式虽然周到，但费用很高，一般很少使用。

三、航空货物运输当事人

在航空货物运输业务中，涉及的有关当事人主要有发货人、收货人、承运人、代理人及地面运输公司。承运人一般指航空公司，代理人一般指航空货运代理公司（简称空运代理）。

1. 航空公司

航空公司自身拥有飞机并借以从事航空运输活动。在货运业务中，航空公司一般只负责空中运输，即从某地机场运至另一地机场。表7-2所列为中国目前的航空公司及其代码。

表7-2 中国航空公司名称及其代码

航空公司名称	公司代码	航空公司名称	公司代码
中国国际航空公司	CA	中国东方航空公司	MU
中国新华航空公司	XW	厦门航空有限公司	MF
中国南方航空公司	CZ	四川航空公司	3U
海南航空公司	HU	上海航空公司	FM
山东航空公司	SC	深圳航空公司	ZH

2. 航空货运代理公司

航空货运代理公司即航空货代，是从事航空货物在始发站交给航空公司之前的揽货、接货、报关、订舱及在目的地从航空公司手中接货、报关、交付或送货上门业务的公司。航空货代可以是货主代理人,也可以是航空公司的代理,也可身兼二职。

航空货代除了提供订舱、租机、制单、代理包装、代刷标记、报关报检、业务咨询等传统代理业务之外,还提供集中托运、地面运输、多式联运服务,业务范围见表7-3。

表7-3 国际航空货代的业务范围

业务名称	操 作	实际身份
集中托运	(1) 集中若干批单独发运的货物成一批向航空公司办理托运 (2) 填写一份总运单送至同一目的地 (3) 由其委托目的地的代理人负责分发给各个实际收货人	契约承运人
地面运输	(1) 以代理人身份提供地面运输服务 (2) 利用自身拥有或租赁的地面运输工具以承运人身份提供地面运输服务	(1) 代理人身份 (2) 承运人身份
多式联运服务	提供以航空运输为主的多式联运服务	代理人身份

【知识链接】

航空货运代理的含义及服务内容

航空公司只是负责将货物从一个机场运至另一个机场。对于揽货、接货、报关、订舱,以及在目的地提货和将货物交付收货人等方面的业务,全由航空货运代理办理。通常空代既是货主的代理又是航空公司的代理。它可代表航空公司接受货主的货物并出具航空分运单,当货物在航空公司责任范围内丢失、损坏,它可以代表货主向航空公司索赔。通常从事空代需要有丰富的商品知识,要了解相关的法律制度和制作相关单证,要熟悉货物拼装的尺码、比重、超限的数据和不同飞机型号的舱容,要精通货运管理费用、保险和进出口许可证等方面的规章制度。

航空货代的服务内容包括以下几点。

(1) 提供运输设备,将货物从发货人处按时运往机场,或将若干托运去同一到站的货物集中成一整批运往机场并向航空公司办理订舱。检查出口单证是否齐全完善并填航空运单,正确计算运单上列明的各项费用。

(2) 向航空公司交货前要制作交接清单,以便接货人员按交接单逐票点收,然后由双方签字,各执一份。

(3) 为货主办理保险、报关、报检、交付运费等有关事宜。根据"国际航空运输协会"的规定,空代可从航空公司收取5%的订舱佣金并向货主收取代付的运费及有关的服务费用。

知识二 国际航空货运进出口业务流程

国际航空货物运输的业务流程是指为满足货物运输消费者的需求而进行的从托运人(货主)发货到收货人收货的全过程的物流、信息流的实现和控制管理的过程。

一、国际航空货运出口业务流程

国际航空货物运输的业务流程主要包括两大环节:国际货物运输的出口业务流程和进口

业务流程。其中，空运货代出口业务程序如图7-3所示。

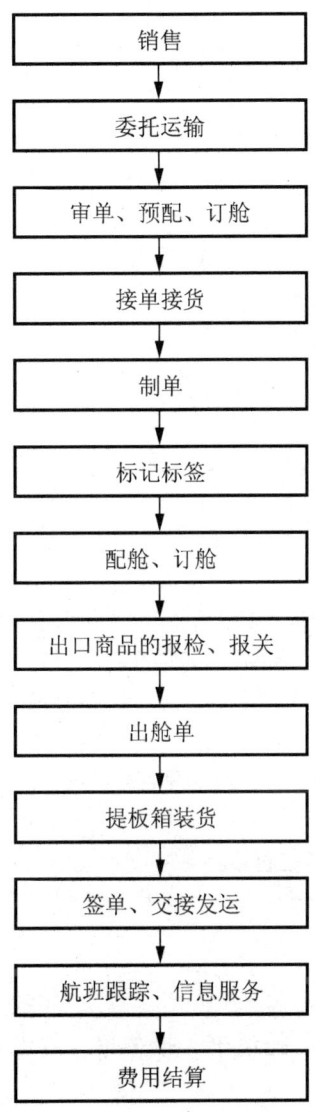

图7-3 空运货代出口业务流程图

1. 市场销售

作为航空货物运输销售代理人，其销售的产品是航空公司的舱位，只有飞机舱位配载了货物，航空货运才真正具有了实质性的内容，因此，承揽货物处于整个航空货代业务的核心地位。

2. 委托运输

根据《华沙公约》的规定，货运单应由托运人填写，也可由承运人或其代理填写。实际上，目前货运单均由承运人或其代理填写。托运书应由托运人自己填写，而且，托运人必须在上面签字或盖章。

【知识链接】

航空托运书

航空托运书(Shipper' Letter of Instruction, SU)是托运人委托承运人或其代理填开航空货运单的一种表单，列有填制货运单的各项内容。托运书主要内容有如下几点。

（1）托运人名称和地址：填写全称，街名，城市，国家及电话，传真等。

（2）收货人名称和地址：填写全称，街名，城市，国家及电话，传真等。本栏不能填写 To order 或者 To order of shipper，因为航空货运单不能转让。

（3）始发站机场：填机场全称或城市名。

（4）目的地机场：填机场全称或城市名，如有重名，要加列国名。

（5）要求的路线：托运人有特别要求，可填入本栏。

（6）供运输用声明价值：填声明价值金额，该价值是承运人承担最高赔偿限额。如果货物每公斤毛重不超过 20 美金，无须声明价值，可填入 NVD。

（7）供海关用声明价值。

（8）保险金额：可空着不填。

（9）处理事项：填写货物的处理要求，如另请通知人；操作要求如向上，易碎等。

（10）货运单所附文件：随货运单一起运往目的地的文件名称。

（11）件数和包装方式：货物的总件数和包装方法。没有包装就注明散装。

（12）实际毛重：承运人或代理人称重后填写。

（13）品名和数量：填写货物的品名和数量，包括包装和尺寸，如果一票货物包括多种物品，要分别填报，避免使用笼统的品名。

（14）托运人签字：托运人必须在本栏签字。

（15）日期：交货的日期。

3．审核单证

审核单证包括：发票、箱单、托运书、报关单、外汇核销中、许可证、商检证、核销单等。

4．预配舱

代理人汇总所接受的委托和客户的预报，并输入计算机，计算出各航线的件数、重量、体积，按照客户的要求和货物重、高情况，根据各航空公司不同机型对不同板箱的重量和高度要求，制订预配舱方案，并对每票货配上运单号。

5．预订舱

代理人根据所指定的预配舱方案，按航班、日期打印出总运单号、件数、重量、体积，向航空公司预订舱。

6．接受单证

接受托运人或其代理人交送的已经审核确认的托运书及报关单证和收货凭证。将收货记录和收货凭证核对，制作操作交接单，填上所收到的各种报关单证份数，给每份交接单配一份总运单或分运单。将制作好的交接单、配好的总运单或分运单、报关单证移交制单。

7. 填制货运单

航空货运单包括总运单或分运单，填制航空货运单的主要依据是发货提供的国际货物委托书，委托书上的各项内容都应体现在货运单上，一般用英文填写。

8. 接受货物

航空货代公司把货物从发货人手中接过来并送到自己的仓库。接单与接货一般同时进行，接货时应对货物进行过磅、丈量，清点货物，核对单据。

9. 标记和标签

（1）标记。包括托运人、收货人的姓名、地址、联系电话、传真、合同号等；操作注意事项；单件超过150千克的货物。

（2）标签。航空公司标签上前三位阿拉伯数字代表所承运航空公司的代号，后八位数字是总运单号码。分标签是代理公司对出具分标签的标识，分标签上应有分运单号码和货物到达城市或机场的三字代码。

10. 配舱

按照航班机型、板箱型号、高度、数量进行配载。

11. 订舱

订舱时，应在订舱单上写明货物的名称、体积、重量、件数、包装种类、目的港及要求出运的时间等。航空公司根据实际情况安排航班和舱位。航空货运代理公司订舱时，可按照发货人的要求选择最佳航线和最理想的承运人（即航空公司），同时为其争取最合理的运价。订妥舱位后，航空货运代理公司应及时通知发货人备单、备货。

12. 出口报关

首先将发货人提供的出口货物报关单的各项内容输入电脑，即电脑预录入。其次在电脑打印的报关单上加盖报关单位的报关专用章，并将报关单与发票、装箱单、航空运单及根据贸易性质或货物种类所需的其他证明文件，一起由持有报关员证的报关员递交给海关，办理申报手续。海关审单无误后，海关关员即在总运单正本上加盖放行章，同时在出口收汇核销单和出口报关单上加盖海关放行章。在发货人用于产品退税的单证上加盖验讫章，粘上防伪标志；完成出口报关手续。

13. 出舱单

配舱方案制定后就可着手编制出舱单；出舱单的日期、承运航班的日期、装载板箱形式及数量、货物进仓顺序编号总运单号、件数、重量、体积、目的地三字代码和备注。

14. 提板箱与装货

向航空公司申领板、箱并办理相应的手续。提板、箱时，应领取相应的塑料薄膜和网。对所使用的板、箱要登记、销号。

15. 货物装箱装板

除特殊情况，航空货运均以集装箱和集装板运输。装箱、装板应注意：不要用错集装箱、集装板，不要用错箱型、板型；不要超装箱板尺寸；要衬垫，封盖好塑料纸，防潮、防雨淋。集装箱、板内货物应装配整齐，结构稳定，并接紧网索，防止途中倒塌；对于大宗货物、集中托运货物，应尽量装一个箱、板运输，防止遗失、散乱。

16. 签单

货运单在海关盖放行章后要到航空公司签单，只有签单确认后才能将单、货交给航空公司。

17. 交接发运

向航空公司交单交货，航空公司安排运输。

18. 航班跟踪

货代要在单、货交给航空公司后，对航班和货物进行跟踪。因为航空公司随时能由于种种原因而取消航班或延误。

19. 信息服务

货代应提供多方面信息服务，如订舱信息、审单报关信息、仓库收货信息、交运称重信息、集中托运信息、单证信息。

20. 费用结算

（1）与发货人结算费用。
（2）与承运人结算费用。
（3）与国外代理结算到付运费和利润分成。

【知识链接】

航空公司出港货物的操作程序

航空公司出港货物的操作程序指代理人将货物交给航空公司，直到货物装上飞机的整个过程。

1. 预审 CBA(Cargo Booking Advance)

CBA 及国际货物订舱单，此单由国际吨控室开具，作为配载人员进行货物配载的依据，配载人员应严格按 CBA 要求配货。

2. 整理单据

整理三方面的单据：已入库的大货的单据、现场收运的货物单据、中转的散货单据。

3. 过磅和入库

检查货物板箱组装情况，将货物送至电子磅，记录重置，对轻泡货物记录好体积，将货物码放在货架上。

4. 出港

配载工作结束后，制作平衡交接单，制作舱单(Cargo Manifest)。舱单是每架飞机所装载货物和邮件的清单，是每一航班总申报单的附件，也是承运人之间结算运费的依据之一。转运舱单(Cargo Transfer Manifest, TRM)是由交运承运人填写的承运人之间交接货物文件的凭证，也是承运人之间结算运费的依据之一。

表7-4为舱单参考表。

表7-4 舱单参考表

计划时间	航班号	航空公司	候机楼	目的地	预计时间	实际时间	状　态
00：30	KC888	阿斯塔纳航空公司	2	阿拉木图	00：35	00：44	
02：00	CA899	中国国际航空公司	2	法兰克福	02：00	02：01	
02：40	CK239	中货航	2	巴黎	02：40	02：16	
05：50	CK201	中货航	2	卢森堡	05：55	06：21	
07：50	MU2035	中国东方航空公司	2	纽约	08：10	08：10	

二、国际航空货运进口业务流程

国际航空货物进口运输代理业务程序，是指代理公司对于货物从入境提取或转运的整个流程所需办理的手续及准备单证的过程。

空运货代进口业务程序如图7-4所示。

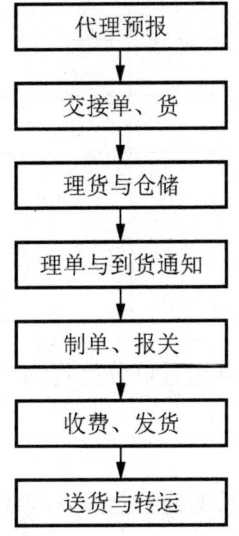

图7-4 空运货代进口业务程序图

1. 代理预报

国外发货前,国外代理公司将运单、航班、件数、重量、品名、收货人及地址、电话等内容通知目的地代理公司,就是预报。目的是让代理公司做好接货前的准备工作。

注意事项如下。

(1) 中转航班,中转点航班如有延误会使飞机到达时间滞后。

(2) 分批货物,国外机型较大,一次运来的货物在国内中转时,受载重限制,经常会分批。

2. 交接单货

航空货物入境时,单据一般随机到达。运输工具与货物均处于海关监管之下,货物卸下后存入监管仓库,进行舱单录入,将舱单上总运单号、收货人、始发站、目的站、件数重量等信息备案给海关留存,以便报关用。同时根据运单上收货人地址寄提单、提货通知。

1) 航空公司与货代之间的交接

(1) 国际货物交接清单。

(2) 总运单和随机文件。

(3) 货物。

2) 交接时要注意的问题

(1) 单单核对,即交接清单与总运单核对。

(2) 单货核对,即交接清单与货物核对。

核对后,出现问题的处理方式见表7-5。

表7-5 问题处理方式

总 运 单	清 单	货 物	处理方式
有	无	有	清单上加总运单号
有	无	有	总运单退回
无	有	有	总运单后补
无	有	无	清单上划去
有	有	无	总运单退回
无	无	有	货物退回

另外,还需注意分批货物,做好空运进口分批货物登记表。

3. 理货与仓储

货代公司接货后,将货物存进自己的监管仓库,组织理货与仓储。

1) 理货

应逐一核对每票货物的件数,检查货物有无破损;按照大货、小货、重货、轻货、单票货、混载货,危险品、贵重物品,冷冻冷藏等分别进仓。

2）仓储

注意防雨淋和受潮，货物不能放在露天地点；防重压；防温度变化导致货物变质；防危险品危及人员及其他货物安全；防贵重货物被盗。

4. 理单与到货通知

1）理单

将集中托运进口的总运单项下的分运单分别整理出来，审核与到货的情况是否一致，制成清单并分别输入海关电脑，以便报关报验提货。

2）到货通知

接到货物，为减少仓储费用支出，应该尽早、尽快、尽妥当地通知货主到货情况，提醒货主准备好单证报关提货。

3）运单处理

运单上需盖好几个章：监管章（总运单）、代理公司分运单确认章（分运单）、检验检疫章、海关放行章等。

5. 制单、报关

制单指按海关要求，依据运单、发票、箱单及证明文件，制作进口货物报关单。进口报关是进口运输中的关键环节，在向海关申报后，海关会有初审、审单、征税和验放 4 个主要环节。

6. 收费、发货

1）发货

办完报关报验等手续后，货主凭盖有海关放行章、检验检疫章的进口提货单到监管仓库付费提货。

2）收费

货代公司发放货物之前，应将费用收妥，应收费用有：到付运费及垫付佣金，单证报关费，仓储费（冷藏、冷冻、危险品、贵重物品），装卸费，代付费用，关税及垫付佣金。

7. 送货与转运

国外货主有时要求将货物直接交给收货人，货代公司可以提供送货上门或国内的转运业务。

【知识链接】

航空公司进港货物的操作程序

航空公司进港货物的操作程序是指飞机到达目的地机场，承运人把货物卸下飞机直到交给代理人的过程。

1. 进港航班预报

以当日航班进港预报为依据，在航班预报册中逐项填写航班号、机号、预计到达时间。

2. 办理货物海关监管

检查业务袋文件是否完备，业务袋中通常有货运单、货邮舱单、邮件路单等文件，检查完后将货运单送海关办公室，由海关人员在货运单上盖海关监管章。

3. 分单业务

在每份运单正本上加盖或书写到达航班的航班号和日期。

4. 核对运单和舱单

根据分单情况，在整理出的舱单上标明每单运的去向。

5. 电脑输入

根据标好的一套舱单，将航班号、日期、运单号、数量、重量、特种货物、代理商、分批货、不正常现象等信息输入电脑，打印出国际进口货物航班交接单。

6. 交接

中转货物和中转运单、舱单交出港操作部门，邮件和邮件路单交邮局。

知识三　航空货运单

一、航空货运单概述

1. 基本概念

航空货运单是由托运人或者以托运人的名义填制，是托运人和承运人之间在承运人的航线上运输货物所订立运输契约的凭证。航空货运单通常包括有出票航空公司（issue carrier）标志的航空货运单和无承运人任何标志的中性货运单两种。

航空货运单既可以用于单一种类的货物运输，也可以用于不同种类货物的集合运输，既可用于单程货物运输，也可用于联程货物运输。

2. 货运单的构成

我国国际航空货运单由一式十二联组成，包括三联正本、六联副本和三联额外副本。航空货运单各联的顺序及用途见表 7-6。

表 7-6　国际航空货运单联数构成

序号	名　称	颜色	分发对象	用　途
A	Original3（正本 3）	浅蓝色	托运人	1. 作为承运人收到货物的证明 2. 作为托运人和承运人签订运输契约的证明文件
B	Copy9（副本 9）	白色	代理人	3. 代理人存查使用
C	Original1（正本 1）	浅绿色	出票航空公司	4. 交财务部门使用 5. 作为托运人和承运人签订运输契约的证明文件

续表

序号	名 称	颜色	分发对象	用 途
D	Original2（正本2）	粉红色	收货人	6. 收货人存留 7. 运输牵扯的三方当事人各执一份正本
E	Copy4（副本）	浅黄色	提取货物收据	8. 在目的站，收货人在此联上签收，证明货物完好无损地被提取
F	Copy5（副本）	白色	目的地机场	9. 供目的站有关部门使用
G	Copy6（副本）	白色	第三承运人	10. 供航空公司结算用
H	Copy7（副本）	白色	第二承运人	11. 供航空公司结算用
I	Copy8（副本）	白色	第一承运人	12. 供航空公司结算用
J	Extra Copy（额外副本）	白色	承运人	
K	Extra Copy（额外副本）	白色	承运人	
L	Extra Copy（额外副本）	白色	承运人	

3. 货运单的作用

货运单是托运人或其代理人所使用的最重要的货运文件，其作用归纳如下。
（1）是承运人与托运人之间缔结运输契约的凭证。
（2）是承运人收运货物的证明文件。
（3）是运费结算凭证及运费收据。
（4）是承运人在货物运输组织的全过程中运输货物的依据。
（5）是国际进出口货物办理清关的证明文件。
（6）是保险证明。

4. 货运单填制责任

根据《华沙公约》《海牙议定书》和承运人运输条件的条款规定，托运人有责任填制航空货运单。规定明确指出，托运人应自行填制航空货运单，也可以要求承运人或承运人授权的代理人代为填制。托运人对货运单所填各项内容的正确性、完备性负责。由于货运单所填内容不准确、不完全，致使承运人或其他人受到损失，托运人负有责任。托运人在航空货运单上的签字，证明其接受航空货运单正本背面的运输条件。根据《中华人民共和国民用航空法》第113条和114条规定，托运人应当填写航空货运单正本一式三份，连同货物交给承运人。承运人有权要求托运人填写航空货运单，托运人有权要求承运人接受该航空货运单。托运人未能出示航空货运单，航空货运单不符合规定或航空货运单遗失，不影响运输合同的存在或者有效。

5. 货运单的限制

一张货运单只能用于一个托运人在同一时间、同一地点托运的由承运人承运的，运往同一目的站同一收货人的一件或多件货物。

货运单的右上端印有"不可转让"(Not Negotiable)字样,其意义是指航空货运单仅作为货物航空运输的凭证,所有权属于出票航空公司,与可以转让的海运提单恰恰相反。因此,任何IATA成员都不允许印制可以转让的航空货运单,货运单上的"不可转让"字样不可被删去或篡改。

6. 货运单号码

货运单号码是货运单不可缺少的重要组成部分,每本货运单都有一个号码,它直接确定航空货运单的所有人——出票航空公司,它是托运人、发货人或其代理人向承运人询问货物运输情况的重要依据,也是承运人在各个环节组织运输,如订舱、配载、查询货物时必不可少的依据。

二、航空货运单的内容及填制

1. 填制货运单的要求

运单要求用英文打字机或计算机,用英文大写字母打印,各栏内容必须准确、清楚、齐全,不得随意涂改。

货运单已填内容在运输过程中需要修改时,必须在修改项目的近处盖章注明修改货运单的空运企业名称、地址和日期。修改货运单时,应将所有剩余的各联一同修改。

货运单的各栏目中,有些栏目印有阴影。其中,有标题的阴影栏目仅供承运人填写。使用没有标题的阴影栏目一般不需填写,除非承运人特殊需要。

2. 货运单各项栏目的填写说明

不同的航空公司会有自己独特的航空运单格式,但各航空公司所使用的航空运单大多借鉴IATA所推荐的标准格式,差别并不大。这里只介绍这种标准格式,也称中性运单。航空运单如图7-5所示,其相关栏目的填写要求如下。

货运单号码(The Air Waybill Number),一般印制在货运单的右上角和右下角(中性货运单需自行填制)。

①A处,填写IATA统一编制的航空公司代码,如中国国际航空公司的代号是999。

①B处,填写货运单号。

①C栏,填写货运单所属航空公司名称及总部所在地址,此处还印有航空公司的标志。

②栏,即托运人姓名和地址栏(Shipper's Name and Address)。此栏填制托运人姓名(名称)、详细地址、国家(或国家二字代号)以及托运人的电话号码、传真号码。

③栏,即托运人账号栏(Shipper's Account Number)。此栏不需填写,除非承运人需要。

④栏,即收货人姓名和地址栏(Consignee's Name and Address)。此栏填制收货人姓名(名称)、地址、国家(或国家两字代号)以及收货人的电话号码、传真号码。

A ①	B									
Shipper's name and address ②		Shipper's Account Number ③			NOT NEGOTIABLE Air Waybill Issued by ①C					
					Copies 1, 2 and 3 of this Air Waybill are originals and have the same validity ①D					
Consignee's Name and Address ④		Consignee's Account Number ⑤			It is agreed that the goods described herein are accepted in apparent good order and condition (except as noted) for carriage SUBJECT TO THE CONDITIONS OF CONTRACT ON THE REVERSE HEREOF. ALL GOODS MAY BE CARRIED BY ANY OTHER MEANS. INCLUDING ROAD OR ANY OTHER CARRIER UNLESS SPECIFIC CONTRARY INSTRUCTIONS ARE GIVEN HEREON BY THE SHIPPER. THE SHIPPER'S ATTENTION IS DRAWN TO THE NOTICE CONCERNING CARRIER'S LIMITATION OF LIABILITY. Shipper may increase such limitation of liability by declaring a higher value of carriage and paying a supplemental charge if required. ①E					
Issuing Carrier's Agent Name and City ⑥					Accounting Information ①②③④⑤⑥⑦⑧⑨⑩					
Agents IATA Code ⑦		Account No. ⑧								
Airport of Departure(Add. of First Carrier) and Requested Routing ⑨					Reference Number ⑩A		optional shipping information ⑩B		⑩C	
To ⑪	By first carrier ⑪B	to ⑪C	by ⑪D	to ⑪E	by ⑪F	Currency ⑫	CHGS Code	WT/VAL	Other	Declared Value for Carriage ⑯	Declared Value for Customs ⑰
								PPD COLL	PPD COLL		
Airport of Destination ⑬		Flight/Date ⑭A	For carrier Use only	Flight/Date ⑭B		Amount of Insurance ⑳	INSURANCE-If carrier offers insurance and such insurance is requested in accordance with the conditions thereof indicate amount to be insured in figures in box marked "Amount of Insurance" ⑳B				
Handling Information ㉑A ⑪⑬ ㉑A ㉑B ㉑A㉑B										

No. of Pieces RCP	Gross Weight	Kb lb	Rate Class		Chargeable Weight	Rate/Charge	Total	Nature and Quantity of Goods(incl.dimensions or volume) ㉓A
				Commodity item No..				
㉒A	㉒B	㉒C	D	㉒E	㉒F	㉒G	㉒H	㉒I
㉒J	㉒K	㉒Z					㉒L	

Prepaid	Weight charge	Collect	Other Charges ㉓
	㉔A	㉔B	
	Valuation Charge		
	㉕A	㉕B	
	Tax		
	㉖A	㉖B	
Total Other Charges Due Agent			Shipper certifies that the particulars on the face hereof are correct and that insofar as any part of the consignment contains dangerous goods, such part is properly described by name and is in proper condition for carriage by air according to the applicable Dangerous Goods Regulations. ㉛ Signature of shipper or his Agent
	㉗A	㉗B	
Total Other Charges Due Carrier			
	㉘A	㉘B	
	㉙A	㉙B	
Total Prepaid ㉚A		Total Collect ㉚B	Executed on ㉜A at ㉜B Signature of issuing
Currency Conversion Rates ㉝A		CC Charges in des. Currency ㉝B	Signature of issuing carrier or as Agent ㉜C
For Carrier's Use Only ㉝ at Destination		Charges at Destination ㉝C	Total Collect Charges ㉝D

图 7-5 国际航空货运单

⑤栏，即收货人账号栏(Consignee's Account Number)。此栏仅供承运人使用，一般不需填写，除非最后的承运人需要。

⑥栏，即出票航空公司货运代理人名称和城市栏(Issuing Carrier's Agent Name and City)。填制向出票航空公司收取佣金的国际航协代理人的名称和所在机场或城市。

⑦栏，即国际航协代号栏(Agent's IATA Code)。航空公司为便于内部系统管理，要求其代理人在此处填制相应的数字代码。采用货物财务结算系统(Cargo Accounts Settlement System，CASS)清算的代理人按规定填入相应代号。

⑧栏，即账号栏(Account No.)。本栏一般不需填写，除非承运人另有所需。

⑨栏，即始发站机场和要求的运输路线栏(Airport of Departure and Requested Routing)。此栏填制运输始发站机场或所在城市(始发地机场与所在城市使用相同代码)的全称，以及所要求的运输路线。

⑩栏，即相关财务信息栏(Accounting Information)。此栏填制有关财务说明事项，例如，付款方式为现金支票或其他方式。作为货物运输的行李使用MCO付款时，此栏应填制MCO号码、换取服务金额以及旅客客票号码、航班号、日期及航程。代理人不得接受托运人使用MCO作为付款方式。如因货物无法交付需要退运时填开的货运单，应将原始货运单号码填入本栏内。

⑪栏，即运输路线和目的站栏(Routing and Destination)。其中⑪A、⑪C、⑪E去往(To)：分别填入第一、二、三中转站机场的IATA代码；⑪B、⑪D、⑪F承运人(By)：分别填入第一、二、三段运输的承运人。

⑫栏，即货币栏(Currency)。此栏填制运输始发地货币代号(统一采用国际标准化组织——ISO的货币代号)。运输始发地货币是指运输始发地运价资料所公布的货币。

除(㉓A—㉓D)栏外，货运单上所列明的费用金额均以上述货币表示。

⑬栏，即运费代号栏(CHGS Code)。此栏仅供承运人用，一般不填写，仅供电子传输货运单信息时使用。

⑭A、⑭B、⑮A、⑮B分别为货物运费、声明价值费、其他费用付款方式栏。"WT/VAL"表示货物航空运费、生命价值附加费的预付(⑭A)或到付(⑭B)；"Other"表示其他费用预付(⑮A)或到付(⑮B)。

有关费用预付(PPD)或到付(COLL)，分别用字母"PP""CC"在货单上表示，或在相关栏里用"×"表示。

货运单上㉔A、㉕A或㉔B、㉕B两项费用必须全部预付或全部到付；货运单上㉗A、㉘A或㉗B、㉘B两项费用必须全部预付或全部到付。

⑯栏，即运输声明价值栏(Declared Value for Carriage)。此栏填制托运人关于运输声明价值的金额。如果托运人没有运输声明价值，此栏不可以空着，必须填制"NVD"字样(No Value Declared，没有声明价值)。

⑰栏，即供海关用声明价值栏(Declared Value for Customs)。此栏填制货物过海关时海关需要的货物商业价值金额。如果货物没有商业价值，或海关不要求声明，此栏必须打印"NCV"字样(No Commercial Value or No Customs Value，没有商业价值)。

⑱栏，即目的站机场栏(Airport of Destination)。此栏填制最后承运人的目的地机场全称。

⑲A—⑲B栏，即航班/日期栏(Flight/Date)。此栏仅供承运人使用，一般不填，除非各有关承运人有需要。

⑳栏，即保险金额栏(Amount of Insurance)。如果承运人向托运人提供代办货物保险业务，此栏打印托运人货物投保的金额。如果承运人不提供此项服务或托运人不要求投保，此栏内必须打印"×××"符号。

㉑栏，即运输处理注意事项栏(Handing Information)。

㉒A—㉒L栏，即货物运价及细目栏。一票货物中如含有两种或两种以上不同运价类别计费的货物应分别填写，每填写一项另起一行，如果含有危险品，则该危险货物应列在第一项。

㉒A栏，即货物件数/运价组合点栏(No. of Pieces RCP)。运价组合点是指如果使用分段相加运价计算运费，在件数的下面应打印运价组合点城市的 IATA 三字代码。

㉒B栏，即毛重栏(Gross Weight)，填入货物实际毛重(以千克为单位时可保留至小数后一位)。

㉒C栏，即重量单位栏，填入千克或磅(kg/lb)，以千克为单位用代号"K"；以磅为单位用代号"L"。

㉒D栏，即运价等级栏(Rate Class)。

㉒E栏，即商品品名编号栏(Commodity Item No.)。运输指定商品，货物运费使用指定商品运价计费时，此栏打印指定商品品名代号(打印位置应与运价代号C保持水平)；运输等级货物，使用等级货物运价计费时，此栏打印附加或附减运价的比例(百分比)；如果是集装货物，打印集装货物运价等级。

㉒F栏，即计费重量栏(Chargeable Weight)，填入计算货物运费适用的计费重量。

㉒G栏，即运价/运费栏(Rate/Charge)，当使用最低运费时，此栏与运价代号"M"对应打印最低运费。填入与运价代号"N""Q""C"等相应的运价。当货物为等级货物时，此栏与运价代号"S"或"R"对应打印附加或附减后的运价。

㉒H栏，即总计栏(Total)，填入计费重量与适用运价相乘后的运费金额；如果是最低运费或集装货物基本运费，本栏与㉒G内金额相同。

㉒I栏，即货物品名和数量栏(Nature and Quantity of Goods)，为便于组织该批货物运输，要求本栏填制的清楚、简明，并符合下列要求：用英文大写字母打印货物的品名；当一票货物中含有危险货物时，应分列打印，危险货物应列在第一项；运输活动物时，本栏内容应根据 IATA 活动物运输规定打印；对于集合货物，本栏应打印"Consolidation as per Attached List"；打印货物的体积时，用长×宽×高的形式表示。例如，"Dimension：40cm×30cm×20cm"。

㉒J、㉒K、㉒L 分别填写货物总件数、总毛重、总运费。

㉓栏，即其他费用栏(Other Charges)。其他费用种类用两字代码表示，以下为部分其他费用的两字代码：

AC——Animal Container　动物容器租费；

AS——Assembly Service Fee　集中货物服务费；

LT——Attendant　押运员服务费；

AW——Air Waybill　货物单工本费；

DB——Disbursement Fee　代垫付款手续费；
FC——Charges Collect Fee　运费到付手续费；
LA——Live Animals　动物处理费；
RA——Dangerous Goods Surcharge　危险品处理费；
SD——Surface Charge Destination　目的站地面运输费；
SU——Surface Charge　地面运输费。

此栏中任一费用均需用三个字母表示：前两个字母表示费用种类，第三个字母表示费用归属。承运人收取的其他费用用"C"表示，代理人收取的其他费用用"A"表示。如"AWC"，属于出票航空公司收取的货运单工本费；"AWA"，为代理人收取的货运单工本费。

㉔A、㉔B栏，即航空运费栏(Weight Charge)。此栏填入航空运费计算栏计算所得的航空运费总数。如果航空运费预付，填入㉔A；航空运费到付，则填入㉔B。

㉕A、㉕B栏，即声明价值费栏(Valuation Charge)。当托运人声明货物运输声明价值时，此栏填入声明价值附加费金额。该费用必须与航空运费同步付款：同时预付或同时到付。声明价值附加费预付填入㉕A，到付填入㉕B。

㉖A、㉖B栏，即税款金额栏。此栏填写按规定收取的税款额，可以预付或者到付，应根据付款方式分别填写。

㉗A、㉗B栏，填写由代理人收取的其他费用总额(Total Other Charges Due Carrier)。预付填入㉗A，到付填入㉗B。

㉘A、㉘B栏，填写由代理人收取的其他费用总额(Total Other Charges Due Carrier)。预付填入㉘A，到付填入㉘B。

㉙A、㉙B栏，即无名称阴影栏目。本栏不需打印，除非承运人需要。

㉚A、㉚B栏，分别为预付费用总额栏(Total Prepaid)和到付费用总额栏(Total Collect)。㉚A填入㉔A、㉕A、㉖A、㉗A、㉘A等栏有关预付款项之和；㉚B填入㉔B、㉕B、㉖B、㉗B、㉘B等栏有关预付款项之和。

㉛栏，即托运人证明栏。本栏填制托运人名称，并由托运人或其他代理人在本栏内签字或盖章。

㉜A、㉜B、㉜C栏，为承运人填写栏。开具货运单日期、地点、所在机场或城市的全称或缩写分别填入㉜A、㉜B。按日、月、年的顺序填开日期。要求填开货运单的承运人或其代理人在㉜C栏内签字。

㉝A、㉝B、㉝C、㉝D栏，仅提供有关承运人、目的地机场等在目的站使用。收货人用目的地国家货币付费。

㉝A栏，即货币兑换比价栏(Currency Conversion Rate)，填入将运输始发地货币换算成目的地国家货币的比价(银行出卖价)。

㉝B栏，填写用目的地国家货币表示的付费金额(CC Charges in Destination Currency)。

㉝C栏，即目的站费用栏(Charges at Destination)。由最后一个承运人将目的站发生的费用金额填入本栏。

㉝D栏，即到付费用总额栏(Total Collect Charges)。

以上所有内容不一定要全部填入空运单，IATA也不反对在运单中写入其他所需的内容。这种标准化的单证对航空货运经营人提高工作效率、促进航空货运向电子商务的方向迈进有着积极的意义。

 知识四　航空运价与运费

一、货物运费计算中的基本知识

1. 运价(Rate)

运价又称费率，是指承运人对所运输的每一重量单位货物(千克或磅)所收取的自始发地机场到目的地机场的航空费用。

2. 航空运费(Weight Charge)

货物的航空运费是指航空公司将一票货物自始发地机场运至目的地机场所应收取的航空运输费用。该费用是根据每票货物所适用的运价和货物的计费重量计算而得。每票货物是指使用同一份航空货运单的货物。

3. 计费重量(Chargeable Weight)

计费重量是指用于计算货物航空运费的重量。货物的计费重量或者是货物的实际毛重，或者是货物的体积重量，或者是较高重量分界点的重量。

1) 实际毛重(Actual Gross Weight)

实际毛重包括货物包装在内的货物重量，称为货物的实际毛重。由于飞机最大起飞全重及货舱载重量的限制，一般情况下，对于高密度的货物(High Density Cargo)，应考虑其货物实际毛重可能会成为计费重量。

2) 体积重量(Volume Weight)

按照国际航协规则，将货物的体积按一定的比例折合成的重量，称为体积重量。由于货舱空间体积的限制，一般对于低密度的货物(Low Density Cargo)，即轻泡货物，考虑其体积重量可能会成为计费重量。

不论货物的形状是否为规则的长方体或正方体，计算货物体积时，均应以最长、最宽、最高的三边的厘米长度计算。长、宽、高的小数部分按四舍五入取整，体积重量的折算换算标准为每 $6\,000\,cm^3$ 折合 1kg。体积重量＝货物体积/($6\,000\,cm^3$/kg)。

3) 计费重量(Chargeable Weight)

一般地，采用货物的实际毛重与货物的体积重量相比较取高者；但当货物按较高重量分界点的较低运价计算的航空运费较低时，则此较高重量分界点的货物起始重量为货物的计费重量。国际航协规定，国际货物的计费重量以 0.5kg 为最小单位，重量尾数不足 0.5kg 的，按 0.5kg 计算；0.5kg 以上不足 1kg 的，按 1kg 计算。例如，103.001kg 按 103.5kg 计，103.501kg 按 104.0kg 计。

当使用同一份运单，收运两件或两件以上可以采用同样种类运价计算运费的货物时，其计费重量规定如下：计费重量为货物总的实际毛重与总的体积重量两者取较高者。同上所述，较高重量分界点重量也可能称为货物的计费重量。

4. 最低运费(Minimum Charge)

最低运费是指一票货物自始发地机场至目的地机场航空运费的最低限额。货物按其使用的航空运价与其计费重量计算所得的航空运费，应与货物最低运费相比，取高者。

【知识链接】

国际航空货物运价体系简介

目前国际航空货物运价按制定的途径划分，主要分为协议运价和国际航协运价。

1. 协议运价

协议运价是指航空公司与托运人签订了协议，托运人保证每年向航空公司交运一定数量的货物，航空公司则向托运人提供一定数量的运价折扣。目前，航空公司使用的运价大多是协议运价，但在协议运价中又根据不同的协议方式进行细分。

（1）长期协议。通常是指航空公司与托运人或代理人签订的一年期限的协议。

（2）短期协议。通常是指航空公司与托运人或代理人签订的半年或半年以下期限的协议。

（3）包板（舱）。是指托运人在一定航线上包用承运人的全部或部分的舱位或集装器来运送货物。

（4）死包板（舱）。是指托运人在承运人的航线上通过包板（舱）的方式运输时，托运人无论向承运人是否交付货物，都必须付协议上规定的运费。软包板（舱）是指托运人在承运人的航线上通过包板（舱）的方式运输时，托运人在航班起飞前 72 小时如果没有确定舱位，承运人则可以自由销售舱位，包板（舱）的总量有一个控制。销售量返还是指如果代理人在规定期限内完成了一定的货置，航空公司则可以按一定的比例返还运费。销售额返还是指如果代理人在规定期限内完成了一定的销售额，航空公司可以按一定的比例返还运费。

（5）自由销售。也称议价货物或是一票一价，是指除了订过协议的货物，都是一票货物一个定价。

2. 国际航协运价

国际航协运价是指 IATA 在 TACT 运价资料上公布的运价。国际货物运价使用 IATA 的运价手册——TACT RATES BOOK，结合并遵守国际货物运输规划——TACT RULES 共同使用。按照 IATA 货物运价公布的形式划分，国际货物运价可分为公布直达运价和非公布直达运价。见表 7-7。

表 7-7　IATA 运价体系

公布直达运价	普通货物运价(General Cargo Rate)
	指定商品运价(Specific Commodity Rate)
	等级货物运价(Commodity Classification Rate)
	集装货物运价(Unit Load Device Rate)
非公布直达运价	比例运价(Construction Rate)
	分段相加运价(Combination of Rates and Charges)

国际航协运价是国际航协通过运价手册向全世界公布，主要目的是协调各国的货物运价。但从实际操作来看，各国从竞争角度考虑，很少有航空公司完全遵照国际航协运价，大多进行了一定的折扣，但不能说明这种运价没有实际价值。首先，它把世界上各个城市之间的运价通过手册公布出来，每个航空公司都能找到一种参照运价，所以每个航空公司在制定本公司运价时，都是按照国际航协这个标准运价进行的；其次，国际航协对特种货物运价进行了分类，航

空公司在运输这种货物时一般都用国际航协标准运价;最后,这种国际航协运价在全世界制定了一种标准运价,使得国际航空货物的运输价格有了统一的基准,市场得到了规范。

二、国际航空货物运价的计算

1. 普通货物运价

1) 基本知识

普通货物运价(General Cargo Rate,GCR)是指除了等级货物运价和指定商品运价之外的适合于普通货物运输的运价。

该运价公布在 TACT Rates Books Section 4 中。通常普通货物运价根据货物重量不同,分为若干个重量等级分界点运价,最常见的是 45kg 分界点,45kg 以下(不包括 45kg)的货物的运价被称为标准普通货物运价(Normal General Cargo Rate),简称 N,若无 45kg 以下运价时,N 表示 100kg 以下普通货物运价。为了吸引更多的货载,对 45kg 以上的货物,还公布更低的运价,如 100kg、200kg、300kg 等分界点运价,运价类别为 Quantity Rate,简称 Q。

货物的计费重量和其使用的普通货物运价计算而得的航空运费不得低于运价资料上公布的航空运费的最低收费标准(Minimum Charge),简称 M。这里,代号"N""Q""M"主要用于填制货运单运费计算栏中"RATE CLASS"一栏。

2) 运费计算

计算步骤的术语解释如下。

Volume:体积

Volume Weight:体积重量

Chargeable Weight:计费重量

Applicable Rate:适用运价

Weight Charge:航空运费

【例】Routing:BEIJING, CHINA(BJS) TO TOKYO, JAPAN(TYO)

Commodity:Sample

Gross Weight:25.2kg

Dimensions:82cm×48cm×32cm

计算该票货物的航空运费。

公布运价如下。

BEIJING Y. RENMINBI	CN CNY	BJS KGS	
TOKYO	JP	M	230
		N	37.51
		45	28.13

解:

Volume:82cm×48cm×32cm=125 952cm³

Volume Weight：125 952cm^3÷(6 000cm^3/kg)＝20.992kg≈21.0kg

Gross Weight：25.2kg

Chargeable Weight：25.5kg

Applicable Rate：GCK N 37.51 CNY/kg

Weight charge：25.5kg×37.51 CNY/kg＝956.51 CNY

航空货运单运费计算栏填制如下：

No. Of Pieces RCP	Gross weight	KG Lb	Rate Class	Chargeable weight	Rate/Charge	Total	Nature and Quantity Of Goods
1	25.2	K	N	25.5	37.51	956.51	SAMPLE DIMS：82cm×48cm×32cm

【例】Routing：BEIJING，CHINA(BJS) TO AMSTERDAM，HOLLAND(AMS)

Commodity：PARTS

Gross Weight：38.6kg

Dimension：101cm×58cm×32cm

计算该票货物的航空运费。

公布运价如下。

BEIJING Y. RENMINBI	CN CNY	BJS KGS	
AMSTERDAM	NL	M	320.00
		N	50.22
		45	41.53
		300	37.52

解：

(1) 按实际重量计算。

Volume：101cm×58cm×32cm＝187 456cm^3

Volume Weight：187 456cm^3÷(6 000cm^3/kg)≈31.2kg

Gross Weight：38.6kg

Chargeable Weight：39.0kg

Applicable Rate：GCR N 50.22 CNY/kg

Weight Charge：39.0kg×50.22 CNY/kg＝1 958.58 CNY

(2) 采用较高重量分界点的较低运价计算。

Chargeable Weight：45.0kg

Applicable Rate：GCR Q 41.53 CNY/kg

Weight Charge：45.0kg×41.53 CNY/kg＝1 868.85 CNY

(1) 与(2)比较，取运费较低者。

Weight Charge：CNY 1 868.85

航空货运单运费计算栏填制如下：

No. Of Pieces RCP	Gross weight	KG Lb	Rate Class	Chargeable weight	Rate/Charge	Total	Nature and Quantily Of Goods
1	38.6	K	Q	45.0	41.53	1 868.85	PARTS DIMS：101cm×58cm×32cm

2. 指定商品运价

1）基本知识

指定商品运价是指适用于自规定的始发地至规定的目的地运输特定品名货物的运价（Specific Commodity Rate，SCR）。通常情况下，指定商品运价低于相应的普通货物运价。就其性质而言，该运价是一种优惠性质的运价。指定商品运价在使用时，对于货物的起讫地点、运价使用期限、货物运价的最低重量起点等均有特定的条件。

2）指定商品分组及编号

指定商品货物的分组及品名编号见表7-8，为了减少常规的指定商品品名的分组编号，IATA还推出了试验性的指定商品运价，该运价用9700—9799内的数字编出，其主要特点是一个代号包括了传统指定商品运价中分别属于不同指定商品代号的众多商品品名，如9753这个这项商品代号就包括了属于20多个传统指定商品运价代号的指定商品。此种编号适用于某些城市之间有多种品名不同而运价相同的指定商品，为公布运价方便而使用。对比传统编号与9700—9799系列编号可见，除9700—9799编号外，传统编号中的每一品名代号，一般只代表单一种类的指定商品运价。

表7-8 常用的指定商品代码

0001—0999	Edible animal and vegetable products 可食用的动植物产品
1000—1999	Live animals and inedible animal and vegetable products 活动物及非食用的动植物产品
2000—2999	Textiles, fibers and manufactures 纺织品、纤维及其制品
3000—3999	Metals and manufactures, excluding machinery, vehicles and eletrical equipment 金属及其制品，不包括机器、汽车和电气设备
4000—4999	Machinery, vehicles and electrical equipment 机器、汽车和电气设备
5000—5999	Non-metallic mineral and manufactures 非金属材料及其制品
6000—6999	Chemicals and related products 化工材料及其相关产品

7000—7999	Paper, reed, rubber and wood manufactures 纸张、芦苇、橡胶和木材制品
8000—8999	Scientific, professional and precision instrument, apparatus and supplies 科学仪器、专业仪器、精密仪器、器械及其配件
9000—9999	Miscellaneous 其他
9700—9799	系列指定商品运价的品名编号

3) 指定商品运价的使用规则

在使用指定商品运价时,只要所运输的货物满足以下 3 个条件,则运输始发地和运输目的地就可以直接使用指定商品运价。

(1) 运输始发地至目的地之间有公布的指定商品运价。

(2) 托运人所交运的货物品名与有关指定商品运价的货物品名相吻合。

(3) 货物的计费重量满足指定商品运价使用时的最低重量要求。

使用指定商品运价计算航空运费的货物,其航空货运单的"Rate Class"一栏,用字母"C"表示。

4) 运费计算

(1) 计算步骤。

第一,先查询运价表,如有指定商品代号,则考虑使用指定商品运价。

第二,查找 TACT RATES BOOKS 的品名表,找出与运输货物品名相对应的指定商品代号。

第三,如果货物的计费重量超过指定商品运价的最低重量,则优先使用指定商品运价。

第四,如果货物的计费重量没有达到指定商品运价的最低重量,则需要比较计算。

(2) 计算。

【例】北京运往大阪 6 箱新鲜橙子共 47.8kg,每件的尺寸为:128cm×42cm×36cm,计算其航空运费。

公布运价如下:

BEIJING Y. RENMINBI	CN CNY	BJS KGS	
OSAKA	JP	M	230.00
		N	37.51
		45	28.13
0008		300	18.80
0300		500	20.61
1093		100	18.43
2195		500	18.80

解:

Volume:$128cm \times 42cm \times 36cm \times 6 = 1\ 161\ 216cm^3$

Volume Weight：$1\ 161\ 216\text{cm}^3 \div (6\ 000\text{cm}^3/\text{kg}) = 193.536\text{kg} \approx 194.0\text{kg}$

Gross Weight：$47.8\text{kg} \times 6 = 286.8\text{kg}$

分析：由于计费重量没有满足指定商品代码0008的最低重量要求300kg，因此先用普通货物运价计算。

(1) 按普通货物运价使用规则计算。

Chargeable Weight：287.0kg

Applicable Rate：GCR/Q45 28.13CNY/kg

Weight Charge：$287.0\text{kg} \times 28.13\text{CNY/kg} = 8\ 073.31\text{CNY}$

(2) 按指定商品运价使用规则计算。

Actual Gross Weight：286.8kg

Chargeable Weight：300.0kg

Applicable Rate：SCR 0008/Q300 18.80CNY/kg

Weight Charge：$300.0\text{kg} \times 18.80\text{CNY/kg} = 5\ 640.00\text{CNY}$

(1) 与(2)比较，取运费较低者。

Weight Charge：CNY5 640.00

航空货运单运费计算栏填制如下：

No. of pieces RCP	Gross Weight	Kg Lb	C	Rate Class / Commodity Item No.	Chargeable Weight	Rate/Charge	Total	Nature and Quantity of Goods (Include dimensions or Volume)
6	287.0	K		008	300.0	18.80	5 640.00	FRESHORANGE： 128cm×42cm×36cm×6

3. 等级货物运价

1) 基本知识

等级货物运价(Commodity Classification Rate，CCR)是指在规定的业务区内或业务区之间运输特别指定的等级货物的运价。IATA 规定，适用等级货物运价的货物通常有如下几类。

(1) 活动物、活动物的集装箱和笼子。

(2) 贵重物品。

(3) 书报、杂志、期刊、书籍、商品目录、盲人和聋哑人专用。

(4) 设备和书籍等出版物。

(5) 作为货物托运的行李。

(6) 尸体、骨灰。

(7) 汽车等。

2) 使用规则

等级货物运价是在普通货物运价基础上附加或附减一定百分比的形式构成。通常附加的等级货物用代号 S 表示(Surcharged Class Rate)；附减的等级货物用 R 表示(Reduced Class Rate)。

3）活动物运费计算

【例】Routing：BEIJING，CHINA(BJS)TO NEW YORK，U.S.A.(NYC)

Commodity：TIGER

Gross Weight：270.0kg

Dimensions：240cm×120cm×60cm

计算其航空运费。

公布运价如下：

BEIJING Y. RENMINBI	CN CNY	BJS KGS	
NEWYORK	US	M	630.00
		N	64.46
		45	48.34
		100	45.19
		300	41.80

解：

查找活动物运价表，从北京到纽约，运价的构成形式是："110% of Appl. GCR"。

(1) Volume：240cm×120cm×60cm=1 728 000cm³

Volume Weight：1 728 000cm³÷(6 000cm³/kg)=288.0kg

Chargeable Weigh：288.0kg

Applicable Rate：S110% of Appl. GCR

110%×45.19CNY/kg=49.71CNY/kg

Weight charge：288.0kg×49.71CNY/kg=14 316.48CNY

(2) 由于计费重量已接近下一级重量分界点300kg，可以用较高重量点的较低运价计算：

Chargeable Weight：300.0kg

Applicable Rate：S110% of Appl. GCR

110%×41.80CNY/kg=45.98CNY/kg

Weight charge：300.0kg×45.98CNY/kg=13 794.0CNY

对比(1)和(2)，取运费较低者。

因此，运费为CNY13 794.0

航空货运单运费计算栏填制如下：

No. Of Pieces RCP	Gross weight	KG Lb	Rate Class	Chargeable weight	Rate /Charge	Total	Nature and Quantity Of Goods
1	270.0	K	SQ110	300.0	45.98	13 794.0	TIGER： 240cm×120cm×60cm

4. 比例运价和分段相加运价

1）比例运价（Construction Rate）

在运价手册上公布的一种不能单独使用的运价附加数，当货物的始发地至目的地无公布的直达运价时，可以采用此附加数与公布的已知直达运价相加，构成非公布的直达运价。

TACT Rates Books 中所列的比例运价分为三类：普通货物的比例运价，用"GCR"表示；指定商品的比例运价，用"SCR"表示；集装箱的比例运价，用"ULD"表示。

比例运价只适用于国际货物运输，不适用于国内货物运输；采用比例运价时，普通货物运价的比例运价只能与普通货物运价相加，指定商品比例运价、集装设备的比例运价也只能与同类型的直达运价相加，不能混用；采用比例运价构成直达运输时，比例运价可加载公布运价的两端，但每一端不能连加两个以上的比例运价；当始发地或目的地可以经不同的运价组成点与比例运价相加组成不同的直达运价时，应采用最低运价；运价的构成不影响货物的运输路线。

2）分段相加运价（Combination of Rates and Charges）

（1）基础知识。

对于相同运价种类，当货物运输的始发地至目的地无公布直达运价和比例运价时，只能采用分段相加的办法，组成运输起讫地点间的运价，一般采用最低组合运价。分段相加运价，意为分段相加运价和分段相加运费。

对于采用不同的运价种类，组成分段相加运价，必须严格按 TACT RULES3.8.2 的运价相加规则进行组合。

运输起讫地点间的运价采用相同种类、相同重量分界点运价直接相加构成，则为分段相加运价（其中可能涉及货币换算），该运价乘以货物的计费重量即构成全程航空运费。

如果运输起讫地点间的运价是采用不同种类运价或虽采用相同种类运价，但采用不同的重量等级分界点，则称为分段相加运费。采用分段相加运价构成全程运费，在航空货运单的运费计算栏中，应在"No. Pieces RCP"一栏的货物件数下面，填上运价组成点城市的英文三字代码。

（2）国际货运分段相加运价的相加规则。

国际货运分段相加运价规则，见表 7-9。

表 7-9　国际货运分段相加运价规则

运价类别	可相加运价
国际普通货物运价 （International GCR）	普通货物比例运价（Construction Rates for GCR） 国际普通货物运价（International GCR） 国内运价（Domestic Rates） 过境运价（Transborder Rates）
国际指定商品运价 （International SCR）	指定商品运价（Construction Rates for SCR） 国内运价（Domestic Rates） 过境运价（Transborder Rates）
国际等级运价 （International Class Rates）	国内运价（Domestic Rates） 过境运价（Transborder Rates）

从表7-9可以看出，国际指定商品运价不可以与国际指定商品运价相加，国际等级货物运价不可以与国际等级货物运价相加。否则，将违背了某种国际指定商品运价与国际等级货物运价的特定含义，从而破坏了运输起讫地点间的运价体系。

根据运价组成表，可采用左列运价和右列相加，也可采用右列运价和左列相加，以构成始发地至目的地的分段相加运价。国内运价和过境运价在组成分段相加运价时具有普遍性，其运价则受到一定的限制。

如果货物运输起讫地点间无公布直达运价且比例运价无指定商品运价，而运输的货物属于指定商品，按分段相加组成办法，可以采用以下两种计算方法。

第一，按普通货物比例运价计算。

第二，按分段相加的指定商品运价计算。由于属于不同运价种类，比较计算时应考虑优先使用指定商品运价的原则，还应兼顾货物的重量是否满足指定商品运价的最低重量限制。总之，通过比较，计算出较低的航空运费。

三、航空货运中的其他费用

国际航空货物运输中，航空运费是指自运输始发地至运输目的地之间的航空运输费用。在实际工作中，对于航空公司或其代理人将收运的货物自始发地（或从托运人手中）运至目的地（或提取货物后交给提货人）的整个运输组织过程，除发生航空运费外，在运输始发站、中转站、目的站经常发生与航空运输有关的其他费用。

1. 声明价值附加费（Valuation Charges）

与海运或铁路运输的承运人相似，航空承运人也要求将自己对货方的责任限制在一定的范围内，以限制经营风险。

《华沙公约》对由于承运人自身的疏忽或故意造成的货物的灭失、损坏或延迟规定了最高赔偿责任限额，这一金额一般被理解为每千克20美元或每磅9.07英镑或其他等值货币。如果货物的价值超过了上述值，即增加了承运人的责任，承运人要收取声明价值附加费。否则即使出现更多的损失，承运人对超出的部分也不承担赔偿责任。托运人办理声明价值必须是一票货运单上的全部货物，不得分批或部分办理。声明价值费的收取依据货物的实际毛重，计算公式为

声明价值附加费＝货物声明价值－（货物毛重×20美元/千克）

注：20美元应折算为当地货币。

如果发货人不办理声明价值，则应在运单的有关栏内填上"N.V.D"（No Value Declared）字样，表示无声明价值，则承运人的最高赔偿金额每千克毛重不超过20美元。

2. 货运单费（Documentation Charges）

货运单费又称为航空货运单工本费，为填制航空货运单的费用。货运单费应填在"其他费用"一栏中，用"AW"表示（AW——Air Waybill Fee）。国际航协规定如下。

（1）航空货运单若由航空公司来销售或填制，则表示为AWC，表示此项费用归出票航空公司（Issuing Carrier）所有。

（2）如果货运单由航空公司的代理人销售或填制，则表示为AWA，表示此项费用归销售代理人所有。

中国民航各航空公司一般规定：无论货运单是航空公司销售还是由代理人销售，填制航空货运单时，货运单中"OTHER CHARGES"一栏中用 AWC 表示，意为此项费用归出票航空公司所有。

例如，某航空公司销售货运单，如果货运单收费标准 CNY50.00，则货运单其他费用填制如下。

```
OTHER CHARGES
      AWC 50.00
```

3. 垫付款和垫付费(Disbursements and Disbursements Fees)

1) 垫付款(Disbursements)

垫付款是指在始发地机场收运一票货物，所发生的其他费用到付。这部分费用仅限于货物地面运输费、清关处理费和货运单工本费。

此项费用需按不同其他费用的种类代号、费用归属代号(A 或 C)及费用金额一并填入货运单的"其他费用"一栏。例如，"AWA"表示代理人填制的货运单；"CHA"表示代理人代替办理始发地清关业务；"SUA"表示代理人将货物运输到始发地机场的地面运输费。

2) 垫付费(Disbursements Fees)

垫付费是对于垫付款的数额而确定的费用。垫付费的费用代码为"DB"，按 TACT Rules 规定，该费用归出票航空公司所有。在货运单的其他费用栏中，此项费用应表示为"DBC"。

垫付费的计算公式为

$$垫付费 = 垫付款 \times 10\%$$

但每一票货物的垫付费不得低于 20USD 或等值货币。

4. 危险品处理费(Charges for Shipments of Dangerous Goods-handling)

国际航空货物运输中，对于收运的危险品货物，除按危险品规则收运并收取航空运费外，还应收取危险货物收运手续费，该费用必须填制在货运单"其他费用"栏内，用"RA"表示费用种类，TACT RULES 规定，危险品处理费归出票航空公司所有。在货运单中，危险品处理费表示为"RAC"。自中国至 IATA 业务一区、二区、三区，每票货物的最低收费标准均为 400 元人民币。

5. 运费到付货物手续费(Charges Collect Fee，CC Fee)

国际货物运输中，当货物的航空运费及其他费用到付时，在目的地的收货人，除支付货物的航空运费和其他费用外，还应支付到付货物手续费。此项费用由最后一个承运航空公司收取，并归其所有。一般 CC Fee 的收取，采用目的站开具专门发票，但也可以使用货运单(此种情况在交付航空公司无专门发票，并将 AWB 作为发票使用时使用)。

对于运至中国的运费到付货物，到付运费手续费的计算公式及标准为

$$到付运费手续费 = (货物的航空运费 + 声明价值附加费) \times 2\%$$

各个国家 CC Fee 的收费标准不同。在中国，最低收费标准为 CNY100。

【项目任务】

任务一 模拟航空货代出口业务流程

任务内容	训练学生熟悉航空运输出口货代业务操作过程。学生根据老师要求认真完成实训项目,并撰写实训报告
任务目的	通过采用分组角色模拟的形式,达到熟悉航空运输出口货代业务流程的目的
任务准备	教师提前准备好相关资料,将学生分组,并做好每组的角色分配

步骤一,将班级学生分成5组,A组代表出口商、进口商;B组代表货运代理公司;C组代表航空公司;D组代表飞机场;E组代表海关、检验检疫、保险公司、银行等其他部门。

步骤二,根据所给资料,讨论航空运输出口货代流程。

1)资料内容

西安J公司与法国巴黎KAROH TECHNOLOGY CO.,LTD(NO.567 AVE STREET PARIS FRANCE)签订合同KAJ0802SM032,出口化学分析仪器(CHEMICAL ANALYSIS EQUIPMENT)3台,按照合同规定装运期为2013年3月30以前。西安J公司于2013年3月2日委托西安Y国际货运代理公司办理航空运输、报检报关等发运手续。西安Y国际货运代理公司的操作员刘某接受委托后,向中国国际航空公司货运部门办理订舱手续,并定于2013年3月20日西安至巴黎的航班承运该批货物。合同规定结算T/T。货物资料如下。

商品名称:化学分析仪器
数量:3台
包装:木箱
单价:USD6 830.00
总额:USD20 490.00
净重:32千克/箱
毛重:38千克/箱
尺寸:60cm×45cm×80cm
始发机场:咸阳国际机场
目的机场:巴黎戴高乐国际机场

2)补充说明

上述材料的未尽事宜,由学生自己发挥想象;所查询的航班信息必须是真实的;本实训暂不考查学生对单证的掌握,所有业务以口头形式进行。

步骤三,各组成员仔细阅读和分析所给的材料,同时查阅相关资料,在规定时间内完成本票货物出口手续中要承担的角色和工作。

步骤四,各组分别派2名代表上台,彼此沟通和交流,完成模拟过程。模拟完毕,台下同学均可提问,了解其中细节。

步骤五,教师根据模拟情况点评总结,学生撰写实训报告。

任务二 缮制国际航空货运单

任务内容	填制航空货运单
任务目的	通过缮制航空货运单，掌握航空货运单填制方法
任务准备	教师提前准备好制单资料、空白航空货运单，将学生分组，每组5～6人。各组分别准备航空货运单的缮制

步骤一，学习航空货运单的相关知识，并认识航空货运单范本。

步骤二，根据所给资料，填制航空货运单。

1）制单资料

Seller：Beijing Shunyi Foreign Trade Corporation

Tel：010－69448888，Fax：010－69449999

Buyer：Artrade Kevin Lau 9th floor，47 Mody Road，T. S. T.，KowloonHong Kong

Tel：2345 8888，Fax：852－2456 3545

Nature and Quantity of Goods：bone bead/35cm × 45cm × 54cm/gross weight：79kg/rate/charge：12.80CNY/kg

AW：10.00

freight prepaid

2）航空货运单示例（可参照）

步骤三，学生仔细阅读和分析所给的材料，搜集查阅其他相关信息。

步骤四，完成航空运单的相关栏目填制。

步骤五，教师检查完成情况，并请学生回答填制理由。

 【思考与练习】

一、选择题

1. 航空运输的最大优势和主要特点是（　　）。
 A. 舒适 　　　　　　　　　　　　B. 灵活
 C. 速度快 　　　　　　　　　　　D. 单位运输成本高
2. 由航空公司签发的航空运单均称为（　　）。
 A. 航空分运单 　　　　　　　　　B. 航空主运单
 C. 航空货运单 　　　　　　　　　D. 国内航空分运单
3. 由航空货运公司在办理集中托运业务时签发给每一发货人的运单称为（　　）。
 A. 航空分运单 　　　　　　　　　B. 航空主运单
 C. 航空货运单 　　　　　　　　　D. 国内航空分运单

4. 航空货物运输费用包括运费和（　　）。
A. 附加费　　　　B. 声明价格附加费　　C. 地面运费　　　　D. 中转手续费
5. 航空公司规定计费重量按（　　）统计。
A. 实际重量
B. 实际重量和体积重量两者之中较高的一种
C. 体积重量
D. 实际重量和体积重量两者之中较低的一种

二、判断题

1. 填写空运托运书时，若机场名称不明确，可填城市名称。（　　）
2. 在国际航空货物运输当中，托运人在填写托运书中品名栏目时可填写"样品""部件"。（　　）
3. 航空货运的公布直达运价中，优惠性质的运价是等级货物运价。（　　）
4. 运单号 675-0350912X 中的 X 应为"2"。（　　）
5. IATA 实际上是一个民间组织。（　　）

三、简答题

1. 简述航空货运的特点。
2. 什么是集中托运？其特点有哪些？
3. 主运单和分运单的区别是什么？

四、计算题

Routing：BEIJING，CHINA(BJS) To LONDON，GB(LON)
Commodity：PARTS
Gross Weight：270kg
Dimensions：101cm×58cm×32cm
计算该票货物的航空运费。
公布运价如下。

BEIJING Y. RENMINBI	CN CNY	BJS KGS	
LONDON	GB	M	320.00
		N	50.22
		45	41.33
		300	37.52

五、案例分析题

一票从罗马经北京中转至大连的货物，一程航班 XY940/05FEB 02，二程航班 XY51/08FEB 02，货运单号 888-34783442，1件 320 千克，品名：尼龙粉，收货人：某市保税区贸易公司。赔偿原因：内物丢失16千克。在调查时发现，2月7日装卸人员在倒板时发现有绿色粉末散落，并随即告知保管员，但保管员没有理会，随口说就那么装，也没有填写事故记录。

请问：承运人应负何责任？

六、情境训练题

江苏海华进出口有限公司拟向荷兰出口一批精密仪器，采用航空运输，货物交由江苏海伦货运代理公司安排运输，假设你是这笔运输业务的负责人，请你设计航空运输货代流程。

项目八

国际多式联运

GUOJI DUOSHI LIANYUN

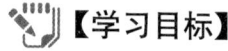【学习目标】

知识目标	技能目标
(1) 掌握国际多式联运的概念及特征 (2) 了解国际多式联运的业务流程 (3) 掌握国际多式联运方案设计的基本概念、影响因素、内容和设计程序 (4) 了解国际多式联运单证和计费业务	(1) 能够根据客户的要求设计国际多式联运方案 (2) 能够正确填写并审核多式联运单证 (3) 具有能描述国际多式联运一般业务流程的能力

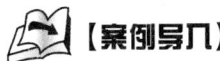【案例导入】

南昌大众服装公司向美国芝加哥出口服装一批,现委托海华国际货运公司办理该项货物的运输。事实上,采用任何一种单一的运输方式从武汉将货物运输到芝加哥都是不现实的,而考虑到不同的运输方式、路线及收费项目,从武汉到芝加哥的运输方案可能有几十种之多。如果你是海华货运公司的业务员,你应如何为客户选择一个最佳的运输方案?你需要为客户做哪些工作?

分析:最佳的运输方案的选择要立足于客户需求的分析,综合考虑时效性、安全性、方便性、经济性等因素,需要为客户做的常见的工作包括:运输方式的选择(根据每种方式的优缺点)、运输路线的选择(选择运输路线,最重要的是在运输费用和时间两个要素之间作权衡)以及搬运设备包装设计等。

 任务

怎样针对具体情况设计出相应的多式联运方案?国际多式联运企业有哪些业务流程?

【必备知识】

知识一 什么是国际多式联运

一、国际多式联运的概念及特征

国际多式联运是在集装箱运输的基础上产生和发展起来的,一般以集装箱为媒介,把海、陆、空及内河等单一运输方式有机地结合起来,组成一个连贯的运输系统,通过实现"门到门"服务来更好地为货主提供经济、合理、迅速、安全和便捷的运输服务。如今,提供优质的国际多式联运服务已成为集装箱运输经营人增强竞争力的重要手段。

根据1980年《联合国国际货物多式联运公约》(简称《多式联运公约》),以及1997年我国交通部和铁道部共同颁布的《国际集装箱多式联运管理规则》的定义,国际多式联运是指：按照多式联运合同，以至少两种不同的运输方式，由多式联运经营人将货物由一国境内接管货物的地点运至另一国境内指定交付货物的地点的运输方式。根据该定义并结合国际惯例，国际多式联运的特征如下。

（1）必须有一份多式联运合同，明确多式联运经营人与托运人之间的合同关系。

（2）必须使用一份全程多式联运单据。

（3）必须是至少两种以上不同运输方式的连贯运输。

（4）必须是国际货物运输。这不仅是区别于国内货物运输，而且是涉及国际运输法规的适用问题。

（5）必须实行多式联运经营人全程单一负责制。多式联运经营人承担自接管货物起至交付货物止的全程运输责任，对货物在运输途中因灭失损坏或迟延交付所造成的损失负赔偿责任。

（6）必须实行全程单一的运费费率，并由多式联运经营人以包干形式一次性向货主收取。

由此可见，国际多式联运的主要特点就是多式联运经营人对托运人签订一个运输合同，统一组织全程运输，实行运输全程一次托运，一单到底、一次收费、统一理赔和全程负责。它是一种以方便托运人和货主的货物运输组织形式。

二、国际多式联运的优越性

国际多式联运是一种比区段运输高级的运输组织形式，20 世纪 60 年代末，美国首先试办多式联运业务，受到货主的欢迎。随后，国际多式联运在北美、欧洲和远东地区开始采用。20 世纪 80 年代，国际多式联运已逐步在发展中国家实行。国际多式联运已成为一种新型的重要的国际集装箱运输方式，也是国际运输发展的方向。与传统运输方式相比，国际多式联运存在明显的优势，这也是推动国际多式联运迅速发展的重要原因。

（1）手续简便，责任统一。国际多式联运的一切运输事项均由多式联运经营人负责办理。货主只需办理一次托运，订立一份运输合同，支付一次运费，一次保险，取得一份运输单据。此外，一旦运输过程中发生货损货差，由多式联运经营人对全程运输负责。

（2）运输时间缩短，货运质量提高。国际多式联运是以集装箱运输为基本单元，可以实行"门到门"运输。尽管运输途中可能多次换装转点，但由于使用专业机械装卸，且不涉及箱内货物，因而货损货差事故大为减少，从而在很大程度上提高了货物的运输质量。再者由于全程运输由专业人员组成，各环节和各种运输工具之间配合密切，衔接紧凑，货物所到之处中转迅速及时，大大减少货物的在途停留时间，从而从根本上保证了货物安全、迅速、准确、及时地运抵目的地。

（3）降低运输成本，节约运杂费用。由于多式联运可实行门到门运输，因此对货主来说，在货物交由第一承运人以后即可取得货运单证，并据以结汇，从而提前了结汇时间。这不仅有利于加速货物占用资金的周转，而且可以减少利息的支出。此外，由于货物是在集装箱内进行运输的，因此，从某种意义上来看，可相应地节省货物的包装、理货和保险等费用的支出。

（4）扩大运输经营人业务范围，提高组织水平，实现运输合理化。对于区段运输而言，由于各种运输方式的经营人都是各自为政，自成体系，因而其经营业务范围受到限制，相应地货运量也受到限制。而一旦由不同的运输经营人共同参与多式联运，经营的范围可以大大扩展，同时可以最大限度地发挥其现有设备的作用，选择最佳运输线路组织合理化运输。

三、国际多式联运的组织形式

国际多式联运是采用两种或两种以上不同运输方式进行联运的运输组织形式。这里所指的至少两种运输方式可以是：海陆、陆空、海空等。这与一般的海海、陆陆、空空等形式的联运有着本质的区别。后者虽也是联运，但仍是同一种运输工具之间的运输方式。众所周知，各种运输方式均有自身的优点与不足。一般来说，水路运输具有运量大、成本低的优点；公路运输则有机动灵活，便于实现门到门运输的特点；铁路运输的优点是不受气候影响，可深入内陆，实现货物长距离的准时运输；而航空运输的主要优点是可实现货物的快速运输。由于国际多式联运采用两种和两种以上的运输方式进行联运，因此这种运输组织形式可综合利用各种运输方式的优点，充分体现社会化大生产大交通的特点。

由于国际多式联运具有其他运输组织形式无可比拟的优越性，因而这种国际运输新技术已在世界各主要国家和地区得到广泛的推广和应用。目前，有代表性的国家多式联运主要有远东/欧洲、远东/北美等海陆空联运，其组织形式包括以下几个方面。

1. 海陆联运

海陆联运是国际多式联运的主要组织形式，也是远东/欧洲多式联运的主要组织形式之一。目前，组织和经营远东/欧洲海陆联运业务的主要有班轮公会的三联集团、北荷、冠航和丹麦的马士基等国际航运公司，以及非班轮公会的中国远洋运输公司、中国台湾长荣航运公司和德国那亚航运公司等。这种组织形式以航运公司为主体，签发联运提单，与航线两端的内陆运输部门开展联运业务，与大陆桥运输展开竞争。

2. 陆桥运输

在国际多式联运中，陆桥运输（Land Bridge Transport）起着非常重要的作用。它是远东/欧洲国际多式联运的主要形式。所谓陆桥运输是指采用集装箱专用列车或卡车，把横贯大陆的铁路或公路作为中间"桥梁"，使大陆两端的集装箱海运航线与专用列车或卡车连接起来的一种连贯运输方式。严格地讲，陆桥运输也是一种海陆联运形式。只是因为其在国际多式联运中的独特地位，因此将其单独作为一种运输组织形式。目前，远东/欧洲的陆桥运输线路有西伯利亚大陆桥和北美大陆桥。

1) 西伯利亚大陆桥（Siberian Land Bridge，SLB）

西伯利亚大陆桥又称亚欧第一大陆桥，这条大陆桥运输线东起俄罗斯东部港口，经由跨越欧亚大陆的西伯利亚铁路运至波罗的海沿岸如爱沙尼亚的塔林或拉脱维亚的里加等港口，然后再采用铁路、公路或海运运到欧洲各地。西伯利亚大陆桥于1971年由原全苏对外贸易运输公司正式确立。使用这条路桥运输线的经营者主要是日本、中国和欧洲各国的货运代理公司。其中，日本出口欧洲杂货的1/3，欧洲出口亚洲杂货的1/5，是经这条路桥运输的。由此可见，它在沟通亚欧大陆，促进国际贸易中所处的重要地位。

西伯利亚大陆桥运输包括"海铁铁""海铁海""海铁公""海公空"4种运输方式。与全海运相比，这条大陆桥运输线具有运输距离缩短、途中运行时间减少和运输成本降低3个明显的优点。

随着亚欧第二大陆桥(也称新欧亚大陆桥)的形成，为远东至欧洲的国际集装箱多式联运提供了又一条便捷路线。新欧亚大陆桥东起中国的连云港，西至荷兰的鹿特丹港，全长10 837km，途径中国、哈萨克斯坦、俄罗斯、白俄罗斯、波兰、德国和荷兰7个国家，可辐射到30多个国家和地区。近年来，该大陆桥运量逐年增长，并具有巨大的发展潜力。图8-1所示为新亚欧大陆桥中国境内沿线示意图。

图8-1　新亚欧大陆桥中国境内沿线示意图

2) 北美大陆桥(North American Land Bridge)

北美大陆桥运输是指利用北美的大铁路从远东到欧洲的"海陆海"联运。该陆桥运输包括美国大陆桥运输和加拿大大陆桥运输。美国大陆桥有两条运输线路：一条是从西部太平洋沿岸至东部大西洋沿岸的铁路和公路运输线；另一条是从西部太平洋沿岸至东南部墨西哥湾沿岸的铁路和公路运输线。美国大陆桥于1971年年底由经营远东/欧洲航线的船公司和铁路承运人联合开办"海陆海"多式联运线，后来美国几家班轮公司也投入营运。主要有4个集团经营远东经美国大陆桥至欧洲的国际多式联运业务。这些集团均以经营人的身份，签发多式联运单证，对全程运输负责。加拿大大陆桥与美国大陆桥相似，由船公司把货物海运至温哥华，经铁路运到蒙特利尔或哈利法克斯，再与大西洋海运相接。

北美大陆桥是世界上历史最悠久、影响最大、服务范围最广的陆桥运输线。据统计，从远东到北美东海岸的货物有50%以上是采用双层列车进行运输的，因为采用这种陆桥运输方式比采用全程水运方式通常要快1～2周。例如，集装箱货从日本东京到欧洲鹿特丹港，采用全程水运(经巴拿马运河或苏伊士运河)通常需5～6周时间，而采用北美陆桥运输仅需3周左右的时间。

随着美国和加拿大大陆桥运输的成功营运，北美其他地区也开展了大陆桥运输。墨西哥大陆桥(Mexican Land Bridge)就是其中之一，该大陆桥横跨特万特佩克地峡(Isthmus Tehuantepec)，连接太平洋沿岸的萨利纳克鲁斯港和墨西哥湾沿岸的夸察夸尔科斯港，陆上距离182海里。墨西哥大陆桥于1982年开始营运，其服务范围很有限，对其他港口和大陆桥运输的影响还很小。

3) 其他陆桥运输形式

北美地区的陆桥运输不仅包括上述大陆桥运输，而且还包括小陆桥运输(Mini-bridge)和微桥运输(Micro-bridge)等运输组织形式。

(1) 北美小陆桥运输。北美小陆桥运输是指日本经美国太平洋沿岸各港的海铁联运,它与大陆桥运输的区别是运输终点为美国东海岸,而不再下海。采用这样的运输方式,使海运和陆运结合起来,从而达到了运输迅速、降低运输成本的目的。北美小陆桥运输大大缩短了日本、远东到美国、加拿大东部地区与中部地区的运输距离,节省了运输时间。以日本/美东航线为例,从大阪至纽约全程水运(经巴拿马运河)航线距离 9 700 英里,运输时间 21~24 天。而采用小路桥运输,运输距离仅 7 400 英里,运输时间 16 天,可节省 1 周左右的时间。

(2) 北美微陆桥运输。微陆桥运输是利用陆桥铁路的部分段落进行运输,与小陆桥运输的主要区别,仅在于交货地点在内陆地区。北美微陆桥运输是指经北美东、西海岸及墨西哥湾沿岸港口,到美国、加拿大内陆地区的联运服务。随着北美小陆桥运输的发展,出现了新的矛盾,主要反映在:如货物由靠近东海岸的内地城市运往远东地区(或反向),首先要通过国内运输,以国内提单运往东海岸交船公司,然后由船公司另外签发由东海岸出口的国际货运单证,再通过国内运输运至西海岸港口,然后海运至远东。货主认为,这种运输不能从内地直接以国际货运单证运至西海岸港口转运,不仅增加费用,而且耽误运输时间。为解决这一问题,微陆桥运输应运而生。进出美、加内陆城市的货物采用微陆桥运输既可节省运输时间,也可避免双重港口收费,从而节省费用。图 8-2 为北美路桥运输系统的基本构成。

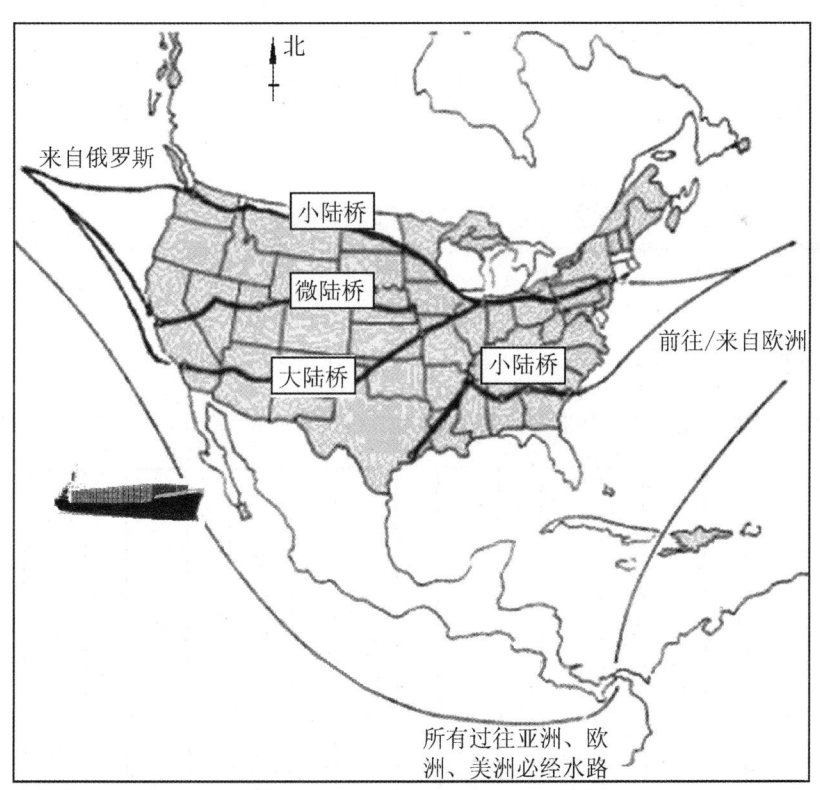

图 8-2 北美路桥运输系统示意图

3. 海空联运

海空联运又被称为空桥运输(Air-bridge Transport)。在运输组织方式上,空桥运输与陆桥运输有所不同:陆桥运输在整个货运过程中使用的是同一个集装箱,不用换装,而空桥运输的货物通常要在航空港换入航空集装箱。不过两者的目标是一致的，即以低费率提供快捷、可靠的运输服务。海空联运方式始于20世纪60年代，但到20世纪80年代才得到较大的发展。采用这种运输方式，运输时间比全程海运少，运输费用比全程空运便宜，20世纪60年代，将远东船运至美国西海岸的货物，再通过航空运至美国内陆地区或美国东海岸，从而出现了海空联运。当然，这种联运组织形式是以海运为主，只是最终交货运输区段由空运承担。目前，国际海空联运线主要有以下几种。

1) 远东—欧洲

远东与欧洲间的航线有以温哥华、西雅图、洛杉矶为中转地，也有以香港、曼谷、海参崴为中转地，此外还有以旧金山、新加坡为中转地。

2) 远东—中南美

近年来，远东至中南美的海空联运发展较快，因为此处港口和内陆运输不稳定，所以对海空运输的需求很大。该联运线以迈阿密、洛杉矶、温哥华为中转地。

3) 远东—中近东、非洲、大洋洲

以香港、曼谷为中转地至中近东、非洲的运输服务。在特殊情况下，还有经马赛至非洲、经曼谷至印度、经香港至澳洲等联运线，但这些线路货运量较小。

总的来讲，运输距离越远，采用航空联运的优越性就越大，因为同完全采用海运相比，其运输时间更短。同直接采用空运相比，其费率更低。因此，从远东出发将欧洲、中南美，以及非洲作为海空联运的主要市场是合适的。

知识二　国际多式联运业务流程及单证

一、国际多式联运业务流程

一个典型的国际多式联运的业务流程如图8-3所示。

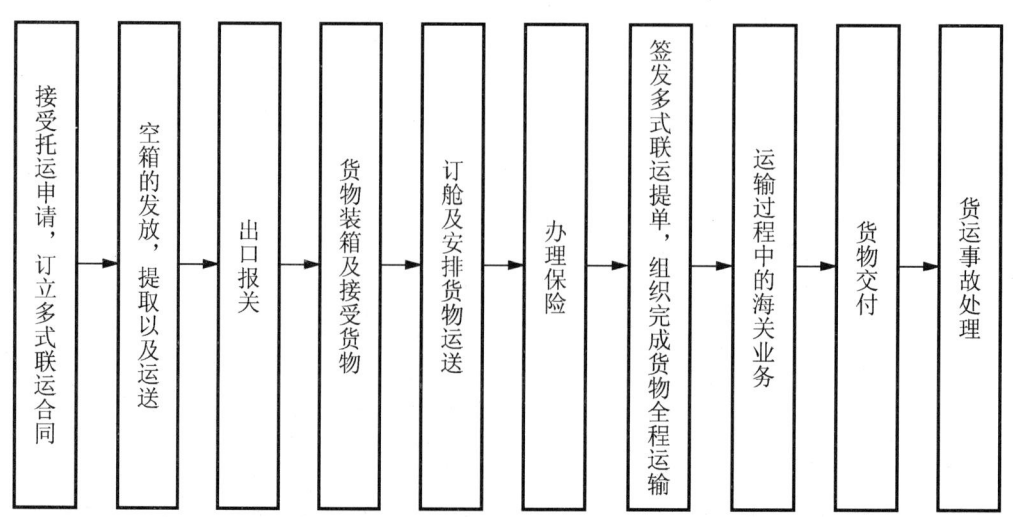

图8-3　典型的国际多式联运业务流程图

二、国际多式联运合同

1. 国际多式联运合同的概念

国际多式联运合同是指多式联运经营人以两种以上的不同运输方式,负责将货物从接收地运至目的地交付收货人,并收取全程运费的合同。

2. 国际多式联运合同的主要内容

(1) 承运货物的名称、种类、件数、重量、尺寸、包装等货物状况。
(2) 承运人的责任范围,货物接收地和交付地。
(3) 双方费用约定以及结算时间。
(4) 承运人的除外责任。
(5) 承运人的赔偿限额。
(6) 违约责任规定。
(7) 合同争议解决方式和适用法律。

【范例】

多式联运合同

甲　　方：　（托运人）
法定代表人：
法定地址：　　　　　　　　邮编：
经 办 人　　　　　　　联系电话：　　　　　传真：
银行账户：

乙　　方：　（承运人）
法定代表人：
法定地址：　　　　　　　　邮编：
经 办 人：　　　　　　　联系电话：　　　　　传真：
银行账户：

甲乙双方经过友好协商,就办理甲方货物多式联运事宜达成如下合同:

1. 甲方应保证如实提供货物名称、种类、包装、件数、重量、尺码等货物状况,由于甲方虚报给乙方或者第三方造成损失的,甲方应承担损失。
2. 甲方应按双方商定的费率在交付货物　　天之内将运费和相关费用付至乙方账户。甲方若未按约定支付费用,乙方有权滞留提单或者留置货物,进而依法处理货物以补偿损失。
3. 托运货物为特种货或者危险货时,甲方有义务向乙方做详细说明。未作说明或者说明不清的,由此造成乙方的损失由甲方承担。
4. 乙方应按约定将甲方委托的货物承运到指定地点,并应甲方的要求,签发联运提单。
5. 乙方自接货开始至交货为止,负责全程运输,对全程运输中乙方及其代理或者区段承运人的故意或者过失行为而给甲方造成的损失负赔偿责任。

6. 乙方对下列原因所造成的货物灭失和损坏不负责任：
（1）货物由甲方或者代理人装箱、计数或者封箱的，或者装于甲方的自备箱中；
（2）货物的自然特性和固有缺陷；
（3）海关、商检、承运人行使检查权所引起的货物损耗；
（4）天灾，包括自然灾害，例如但不限于雷电、台风、地震、洪水等，以及意外事故，例如但不限于火灾、爆炸、由于偶然因素造成的运输工具的碰撞等；
（5）战争或者武装冲突；
（6）抢劫、盗窃等人为因素造成的货物灭失或者损坏；
（7）甲方的过失造成的货物灭失或者损坏；
（8）罢工、停工或者乙方雇佣的工人劳动受到限制；
（9）检疫限制或者司法扣押；
（10）非由于乙方或者乙方的受雇人、代理人的过失造成的其他原因导致的货物灭失或者损坏，对于第（7）项免除责任以外的原因，乙方不负举证责任。
7. 货物的灭失或者损坏发生于多式联运的某一区段，乙方的责任和赔偿限额，应该适用该区段的法律规定。如果不能确定损坏发生区段的，应当使用调整海运区段的法律规定，不论是根据国际公约还是根据国内法。
8. 对于逾期支付的款项，甲方应按每日万分之五的比例向乙方支付违约金。
9. 由于甲方的原因（如未及时付清运费及其他费用而被乙方留置货物或滞留单据或提供单据迟延而造成货物运输延迟）所产生的损失由甲方自行承担。
10. 合同双方可以依据《合同法》的有关规定解除合同。
11. 乙方在运输甲方货物的过程中应尽心尽责，对于因乙方的过失而导致甲方遭受的损失和发生的费用承担责任，以上损失不包括货物因延迟等原因造成的经济损失。在任何情况下，乙方的赔偿责任都不应超出每件____元人民币或每千克____元人民币的责任限额，两者以较低的限额为准。
12. 本合同项下发生的任何纠纷或者争议，应提交中国海事仲裁委员会，根据该会的仲裁规则进行仲裁。仲裁裁决是终局的，对双方都有约束力。
本合同的订立、效力、解释、履行、争议的解决均适用中华人民共和国法律。
13. 本合同从甲乙双方签字盖章之日起生效，合同有效期为____天，合同期满之日前，甲乙双方可以协商将合同延长____天。合同期满前，如果双方中任何一方欲终止合同，应提前____天，以书面的形式通知另一方。
14. 本合同经双方协商一致可以进行修改和补充，修改及补充的内容经双方签字盖章后，视为本合同的一部分。
本合同正本一式____份。

甲方：　　　　　　　　　　　　　　　乙方：
签字盖章　　　　　　　　　　　　　　签字盖章

　　　　　　　　　　　　　　　　　　　　　　　年　　月　　日

三、国际多式联运单据

1. 多式联运单据的定义与主要内容

1）多式联运单据的定义

《联合国国际货物多式联运公约》对多式联运单据所下的定义是：证明多式联运合同及

证明多式联运经营人接管货物并负责按合同条款交付货物的单据。

从上述定义可知,多式联运单据与海运提单作用相似,它是发货人与多式联运经营人订立国际货物多式联运合同的证明;是多式联运经营人接管货物的证明和收据;是收货人提取货物和多式联运经营人交付货物的凭证;是货物所有权的证明,可以用来结汇、流通和抵押等。

多式联运单据与联运提单的区别是:联运提单承运人只对自己执行的一段负责,而多式联运承运人对全程负责;联运提单由船公司签发,包括海洋运输在内的全程运输;多式联运单据由多式联运承运人签发,也包括全程运输,但多种运输方式中,可以不包含海洋运输。

2) 多式联运单据的主要内容

多式联运单据是发货人、多式联运经营人、收货人等当事人货物交接的凭证,多式联运单据的内容应准确、完整,其主要内容有以下几方面。

(1) 货物的名称、种类、件数、重量、尺寸、包装等。
(2) 多式联运经营人的名称与主要经营场所。
(3) 发货人、收货人的名称。
(4) 多式联运经营人接管货物的地点、日期。
(5) 多式联运经营人交付货物的地点和约定的时间或期限。
(6) 表示多式联运为可转让或不可转让的声明。
(7) 多式联运经营人或其授权人的签字。
(8) 有关运费支付的说明。
(9) 有关运输线路、运输方式的说明。
(10) 在不违反多式联运单据签发国法律的前提下,双方同意列入的其他事项。

多式联运单据一般都列入上述内容,如果缺少其中一项或几项,只要所缺少的内容不影响货物运输和当事人的利益,多式联运单据仍具法律效力。

3) 相关单证

国际多式联运中使用的单证较多,但根据其用途可以分为两大类:一类是进出口运输所需要的和办理运输有关业务的单证,如多式联运提单、各区段的运单、提单、提箱单、设备交接单、装箱单、场站收据、交货记录等;另一类是向各口岸监管部门申报所使用的单证,如商业发票、进出口许可证、商检、卫生检疫证明、合同副本、信用证副本等。其中,主要单证有以下几种。

(1) 集装箱运输相关单证,如设备交接单、装箱单、场站收据、交货记录。
(2) 多式联运提单。

2. 多式联运提单

1) 国际多式联运提单的定义

《联合国国际货物多式联运公约》对多式联运单证所下的定义为:"多式联运单证是指证明多式联运合同及证明多式联运经营人接管货物并负责按合同条款交付货物的单据。"在实践中一般称为多式联运提单,它是发货人与多式联运经营人订立国际货物多式联运合同的证明;是多式联运经营人接管货物的证明和收据;是收货人提取货物和多式联运经营人交付货物的凭证；是货物所有权的证明，可以用来结汇、流通和抵押等。

2) 多式联运提单的签发

多式联运经营人在收到货物后，凭发货人提交的收货收据（在集装箱运输时一般是场站收据正本）签发多式联运提单，根据发货人的要求，可签发可转让或不可转让提单中的任何一种。签发提单前应向发货人收取合同规定和应由其负责的全部费用。

【知识链接】

国际多式联运提单装运日期的确定

国际多式联运提单一般是在联运经营人接管货物后准备待运时签发的单据，因此不同于海运提单的实际装运日期，国际多式联运提单的装运日期该如何鉴定呢？根据《跟单信用证统一惯例》（《UCP600》）规定，银行将接受注明货物已发运、接受监管或已装载的单据。发运、接受监管或装载，可在多式运输单据上以文字表明，且出单日即视为发运、接受监管或装载日期及装运日期。然而，如果单据上已经盖章或其他方式表明发运、接受监管或装载日期，则此类日期即视为装运日期。《UCP600》还规定，只要同一多式运输单据包括运输全程，即使信用证禁止装运，银行也将接受注明转运将发生或可以发生的多式运输单据。

3) 多式联运提单的内容

根据《多式联运公约》，多式联运提单一般应载明下列事项。

（1）货物品类、标志、危险特征的声明、包数或者件数、重量。

（2）货物的外表状况。

（3）多式联运经营人的名称与主要营业地。

（4）发货人名称。

（5）收货人的名称。

（6）多式联运经营人接管货物的时间、地点。

（7）交货地点。

（8）交货日期或者期间。

（9）表示该提单可转让或者不可转让的声明。

（10）多式联运单据签发的时间、地点。

（11）多式联运经营人或其授权人的签字。

（12）每种运输方式的运费、用于支付的货币、运费由收货人支付的声明等。

（13）有关运输线路、运输方式和转运地点的说明。

（14）关于多式联运遵守《多式联运公约》规定的声明与保留。

（15）双方商定的其他事项。

以上各项中，如缺乏一项或多项内容，不影响单据作为多式联运单据的性质。

多式联运运输方式比较特殊，其运输单据需要能够适应各类运输区段所显示货物、运输信息的要求，虽然没有统一格式要求，但也不能简单地把多式联运单据与单一方式运输单据混为一谈，多式联运提单与各单一方式运输单据的差别见表8-1。

表 8-1 多式联运提单与各单一方式运输单据的主要差别

运输单据	铁路运单	公路运单	航空运单	海运提单	多式联运提单
运输方式	铁路	公路	航空	海运	多种
接收货物收据	是	是	是	是	是
运输合同	是	是	是	不是	不是
交付凭证	不是	是	不是	是	是
物权凭证	不是	不是	不是	是	是
可转让性	不可	不可	不可	可	可
货物风险	无	无	无	有	有
责任期限	站—站	接受—交付	港—港	港—港	接受—交付

 知识三 国际多式联运方案设计

一、国际多式联运方案设计的概念与影响因素

1. 国际多式联运方案设计的基本概念

国际多式联运方案设计是指国际多式联运企业针对客户的运输需求，运用系统理论和运输管理的原理和方法合理地选择运输方式、运输工具与设备、运输路线以及货物包装与装卸等过程。

2. 国际多式联运方案设计的影响因素

国际多式联运方案设计的最终目的在于满足客户的需求，因此，以下客户需求特征应该成为国际多式联运方案设计时应考虑的主要因素。

（1）货物特征方面。主要包括货物的种类，单件体积与毛重，外包装规格与性能，可堆码高度，货物价值，是否是贵重、冷藏、危险品等特种商品等。

（2）运输与装卸搬运特征。主要包括每次发运货物数量（数量有无增减）、装运时间、发运频率、到达时间、可否拼装及分拼装与转运、装货与卸货地点是否拥挤或罢工、运输距离的长短等。

（3）储运保管特征。主要是指货物的物理与化学性质对储运与保管的要求等。

（4）客户其他要求。例如，对运输价格、运输方式、运输工具、运输线路、装卸搬运设备、运输时间、运输单证等有无具体要求等。

二、国际多式联运方案设计的内容与程序

国际多式联运方案设计主要包括运输方式、运输工具与设备、运输路线和自营与分包

4个方面的决策,如图8-4所示。国际多式联运方案设计是一项复杂的系统工程,最佳的设计方案往往是通过对各种方案的多次修正与调整后获取的。

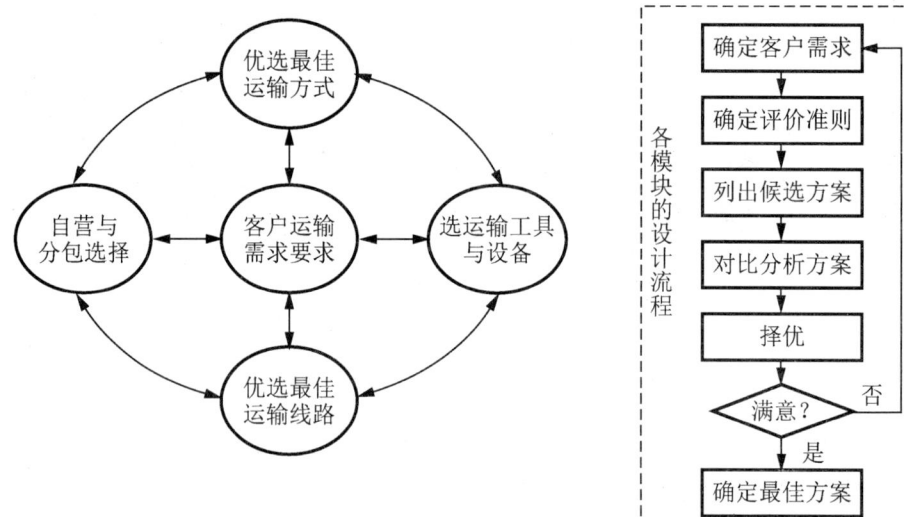

图8-4 国际多式联运方案设计内容与流程

国际多式联运方案设计的步骤如下。

1. 客户运输需求分析

客户运输需求的分析应考虑以下方面的特性。

(1)时效性。即由于生产和销售的需要,要求运输过程在一定的时限内完成,并保证在货主要求的时限内交付。

(2)安全性。即保证整个运输过程中货物的完好无损和无差错。

(3)方便性。即货主能够方便地进行货物订舱、交运、查询运输状态和提取,同时能够按货主指定的地点收货和交付。

(4)经济性。即对运输价格、各种服务性收费要求和提供增值服务的需求。

2. 运输方式的选择

表8-2显示了铁路、公路、水路、航空、管道5种基本运输方式的优缺点及适用范围。

表8-2 各种运输方式的优缺点及适用范围

运输方式	优 点	缺 点	主要运输对象
铁路	(1)大批量货物能一次性有效运送 (2)运费负担小 (3)轨道运输,事故相对少、安全 (4)铁路运输网完善,可运达各地 (5)受自然和天气影响小,运输准时性较高	(1)近距离运输费用高 (2)不适合紧急运输要求 (3)由于需要配车编组,中途停留时间较长 (4)非沿线目的地需汽车转运 (5)装卸次数多,货损率较高	长途、大量、低价、高密度商品,如采掘工业产品、重工业产品及原料、制造业产品及原料、农产品等

续表

运输方式	优　　点	缺　　点	主要运输对象
公路	(1) 可以进行门到门运输 (2) 适合于近距离运输，比较经济 (3) 使用灵活，可以满足多种需要 (4) 输送时包装简单、经济	(1) 装载量小，不适合大量运输 (2) 长距离运输运费较高 (3) 环境污染较严重 (4) 燃料消耗大	短距离具有高价值的加工制造产品和日用消费品，如纺织和皮革制品、橡胶和资料制品、润滑金属产品、通信产品、零部件、影像设备等
水运	(1) 运量大 (2) 成本低 (3) 适于超长、超宽、笨重的货物运输	(1) 运输速度慢 (2) 港口装卸费用较高 (3) 航行受天气影响较大 (4) 运输正确性和安全性较差	主要是长途的低价值、高密度大宗货物，如矿产品、大宗散装货、化工产品、远洋集装箱等
民航	(1) 运输速度快 (2) 安全性高	(1) 运费高 (2) 重量和体积受限制 (3) 可达性差 (4) 受气候条件限制	通常适用于高价、易腐烂或急需的商品
管道	(1) 运量大 (2) 运输安全可靠 (3) 连续性强	(1) 灵活性差 (2) 仅适用特定货物	石油、天然气、煤浆

选择运输方式的组合时，应主要考虑如下因素。

(1) 货物品种。

(2) 运输期限。

(3) 运输成本。

(4) 运输距离。

(5) 运输批量。

3. 运输工具与设备的选择

(1) 运输工具的选择。在同一运输路线上使用技术性能与经济性能不同的运输工具，将会产生不同的经济效果；同一运输工具在不同的运输路线上营运，其经济效果也会不同。因此，研究各类运输工具在运输路线上的合理配置是国际多式联运方案设计的重要内容之一。运输工具选择主要是指对运输工具的类型、吨位(在重量)、国籍、出厂日期等有关指标的选择。

(2) 装卸搬运设备的选择。选用合理的装卸搬运设备，对于提高装卸搬运效率、加速运输工具的周转以及最大限度地防止货运事故的发生，有着极其重要的意义，尤其是对于那些超长、超宽、超高、超重、移动困难、易损坏的货物，装卸搬运设备的选择就更为重要。

(3) 集装箱的选择。在货物装箱前，针对所运货物的实际情况和运输要求、运输线路和港口、内陆场站条件及经济合理等因素，选择合适的集装箱，对保证运输质量、提高运输效率、减少运输时间、降低运输成本都有着重要意义。对集装箱的选择主要是指集装箱种类（箱型）的选择、集装箱规格尺度的选择以及所需集装箱数量的计算。

（4）运输包装的设计。运输包装的方式和造型多种多样，包装用料和质地各不相同，包装程度也有差异，这就导致运输包装的多样性。在设计运输包装时要考虑对运输方式的适应性和方便性，以及何时、何地将运输包装转换为销售包装，以实现货物运输既安全又快捷。

4. 运输路线的选择

运输路线的选择应注意以下三点。

（1）运输路线选择与运输方式选择的协同。实际上，同一路线上可以选择不同的运输方式和运输形式，同样，两点间同一运输方式和运输形式下也可能存在不同的运输路线。因此，最好是将运输线路选择与运输方式选择结合在一起，因为线路选择的可行性在很大程度上取决于运输方式等其他环节。

（2）注意装卸地点的选择。以海上运输为例，一般来说，应尽量安排直达运输，以减少运输装卸、转运环节，缩短运输时间，节省运输费用。必须中转的进出口货物，也应选择适当的中转港、中转站。进出口货物的装卸港，一般应尽量选择班轮航线经常停靠的自然条件和装卸设备较好、费用较低的港。进口货物的卸港，还要根据货物流向和大宗货物用货地来考虑；出口货物的装港，还应考虑靠近出口货物产地或供货地点，以减少国内运输里程，节约运力。此外，港口还有基本港和非基本港的区别，有些港口可能发生罢工与拥挤。

（3）注意不同装货量的拼装，以实现集运、拼装模式，从而影响运输路线选择。随着跨国经营和货运"批多量少"趋势的发展，有时货源港与目的港都很分散，必须采用另一种运输方式。有时没有现成的运输方式可用，就要做出特别的运输安排，把小批量货物集中起来进行集运。

5. 自营与分包的选择

实际上，任何一个国家多式联运企业都不可能具备最完备，最经济的海、陆、空运输资源和最合适的仓储资源，每个多式联运企业都不同程度地建立了使用自有运力和对外采购运力相结合的双重能力。在采购外部运输运作资源时，每个企业基本都是运用市场机制，但在使用自有运输运作资源时，则根据管理模式的不同，有不同的价格采购标准。

知识四　国际多式联运法律责任划分

一、国际多式联运责任制概述

1. 国际多式联运经营人

1）国际多式联运经营人的定义

《1980 年联合国国际多式联运公约》规定："国际多式联运经营人是指本人或通过其代理订立国际多式联运合同的任何人，他是事主，而不是发货人的代理人或代表或参加多式联运的承运人的代理人或代表,并负有履行合同的责任。"因此,国际多式联运经营人,是指本人或委托他人以本人名义与托运人订立一项多式联运合同并以承运人身份承担完成此项合同的责任人。

2) 国际多式联运经营人的性质

国际多式联运经营人既不是发货人的代理或代表,也不是承运人的代理或代表,它是一个独立的法律实体。它具有双重身份,对货主来说它是承运人,对实际承运人来说,它又是托运人。一方面与货主签订多式联运合同,另一方面又与实际承运人签订运输合同。它是总承运人,对全程运输负责,对货物灭失、损坏、延迟交付等均承担责任。在国际上经营国际多式联运业务的都是些规模较大、实力雄厚的国际货运公司。

2. 国际多式联运责任制的类型

国际多式联运责任制的类型如图 8-5 所示。

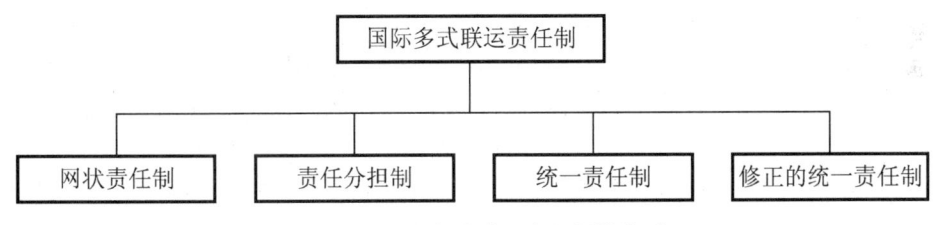

图 8-5 国际多式联运责任制的类型

1) 网状责任制

网状责任制是指多式联运经营人尽管对全程运输负责,但对货运事故的赔偿原则仍按不同运输区段所适用的法律规定进行处理。如海上区段按《海牙规则》处理,铁路区段按《国际铁路运输公约》处理,公路区段按《国际公路货物运输公约》处理,航空区段按《华沙公约》处理。当无法确定货运事故发生区段时,则按相应国家的国内法或双方约定原则加以赔偿。目前,几乎所有的多式联运单据均采取这种赔偿责任形式。根据《海商法》第 104 条至 106 条的规定,我国多式联运经营人也是采用网状责任制。

2) 责任分担制

责任分担制也称分段责任制,是多式联运经营人对货主并不承担全程运输责任,仅对自己完成的区段货物运输负责,各区段的责任原则按该区段适用的法律予以确定。由于这种责任形式与多式联运的基本特征相矛盾,因此,只要多式联运经营人签发了全程多式联运单据,即使在多式联运单据中声称采取这种形式,也可能会被法院判定此种约定无效而要求其承担全程运输责任。

3) 统一责任制

统一责任制是指多式联运经营人对货主赔偿时不考虑各区段运输方式的种类及其所适用的法律,而是对全程运输按一个统一的原则并一律按一个约定的责任限额进行赔偿。由于现阶段各种运输方式采用不同的责任基础和责任限额,因而目前多式联运经营人签发的提单均未能采取此种责任形式。

4) 修正的统一责任制

这是介于统一责任制与网状责任制之间的责任制,也称混合责任制。它在责任基础方面与统一责任制相同,在赔偿限额方面则与网状责任制相同。即多式联运经营人对全程运输负责,各区段的实际承运人仅对自己完成区段的运输负责。无论货损发生在哪一区段,多式联运经营人和实际承运人都按公约规定的统一责任限额承担责任。但如果货物的灭失、损坏发生于多式联运的某一特定区域,而对这一区段适用的一项国际公约或强制性国家法律规定的赔偿责任限额高于多式联运公约规定的赔偿责任限额时,多式联运经营人对这种灭失、损坏的赔偿应按照适用的国际公约或强制性国际法律予以确定。

3. 国际《多式联运公约》采用的责任形式

《联合国国际货物多式联运公约》(以下简称《多式联运公约》)采用了修正统一责任制。根据这一责任形式,多式联运经营人对货损的处理,不管是否能确定造成货损的实际运输区段,都将适用本公约的规定。但是,《多式联运公约》又作了这样的规定,如果货物的灭失或损坏发生于多式联运的某一特定区段,而对这一区段适用的一项国际公约或强制性国家法律规定的赔偿责任限额高于本公约规定的赔偿责任限额,则多式联运经营人对这种灭失或损坏的赔偿,应按照该国际公约或强制性国家法律予以确认。根据这一规定,一旦发生货物的灭失或损坏,多式联运经营人对货损的赔偿首先要依据所适用的法律规定来确定所适用的责任制形式。

《多式联运公约》中采用的这种责任形式,使国际多式联运中出现了双层赔偿责任关系,即多式联运经营人与货主(托运人)之间的赔偿责任关系,以及多式联运经营人与其分包人之间的赔偿责任关系。前者的赔偿责任关系受制于多式联运公约的规定。由于多式联运公约的强制性,这一规定中多式联运经营人不能放弃或降低赔偿责任限制,也不能将自己承担的责任转嫁货主。而对多式联运经营人与其分包人的赔偿责任,《多式联运公约》并未作任何规定,这在国际多式联运中极易产生纠纷。如海运方面至今采用的是不完全过失责任制,航空方面则采用完全过失责任制,而陆路运输方面无论是公路还是铁路均采用严格责任制。在上述几种责任制中,海上承运人的责任最轻。

由于《多式联运公约》采用了统一责任制,下列情况将不适用于该公约的规定。

(1) 凡属于单一运输方式下合同的货物接送业务。

(2) 对于公约缔约国与非缔约国之间所发生的有关多式联运的诉讼,如两国均受同一其他公约的制约,该缔约国法院则适用该其他公约的规定。

(3)《国际公路货物运输公约》和《国际铁路货物运输公约》第2条规定的货物运输,不能视为国际多式联运。

4. 国际多式联运经营人的责任期间

责任期间是指行为人履行义务、承担责任在时间上的范围。《多式联运公约》根据集装箱运输下,货物在货主仓库、工厂以及集装箱货运站、码头堆场进行交接的特点,仿照《汉堡规则》,对多式联运经营人规定的责任期间是"多式联运经营人对于货物的责任期间,自其接管货物之时起至交付货物时止。"依照《多式联运公约》条款的规定,多式联运经营人交付、接管货物的形式包括以下几方面。

1) 接管货物的形式

(1) 普通方式。即从托运人或其代表处接管货物,这是最常用、最普遍的规定方式。

（2）特殊方式。根据接管货物地点适用的法律或规章，货物必须交其运输的管理当局或其他第三方，这是一种特殊的规定。

在接管货物的特殊方式中，有一点应予以注意，即使《多式联运公约》规定多式联运经营人的责任从接管货物时开始，但在从港口当局手中接受货物的情况下，如货物的灭失或损坏系在当局保管期间发生的，多式联运经营人可以不负责任。

2）交付货物的形式

《多式联运公约》对交付货物规定的形式有3种。

（1）将货物交给收货人。

（2）如果收货人不向多式联运经营人提取货物，则按多式联运的合同或按照交货地点适用的法律或特定行业惯例，将货物置于收货人支配之下。

（3）将货物交给根据交货地点适用法律或规章必须向其交付的当局或其他第三方。

在收货人不向多式联运经营人提取货物的情况下，多式联运经营人可按上述第二、第三种交货形式交货，责任即告终止。在实践中，经常会发生这种情况，如收货人并不急需该批货物，为了节省自己的仓储费用而不提货；又如市场价格下跌，在运费到付的情况下而延迟提货。因此，《多式联运公约》的这种规定不仅是必要的，也是合理的。

二、国际多式联运经营人的赔偿责任

1. 多式联运经营人的赔偿责任基础

多式联运经营人的赔偿责任基础是指关于多式联运经营人承担赔偿责任的原则，作用相当于民法责任制度中的归责原则，在确定多式联运经营人责任方面起着重要作用。

多式联运公约对多式联运经营人规定的赔偿责任基础包括以下几方面。

（1）多式联运经营人对于货物的灭失、损坏和延迟交付所引起的损失，如果造成灭失、损坏或延迟交付的事故发生于货物由其掌管期间，应负赔偿责任，除非多式联运经营人证明其本人、受雇人、代理人或其他人为避免事故的发生及其后果已采取一切能符合要求的措施。

（2）如果货物未在明确议定的时间交付，或者如无此种协议，未在按照具体情况对一个勤奋的多式联运经营人所能合理要求的时间内交付，即为延迟交付。

（3）如果货物未在按照上述条款确定的交货日期届满后连续90日内交付，索赔人即可认为这批货物已灭失。

此外，如果货物的灭失、损坏或延迟交付是由多式联运经营人及其受雇人、代理人或有关其他人的过失或疏忽与另一原因结合而产生的，根据多式联运公约规定，多式联运经营人仅对灭失、损坏或延迟交货可以归之于此种过失或疏忽的限度内负赔偿责任。但公约同时指出，多式联运经营人必须证明不属于此种过失或疏忽的灭失、损坏或延迟交货的部分。

2. 多式联运经营人的赔偿责任限制

《多式联运公约》按国际惯例规定多式联运经营人和托运人之间可订立协议，制订高于公约规定的经营人赔偿限额。在没有这种协议的情况下，多式联运经营人按下列赔偿标准赔偿。

(1) 如在国际多式联运中包括了海上或内河运输，也就是在构成海陆、海空等运输方式时，多式联运经营人对每一件或每一货运单位的赔偿按 920 个特别提款权(SDR)，或毛重每千克 2.75 个特别提款权，两者以较高者为准。

关于对集装箱货物的赔偿，《多式联运公约》基本上采用了《维斯比规则》规定的办法。因此，当根据上述赔偿标准计算集装箱货物的较高限额时，公约规定应适用以下规则。

① 如果货物是采用集装箱、托盘或类似的装运工具集装，经多式联运单证列明装在这种装运工具中的件数或货运单位数应视为计算限额的件数或货运单位数；否则，这种装运工具中的货物视为一个货运单位。

② 如果装运工具本身灭失或损坏，而该装运工具并非为多式联运经营人所有或提供，则应视为一个单独的货运单位。

《多式联运公约》的这一赔偿标准中，还包括延迟交付赔偿限额的计算方法。根据公约的规定，不管多式联运是否包括海上或内河运输，经营人对延迟交货造成损失所负的赔偿责任限额，相当于被延迟交付的货物应付运费的两倍半，但不得超过多式联运合同规定的应付运费的总额。同时，延迟赔偿或延迟与损失综合赔偿的限额，不能超过货物全损时经营人赔偿的最高额。

由此可见，多式联运公约对运输延误的赔偿是建立在运费基础上的，与运费基数成正比。如延迟交付货物的运费没有超过运费总额的 40%，则按该票延误货物的运费乘上 2.5 倍；反之，如果超过运费总额的 40%，2.5 倍的标准失效，其最高运输延误赔偿不超过多式联运合同规定的应付运费的总额。关于货物延迟交付的赔偿限额，各国际货运公约均有不同规定，见表 8-3。

表 8-3 各国际公约关于货物迟延交付赔偿责任限额的规定

国际公约	赔偿责任限额	赔偿责任总额
《海牙规则》	无限额规定	无限额规定
《海牙-维斯比规则》	无限额规定	无限额规定
《汉堡规则》	应付运费的 2.5 倍	不超过合同应付的运费总额
《华沙公约》（空运）	无限额规定	无限额规定
《CMR》（公路）	延迟交付货物的运费总额	无限额规定
《CIM》（铁路）	应付运费的 2 倍	无限额规定
《多式联运公约》	应付运费的 2.5 倍	不超过合同应付的运费总额
《1991 年联合国贸易和发展委员会议/国际商会多式联运单证规则》	无规定	不超过合同应付的运费总额

(2) 如在国际多式联运中根据合同不包括海上或内河运输，即构成陆空、铁公等运输方式时，多式联运经营人的赔偿责任限制，按毛重每千克 8.33 个特别提款权。

(3) 如果货物的灭失或损坏已确定发生在多式联运的某特定区段，而这一区段所适用的国际公约或强制性国家法律规定的赔偿限额高于上述两个标准，则经营人的赔偿应以该国际公约或强制性国家法律予以确定。

现有的各国际货物运输公约对每一件或每一货运单位及毛重每千克赔偿限额的不同规定分别列入表8-4中。

表8-4 各国际货物运输公约有关赔偿限额的规定

公约名称	每件(或每货运单位)		毛重每千克		备注
	《多式联运公约》责任限额所占其比例/%	责任限额(SDR)	《多式联运公约》责任限额所占其比例/%	责任限额(SDR)	
《多式联运公约》	920		2.75		包括海上或内河运输
《海牙规则》	161	570			
《海牙-维斯比规则》	680	135	2.04	135.0	
《汉堡规则》	835	110	2.50	110.0	
《华沙公约》(空运)			17.00	16.0	
《CMR》(公路)			8.33	33.0	
《CIM》(铁路)			16.67	16.5	
《多式联运公约》					不包括海上或内河运输
《华沙公约》(空运)			17.00	47.9	
《CMR》(公路)			8.33	100.0	
《CIM》(铁路)			16.67	49.9	

三、非合同赔偿责任与赔偿责任限制权利的丧失

1. 非合同赔偿责任

《多式联运公约》的第20条是对非合同赔偿责任(Non-contractual Liability)的规定。公约该条第1款规定：本公约规定的辩护理由和赔偿责任限制，应适用于因货物灭失、损坏或延迟交付造成损失而对多式联运经营人提起的任何诉讼，不论这种诉讼是根据合同、侵权行为或其他。

在一些国家的法律规定中，允许受损方享有双重诉讼请求权，即受损方既可根据合同提出诉讼，也可根据侵权行为提起诉讼。在这种情况下，多式联运经营人将受到双重诉讼。而这两种不同的诉讼，将使多式联运经营人不能享受公约中应享受的责任限制，随之诉讼时效也不适用了。如果是这样，将使公约的制定失去实际意义。根据该公约第20条第1款规定：无论是根据违约行为提起诉讼，还是根据侵权行为或其他理由提起诉讼，都将适用本公约的

规定,而且,必须按本公约规定的责任限制、诉讼时效执行。

《多式联运公约》第 20 条第 2 款是关于多式联运经营人的受雇人或代理人是否有权援用本公约的辩护理由和赔偿责任限制的规定。该规定指出,如果由于货物灭失、损坏或延迟交付造成损失而对多式联运经营人的受雇人或代理人,或对经营人履行多式联运合同而使用其服务的其他人提起诉讼,该受雇人或代理人如能证明他是在受雇范围内行事,该其他人如能证明他是在履行合同的范围内行事,则该受雇人、代理人或其他人应有权援用多式联运经营人按本公约有权援用的辩护理由和赔偿责任限制。可以看出,该规定实质上是"喜马拉雅条款"的适用。

2. 多式联运经营人赔偿责任限制权利的丧失

为了防止多式联运经营人利用赔偿责任限制的规定,对货物的运输安全掉以轻心,使货主遭受不必要的损失,影响国际贸易和国际运输业的发展,《多式联运公约》第 21 条明确规定在下列情况下,多式联运经营人将丧失赔偿责任限制。

(1)如经证明,货物的灭失、损坏或延迟交付是由于多式联运经营人有意造成或明知可能造成而毫不在意的行为或不行为所引起,则多式联运经营人无权享受本公约所规定的赔偿责任限制的利益。

(2)虽有第 20 条第 2 款的规定,如经证明,货物的灭失、损坏或延迟交付是由于多式联运经营人的受雇人或代理人或为履行多式联运合同而使用其服务的其他人有意造成,或明知可能造成而毫不在意的行为或不行为所引起,则该受雇人、代理人或其他人无权享受本公约所规定的赔偿责任限制的利益。

【项目任务】

 任务一 设计多式联运方案

任务内容	确定运输路线,设计多式联运方案
任务目的	掌握国际多式联运方案设计的运输路线的选择
任务准备	把学生分成 5~6 人一组,多媒体教室,打开电脑并连接网络,准备世界地图一张

步骤一,在世界地图上找到重庆、美国芝加哥。

步骤二,根据情景描述,设计两种从重庆到美国芝加哥的多式联运运输方案。

情景描述

2013 年 11 月 3 日,重庆 M 汽车公司委托 H 国际货运代理有限责任公司出口运输 15 吨钢板弹簧,目的地美国芝加哥。要求如下:在 2013 年 12 月 20 日前交货给收货人;要求门到门服务,全程运输交由 H 货运公司负责;H 公司提供集装箱,并负责装箱;进出口报关等相关手续由 H 公司代理。

步骤三,每组学生在规定的时间内,通过比较设计完成一种最佳方案。

步骤四，每组派一名代表上台演示 PPT，其他组学生对其进行评议。
步骤五，教师进行点评、总结。

任务二　熟悉国际多式联运业务的流转过程

任务内容	国际多式联运企业调研
任务目的	通过调研，使学生了解国际多式联运的组织过程、多式联运适用的各种单证，培养学生调查、收集与整理相关信息的能力，了解多式联运过程中货损案例的处理方法
任务准备	了解该企业选择运输方式考虑的主要因素是什么、货损案件的处理方法及法律依据、多式联运组织方法和使用的各种单证

步骤一，把学生分为几个小组，以小组为单位到企业进行调查，并做好调查记录。
步骤二，以小组为单位写出调查分析报告。
步骤三，组织全班召开一次交流讨论会。
步骤四，根据分析报告和个人在交流中的表现进行成绩评估。

一、选择题

1. 下列（　　）不是国际多式联运所应具有的特点。
   A. 从内陆接管货物发生的费用　　B. 中转站至码头堆场运费
   C. 单证传递通信费用　　　　　　D. 集装箱租用费
2. 多式联运经营人在统一责任制下，对货物承担的运输责任是（　　）。
   A. 全程　　　　　　　　　　　　B. 实际承运人区段外的区段
   C. 自己运输区段　　　　　　　　D. 自己控制的区段
3. 不同运输方式下完成货物运输签发的提单是（　　）。
   A. 转运提单　　B. 多式联运提单　　C. 直达提单　　D. 联运提单
4. 以下哪些运输组织方式属于多式联运方式？（　　）
   A. SLB　　　　B. OCP　　　　C. MLB　　　　D. IPI
5. 国际多式联运中，多式联运单据是由（　　）签发的。
   A. 船公司　　　B. 货主　　　　C. 多式联运经营人　　D. 收货人

二、判断题

1. 国际多式联运是在联合运输基础上产生和发展起来的运输组织方式。（　）
2. 国际多式联运经营人是国际多式联运合同的当事人。（　）
3. 国际多式联运经营人对货物的责任期间是装上运输工具开始，到交付货物时终止。
（　）

4. 目前，国际海空联运线主要有远东—欧洲、远东—非洲、远东—中南美。　　（　）
5. 分割责任制是国际多式联运责任制中的一种类型。　　（　）

三、简答题

1. 国际多式联运有何特点？
2. 国际多式联运与一般联运的区别有哪些？
3. 国际多式联运经营人应具备哪些经营条件？

四、情境训练题

上海某企业的机电设备要出口到荷兰的阿姆斯特丹，该公司选择马士基公司作为多式联运的经营人。假设你是马士基公司负责这笔业务的负责人，请你设计几套路线方案，并从中选择最优方案实施。

附录

缩略词中英对照

SUOLÜECI ZHONGYING DUIZHAO

英文缩写	英文全称	中文解释
ABT	Air-bridge Transport	空桥运输
AC	Animal Container	动物容器租费
ADPA	Alteration of Discharging Port Additional	变更卸货港附加费
APL	American President Lines	美国总统轮船
A. R.	All Risks	一切险
AS	Assembly Service Fee	集中货物服务费
AT	Attendant	押运员服务费
AW	Air Waybill	货物单工本费
AWC	Air Waybill Charge	出票航空公司收取的货运单工本费
B. A. F.	Bunker Adjustment Factor	燃油附加费
BIMCO	Baltic and International Maritime Council	波罗的海国际海事协会
B/L	Bill of Lading	海运提单
B/N	Booking Note	托运单
C. A. F.	Currency Adjustment Factor	货币贬值附加费
CASS	Cargo Account Settlement System	货物财务结算系统

续表

英文缩写	英文全称	中文解释
CCCN	Customs Co-operation Classification Nomenclature	海关合作理事会商品分类目录
CC Fee	Charges Collect Fee	运费到付货物手续费
CCR	Class Cargo Rate	等级货物运价
CCR	Currency Conversion Rate	货币兑换比价
CD	Charges at Destination	目的站费用
CEM	China-Europe-Mediterranean	中国至欧洲地中海直达航线
CFR	Cost and Freight	成本加运费
CFS	Container Freight Station	集装箱货运站
CFS/CFS	Container Freight Station/Container Freight Station	站到站
CHA	—	代理人代替办理始发地清关业务
CIF	Cost Insurance Freight	成本、保险加运费
CIFA	China International Freight Forwarders Association	中国国际货运代理协会
CIM	Convention Concerning International Carriage of Goods by Rail	国际铁路货物运输公约
CIP	Carriage and Insurance Paid to	运费和保险费付至
CLP	Container Load Plan	集装箱装箱单
CMI	Comité Maritime International	国际海事委员会
CMR	Convention on the Contract for the International Carriage of Goods by Road	国际公路货运合同公约
CNY	Chinese Yuan	人民币
C.O.C	Carrier's Own Container	承运人提供集装箱
COLL	Collect	到付
COSCON	—	中国远洋运输集团总公司
COSU	—	中远集团集装箱箱主代号
CPT	Carriage Paid to	运费付至
CRO	Container Release Order	集装箱发放通知单
CRO	Equipment Despatch Order	空箱提交单
CT	Cash-Liquidation Trade	现汇贸易
CUM	Cubic Metre	立方米
CY/CY	Container Yard to Container Yard	整箱交接
DA	Direct Additional	直航附加费
DAF	Delivered At Frontier	边境交货
DAP	Delivered At Place	目的地交货
DAT	Delivered At Terminal	运输终端交货
DB	Disbursement Fee	代垫付款手续费
DCSSC	Dangerous Cargo Safe Stowage Certificate	危险货物安全装载书
DC/GP	Dry Container/General Purpose	通用柜
D/D	Demand Draft	票汇
DDP	Delivery Duty Paid	完税后交货

续表

英文缩写	英文全称	中文解释
DDU	Delivered Duty Unpaid(…named place of destination)	未完税交货(……指定目的地)
DEQ	Delivered Exchange Quay (…named port of destination)	目的港码头交货(……指定目的港)
DES	Delivered Ex Ship (…named port of destination)	目的港船上交货(……指定目的港)
D/O	Delivery Order	提货单
D/R	Dock Receipt	场站收据
DR	Domestic Rates	国内运价
DS	Deviation Surcharge	绕航附加费
DT	Direct Trade	直接贸易
EIR	Equipment Interchange Receipt	集装箱设备交接单
ET	Entrepot Trade	转口贸易
ET	Export Trade	出口(输出)贸易
EXW	Ex Works	工厂交货
FAK	Freight for All Kinds	包箱费率
FAS	Free Alongside Ship	船边交货/装运港船边
FCA	Free Carrier	货交承运人
FCB	Freight for Class and Basis	包箱费率
FC	Charge Collect Fee	运费到付手续费
FC	Freight Collect	到付运费
FCL/FCL	Full Container Load/Full Container Load	整箱交，整箱接
FCL/LCL	Full Container Load/Less than Container Load	整箱交，拆箱接
FCS	Freight for Class	包箱费率
FEU40	Forty foot Equipment Unit (Contain)	40英尺集装箱
FILO	Free In Liner Out	舱内收货条款
FOB	Free On Board	装运港船上交货
F.P.A.	Free from Particular Average	平安险
FT	Foreign Trade	对外贸易
GAR	General Additional Risk	一般附加险
GCR	General Cargo Rate	国际普通货物运价
GRT	Gross Registered Tonnage	总登记吨
GT	General Trade	总贸易体系
GT	Goods Trade	货物贸易
HAWB	House Airway Bill	货运代理的运单
HLA	Heavy Lift Additional	超重附加费
HQ/HC	High Cube	超高柜
H.S	Harmonized Commodity Description and Coding System	商品名称及编码协调制度
HT	Horizontal Trade	水平贸易
IATA	International Air Transport Association	国际航空运输协会
ICAO	International Civil Aviation Organization	国际民用航空组织

续表

英文缩写	英文全称	中文解释
ICR	International Class Rates	国际等级运价
IFFFA	International Federation of Freight Forwarders Associations	国际货运代理协会联合会法文简称 FIATA
IMDG Code	International Maritime Dangerous Goods Code	国际海运危险货物规则
IMO	International Maritime Organization	国际海事组织
IPI	Inter Point Intermodal	内陆公共点多式联运
ISO	International Standardization Organization	国际标准化组织
IT	Import Trade	进口贸易
IT	Indirect Trade	间接贸易
IT	International Trade	国际贸易
LA	Live Animal	动物处理费
LBT	Land Bridge Transport	陆桥运输
LCL/FCL	Less than Container Load/Full Container Load	拼箱交，整箱接
LCL/LCL	Less than Container Load/Less than Container Load	拼箱交，拆箱接
LIFO	Liner In Free Out	舱内交货条款
LLA	Long Length Additional	超长附加费
L/L	Loading List	装货清单
MAWB	Master Airway Bill	航空公司的总运单
MCO	Miscellaneous Charges Order	旅费证
M/F	Manifest	载货清单
MLB	Mexican Land Bridge	墨西哥大陆桥
MLB	Mini Land Bridge	小陆桥
MR/MF	Minimum Rate/Minimum Freight	起码运费/起码提单
M/R	Mate's receipt	收货单/大副收据
M/T	Mail Transfer	信汇
MTO	Multimodal Transport Operator	多式联运经营人
NALB	North American Land Bridge	北美大陆桥
NCV	No Commercial Value	没有商业价值
NRT	Net Registered Tonnage	净登记吨
OCP	Overland Common Points	内陆公共点或陆上公共点
OS	Optional Surcharge	选港附加费
PA	Port Additional	港口附加费
PCS	Port Congestion Surcharge	港口拥挤附加费
PF	Prepaid Freight	预付运费
POD	Proof of Delivery	交付凭证
PPD	Prepaid	预付
QFT	Quantum of Foreign Trade	对外贸易量
RA	Dangerous Goods Surcharge	危险品处理费
SAR	Special Additional Risk	特殊附加险

续表

英文缩写	英文全称	中文解释
SBC	Surcharge of Bulky Cargo	超大附加费
SCR	Specific Commodity Rate	国际指定商品运价
SD	Surface Charge Destination	目的站地面运输费
SDR	Special Drawing Right	特别提款权
SITC	Standard International Trade Classification	国际贸易标准分类
SLAC	Shipper's Load And Count	货主装箱、计数
SLACS	Shipper's Load, Count and Seal	货主装箱、计数并加封
SLB	Siberian Land-bridge	西伯利亚大陆桥运输
S.O.C	Shipper's Own Container	货主箱
S/O	Shipping Order	装货单/关单/下货纸
STC	Said To Contain	据称箱内包括
ST	Special Trade	特殊贸易
SUA	—	代理人将货物运到始发地机场的地面运输费
SU	Surface Charge	地面运输费
SVS/AREX		特种国际货运代理责任保险体制
TACT	The Air Cargo Tariff	空运货物运价表
T(by)A	Trade by Airway	空运贸易
T(by)MO	Trade by Mail Order	邮购贸易
T(by)R	Trade by Roadway	陆路贸易
T(by)S	Trade by Seaway	海路贸易
TCC	Total Collect Charges	到付费用总额
TEU20	Twenty foot Equipment Unit (Contain)	20英尺标准箱
TRM	Cargo Transfer Manifest	转运舱单
TR	Transborder Rates	过境运价
T/T	Telegraphic Transfer	电汇
TT	Terms of Trade	交换比价
ULD	Unit Load Devices	集装箱的比例运价
VFT	Value of Foreign Trade	对外贸易额
VT	Vertical Trade	垂直贸易
VT	Visible Trade	有形贸易
W.P.A./W.A.	With Particular Average/With Average	水渍险
W/W	Warehouse to Warehouse Clause	仓至仓条款

参 考 文 献

[1] 李秀华．国际物流单证实务[M]．北京：清华大学出版社，2011．
[2] 姚大伟，杨露．国际货运代理实务与操作[M]．北京：清华大学出版社，2012．
[3] 朱岩，王贵斌．国际货运代理理论与实务操作[M]．杭州：浙江工商大学出版社，2012．
[4] 肖建辉．国际货运代理实务[M]．北京：清华大学出版社，2012．
[5] 范泽剑．国际货运代理[M]．北京：机械工业出版社，2009．
[6] 张军．外贸单证实务[M]．南京：东南大学出版社，2007．
[7] 李育良，池娟．国际货物运输与保险[M]．北京：清华大学出版社，北京交通大学出版社，2008．
[8] 李凌，陈永芳．国际货运代理实务[M]．北京：对外经济贸易大学出版社，2007．
[9] 肖旭．国际货运代理[M]．北京：高等教育出版社，2012．
[10] 于波．空运和快递业务流程与操作实务[M]．大连：大连海事大学出版社，2010．
[11] 张莉娜．国际货运代理实务[M]．天津：天津大学出版社，2011．
[12] 李春富，沈时仁．国际货运代理操作实务[M]．北京：中国人民大学出版社，2011．
[13] 杜清萍．国际货运代理实训[M]．北京：科学出版社，2011．

北京大学出版社第六事业部高职高专物流系列教材目录

书 名	书 号	主编	定价
现代物流概论	978-7-301-20922-6	钮立新	39.00
现代物流管理（第2版）	978-7-301-26482-9	申纲领	38.00
现代物流基础	978-7-301-23501-0	张建奇	32.00
物流基础理论与技能	978-7-301-25697-8	周晓利	33.00
企业物流管理	978-7-81117-804-3	傅莉萍	32.00
供应链管理（第2版）	978-7-301-26290-0	李陶然，等	33.00
物流成本管理	978-7-301-20880-9	傅莉萍，等	28.00
物流成本实务	978-7-301-27487-3	吉 亮	34.00
第三方物流综合运营（第2版）	978-7-301-27150-6	施学良，等	33.00
电子商务物流基础与实训（第2版）	978-7-301-24034-2	邓之宏	33.00
物流案例与实训（第2版）	978-7-301-24372-5	申纲领	35.00
物流商品养护技术（第2版）	978-7-301-27961-8	李燕东	30.00
物流设施与设备	978-7-301-22823-4	傅莉萍，等	28.00
物流专业英语（第2版）	978-7-301-27881-9	仲 颖，等	34.00
采购管理实务（第2版）	978-7-301-25159-1	李方峻	30.00
采购实务（第2版）	978-7-301-27931-1	罗振华，等	36.00
采购与仓储管理实务	978-7-301-23053-4	耿 波	34.00
采购与供应管理实务	978-7-301-19968-8	熊 伟，等	36.00
采购作业与管理实务	978-7-301-22035-1	李陶然	30.00
仓储管理技术	978-7-301-17522-4	王 冬	26.00
仓储管理实务（第2版）	978-7-301-25328-1	李怀湘	37.00
仓储配送技术与实务	978-7-301-22673-5	张建奇	38.00
仓储与配送管理（第2版）	978-7-301-24598-9	吉 亮	36.00
仓储与配送管理实务（第2版）	978-7-301-24597-2	李陶然	37.00
仓储与配送管理实训教程（第2版）	978-7-301-24283-4	杨叶勇，等	24.00
仓储与配送管理项目式教程	978-7-301-20656-0	王 瑜	38.00
新编仓储与配送实务	978-7-301-23594-2	傅莉萍	32.00
物流运输管理（第2版）	978-7-301-24971-0	申纲领	35.00
物流运输实务（第2版）	978-7-301-26165-1	黄 河	38.00
运输管理实务	978-7-301-22824-1	黄友文	32.00
运输管理项目式教程（第2版）	978-7-301-24241-4	钮立新，等	30.00
运输组织与管理项目式教程	978-7-301-21946-1	苏玲利	26.00
物流信息系统	978-7-81117-827-2	傅莉萍	40.00
物流信息技术与应用（第2版）	978-7-301-24080-9	谢金龙，等	34.00
物流市场营销	978-7-301-21249-3	张 勤	36.00
物流营销管理	978-7-81117-949-1	李小叶	36.00

书 名	书 号	主编	定 价
现代生产运作管理实务	978-7-301-17980-2	李陶然	39.00
生产型企业物流运营实务	978-7-301-24159-2	陈鸿雁	38.00
国际危险货物运输实务	978-7-301-24775-4	王 云	32.00
国际货运代理实务	978-7-301-25183-6	顾晓峰	32.00
国际货运代理实务	978-7-301-21968-3	张建奇	38.00
集装箱检验与维修（英汉双语教材）	978-7-301-26006-7	王学锋，等	38.00
进出口商品通关	978-7-301-23079-4	王 巾，等	25.00
物流经济地理（第2版）	即将出版	葛颖波，等	35.00（估）
药品物流基础	978-7-301-22863-0	钟秀英	30.00
国际货运代理项目教程	978-7-301-26331-0	夏伟华	32.00
现代物流设备应用与管理	978-7-301-26355-6	赵 燕	38.00

　　如您需要更多教学资源如电子课件、电子样章、习题答案等，请登录北京大学出版社第六事业部官网www.pup6.cn 搜索下载。

　　如您需要浏览更多专业教材，请扫下面的二维码，关注北京大学出版社第六事业部官方微信（微信号：pup6book），随时查询专业教材、浏览教材目录、内容简介等信息，并可在线申请纸质样书用于教学。

　　感谢您使用我们的教材，欢迎您随时与我们联系，我们将及时做好全方位的服务。联系方式：010-62750667，sywat716@126.com，pup_6@163.com，lihu80@163.com，欢迎来电来信。客户服务 QQ 号：1292552107，欢迎随时咨询。